Practice of Secretary

涉外秘书实务

杨剑宇
主编

上海人民出版社

目录

第一章 办公室管理

办公室是涉外秘书的工作场所，是涉外秘书最重要的工作小环境。一个安静、整洁、实用、方便、美观、舒适的办公室，既有利于提高涉外秘书的工作效率，也有益于涉外秘书的身心健康。

办公室的美化、管理是一项具有艺术性的工作，也是涉外秘书工作管理科学化的内容之一。所以，涉外秘书应当协助上司科学地设计布置办公室，并进行日常整理，为大家，也为自己营造一个良好的工作小环境。

第一节 办公室的种类

一、办公室的布局

(一) 封闭式布局(也称小办公室)

1. 传统小办公室

即将分工不同的各职能部门(如人事部、财务部)，独立地安排于一间或一套房间内，组成一个个小办公室，里面敞开式地摆放若干张办公桌，各部门办公室一般集中于一栋楼内，或一层楼内。

凡与社会接触较多的部门，如收发室、传达室等，应设在人员进出的地方；综合、秘书等部门，应设在办公楼的中心地点；打字、计算机房、财务等办公室，应设在办公室楼一端；关系密切的处室应相互接近。

这种模式类似于国内机关、企业办公室的布局，在我国涉外单位、我国投资份额比例大的“三资”企业中常见。

这种布局的优点是：有利于保持环境安静，便于实行分级管理。其缺点是:各部门之间信息沟通不及时,工作协调不够灵便,也不便于监督检查,且占用的房间多。图 1 为某一中型合资公司的办公室布局:

销售部 办公室	公关部 办公室	上　司 办公室	人事部 办公室	财务部 办公室

图 1

2. 格子间小办公室

即在传统小办公室基础上加以改进的部门办公室,与传统小办公室不同之处在于在办公室内用建筑材料分隔成一个个小间(俗称格子间),每个职员一间,内有办公桌、电脑等办公用具、用品,以避免相互干扰。图 2 为某单位人事部办公室:

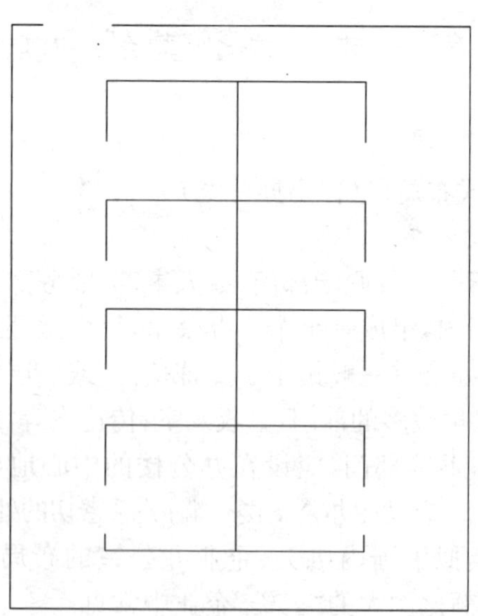

图 2

(二) 开放式布局(也称大办公室)

1. 传统大办公室

开放式布局即将各职能部门的所有管理人员，常包括总经理在内，全都集中于一间大办公室内，一起办公，并按工作程序排列办公桌，室内一侧安放几张沙发，作接待会客之用。

这种模式在国外被普遍采用。我国相当多的“三资”企业，尤其在外商独资企业中，都采用这种布局。

这种布局的优点很多：第一，办事效率甚高。由于所有职能部门都集中于一处，相互之间信息交流及时，协调、合作灵便。凡是涉及到几个部门的事情，只要走过几张桌子，就能商量、解决，杜绝了扯皮、拖拉、推诿、公文兜圈子的官僚主义作风，大大节省了时间，提高了办事效率。第二，有利于相互监督。大家集中于一处办公，客观上有利于相互监督，杜绝了上班闲聊吹牛、办私事的现象。第三，节省了办公用房和办公经费。

这种布局存在的缺点是，人一多，办公室内显得较为嘈杂，容易相互干扰。

典型的开放式布局的办公室见图 3：

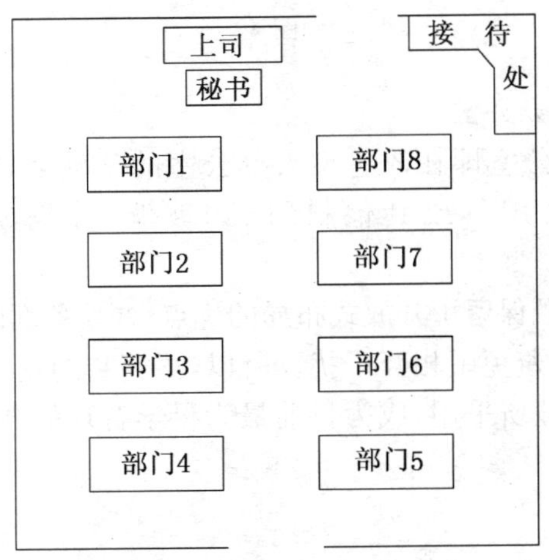

图 3

2. 改进型大办公室

有的大办公室将总经理和秘书的办公处用玻璃圈起来，俗称金鱼缸，它既能看到大办公室全貌，又相对而言避免了总经理工作时受嘈杂声音干扰，是对大办公室的局部改进，见图 4：

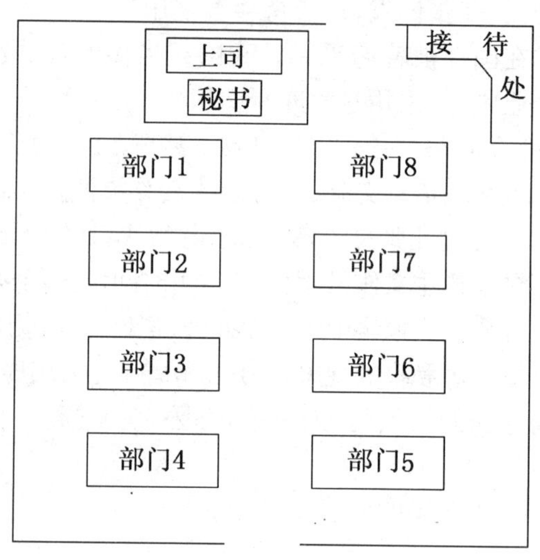

图 4

3. 新型大办公室

新型大办公室即在改进型大办公室的基础上，将各职能部门用组合式办公用具或其他材料（如玻璃）分隔成一个个工作单元。

这种布局既保留了开放式布局的优点，并使各部门相对集中，又弥补了其缺点，避免了相互干扰。所以，尽管它的花费较多，还是被众多“三资”企业所采用，成为目前最为科学合理的办公室布局。其布局见图 5：

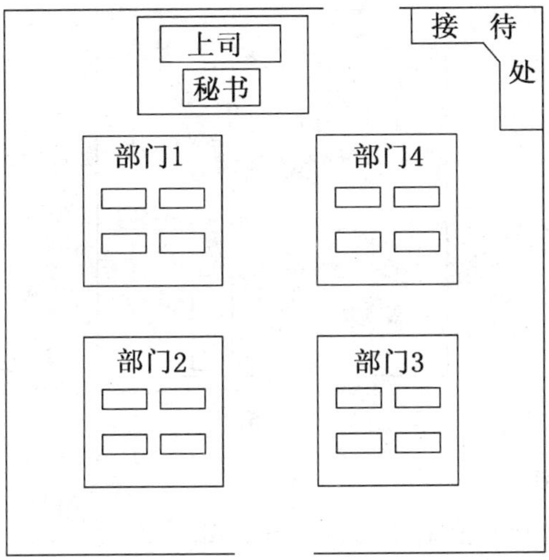

上司
秘书
接待处
部门1
部门4
部门2
部门3

图 5

二、涉外秘书的办公室

涉外秘书是最贴近上司的重要助手，其办公室或工作位置的确定，应当遵循以下原则：便于为上司服务，便于发挥涉外秘书的枢纽作用，便于和各方面联系、沟通。

据此，涉外秘书的办公室和上司办公室应当位于办公楼的中心位置，涉外秘书的办公室应当紧挨上司办公室，如涉外秘书和上司在同一间办公室，则其工作位置应当既接近上司，又位于门侧，以便接待来客，或为上司挡驾，阻止不速之客闯入，以免干扰工作和会议。从目前“三资”企业的现状来看，涉外秘书的办公室或工作位置主要有如下几种设置方法：

1. 一室型

即秘书和上司同处一室办公，上司在室内内侧办公，秘书在同室的外侧办公（见图 6）；有的在上司办公桌和秘书办公桌之间用板材等分隔，形成类似于两室型的格局。这种设置方法多见于办公场所较为窄小的中小“三资”企业、外国驻华机构。

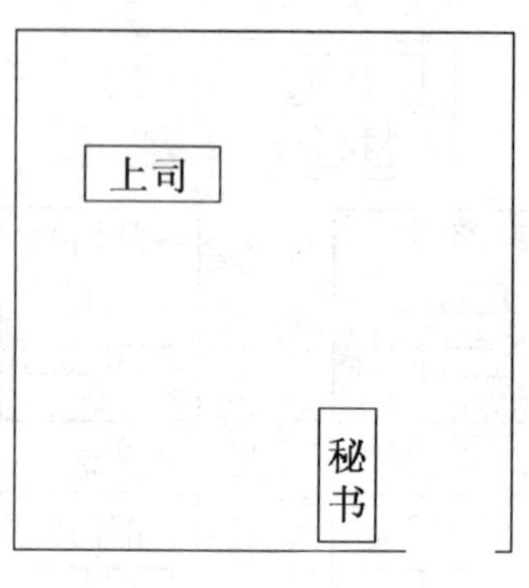

图 6

2. 两室型

如果上司的办公室是由两间房间组成的套间，其中一间是上司专用办公室，则紧邻上司办公室的外间就是涉外秘书的办公室，涉外秘书的办公桌应安放于此间的门旁(见图 7)，倘若有数位秘书，此室也就安放数张办公桌，成为秘书们的共同办公场所。这种设置方法在“三资”企业、外国驻华机构中较为常见。

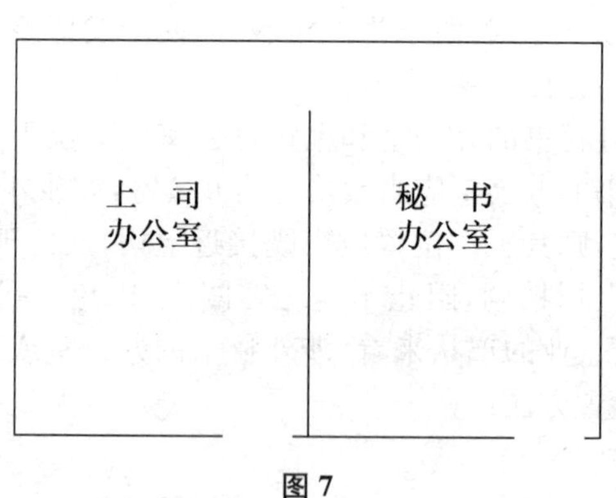

图 7

3. 三室型

即一套间有三个办公室，内间为上司办公室，两个外间分别为秘书办公室和会客室(见图 8)。

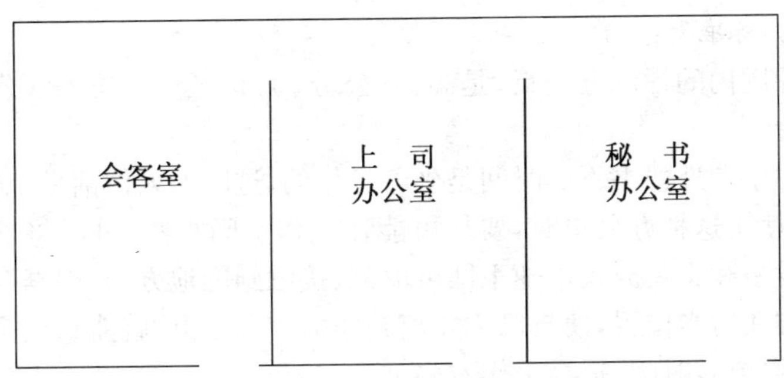

图 8

4. *位于上司办公桌旁*

在开放式或混合式的大办公室内，涉外秘书的办公室位于上司办公桌旁。见开放式办公室图（图 3）。

上述几种类型，涉外秘书可以根据客观条件、上司意愿、涉外秘书工作的特点而选择一种。

第二节　办公室的布置

办公室的布置是一门科学，小到选用什么样的办公桌，大到老板的“单间”离员工的“统间”应该保持多少距离，公共走廊该多宽，都有讲究。一间布置科学合理的办公室，最起码的一点，就是要让员工觉得便利，如果文件没合适的地方放，电线缠绕得乱七八糟，复印要跑几层楼，走来走去几乎迎头撞上，这样的办公室实在缺乏设计。

办公室的布置除了室内必要的装饰和办公设施外，主要指办公桌椅的选择和排列，这关系到办公室内工作流程的方便，关系到相互间既能独立工作不受干扰，又便于相互沟通。

一、*涉外秘书办公桌的选择*

目前，涉外秘书常用的办公桌主要有如下几种：

1. 标准写字台

即国内的标准办公桌，是高 80 公分、宽 60 公分、长 120 公分的写字台。

由于涉外秘书不少时间是坐着工作的，这时的人体活动范围小，所以，使用这种办公桌时，要尽可能让工作空间小些，可以将常用的办公设备和文具放置于随手即可取到、接触到的地方，并根据自己的习惯放在适当位置，使自己无须离开座椅和办公桌，就能拿到需要的用品，以节省时间，提高工作效率。

有经验的涉外秘书，会坐在办公桌前，伸直双手，合掌，然后以游泳的姿势，慢慢分开双手，在桌面上划出一个半圆，这半圆的范围内，就是放置常用文具的最佳位置。

2. 凹型办公桌

有些单位的涉外秘书使用凹型的办公桌，它有三面平面，容量大于标准写字台。使用它时，可以将电话置于桌面左面，以便随时用左手提听筒，接打电话，正面放置文具盒、纸笔、文件篓，右面放置电脑，稍作转身即可操作。

3. 多功能工作台

目前，不少“三资”企业，尤其是外商独资企业内，秘书都使用半封闭型的工作台。这种工作台容量更大，功能多样，又设置有安放电脑等办公用品的位置，很是方便，是目前最先进的秘书办公桌(见图 9)。

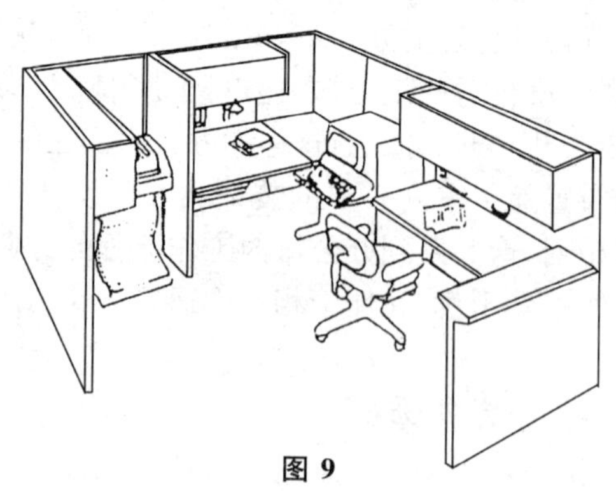

图 9

涉外秘书的座椅应选用半圆形等转椅，以便于前后左右转动操作各种设备，使用凹型和半封闭型工作台时，更得使用转椅。座椅的高度、大小、样式，应与工作台相配套，并与秘书的身材相适应，以坐着舒服、灵便、能提高工作效率为准。有条件的可采用自动升降办公椅，以适应工作人员的身体高度。同时，应根据需要，设置垂直式档案柜、旋转式卡片架和来往式档槽，以便存放资料、文件和卡片等，便于随时翻检。这些设备应装置滑轮，便于移动，平时置于一隅，用时拉至身边，轻快实用。

二、办公室的管理

(一) 办公家具的布置

传统小办公室内办公家具的布置，要注意如下几点：第一，同室工作人员宜朝同一个方向办公，不面面相对，以免相互干扰。第二，各座位间通道要适宜，应以事就人，不以人就事，以免往返浪费时间。各办公桌间的来往走道，至少应当有三四英尺宽，桌和桌的距离应留三英尺左右。第三，领导者应位于后方，既便于指挥监督，又可避免领导者接洽工作而转移和分散工作人员的视线和精力。

涉外秘书的办公室内，办公用具一般宜占办公室的10%左右，因为，秘书办公室也是接待中心，要考虑人流(来客和工作交往者)的因素，以留出能容纳来客的尽可能多的空间。所以，涉外秘书的办公室内，除了放置必需的办公桌、文件柜、计算机、打字机、传真机等办公家具和设备外，凡不需要的家具物品不宜放置在办公室内。

放置常用文件、档案、资料的文件柜，宜安放于秘书的身后，沿墙放置，既不挡住光线，又节省空间，秘书只要转身即可取用文件，很方便。一切文件都应存放在文件柜或抽屉内，既能保密，又便于查找。

大办公室内办公桌的排列应按照直线对称的原则和工作程序的顺序，其线路以最接近直线为佳，防止逆流与交叉现象，尽量减少重复,以节省走动时间,简化办事程序,提高工作效率。

(二) 办公室的整理

为了让上司和自己有一个舒适的办公环境,并愉快地接待来客,秘书要注意自己办公室、上司办公室、会客室或接待室的整理,保持其整洁,要留意:

桌子和椅子是否歪斜?

椅子扶手和靠背上的套子脏不脏?有无皱折?

窗帘脏吗?窗帘的滑道是否正常?

杯子是否洗干净了?

废纸篓是否空了?

日历翻得是否正确?

钟表走得准吗?

物品和电话上有无灰尘?

镜框悬挂得是否端正?

花瓶里的花有没有枯的、断的?

报刊摆放得整齐吗?

这一些,秘书都应该督促后勤人员注意并且干好。

秘书尤其要注意会客室的整洁,要做到任何时候都能接待来客。

(三) 办公室物品的管理

秘书要负责管理好办公室、会客室、接待室的物品,具体要求是:器具、物品要入账,记录购入时间、修理经过。器具、物品用脏了、坏了,要找有关部门修理或更换。注意防火,了解灭火器和火警电话的使用方法,以及火灾发生时的撤离路径,并能取走文件。管好钥匙,防止丢失,注意保密。上司办公桌上的各种文具用品要一一检查,不能缺少,并摆放整齐。

以下文具要随时补充,因为它们消耗很快:第一,便笺、文具、记录纸。第二,预备两三支铅笔,每天早晨削好。第三,印盒里的印泥凹下去时,要随时填平。

第三节　办公室的美化

对于办公族来说，每天至少有 8 小时待在办公室里，也就是说，在他们一生的工作期间，有三分之一以上的时间是在办公室内度过的。如今的不少办公大楼、商务楼，外观气派威严，大厅金碧辉煌，然而，一间间办公室内却拥挤、逼仄、凌乱、嘈杂，空气浑浊，颜色单调呆板，办公家具缺乏生气，渴了、困了、心情不好，连个像样的休息处也没有。也有的办公室头顶上的灯光昏暗不堪；脚下的布线有如千头万绪；大大小小的科室封闭分割；无论走进哪一间，总是坛坛罐罐、杂处一室；一边密不透风，另一边却疏可走马；领导办公室常常位于走廊的幽幽尽头，给人一种高深莫测的感觉。这样的办公室明显缺乏合理的设计，不符合安静、整洁、实用、方便、舒适、美观的要求，不符合以人为本的原则。在这样的小环境中工作，办公族除了要承受紧张的工作、竞争、人事、加班等压力外，还得额外承受生理和心理上的双重压力，导致“办公室环境综合征”，疲倦、压抑、头疼、萎靡，工作效率低下。因此，在有条件的单位，首先应当使办公室环境达到科学标准，进而美化之。

办公室环境是指办公室中影响工作人员的心理、态度、行为以及工作效率的各种因素的总和。它可分为硬环境和软环境。硬环境包括办公室所在地、建筑设计、室内空气、光线、颜色、办公设备及办公室的布置等外在客观条件。软环境包括办公室的工作气氛、工作人员的个人素养、团体凝聚力等社会环境。

一、办公室环境的科学标准

办公室环境对办公人员的工作效率和身心健康颇有关系，在物质文明越来越发达的当今社会，人们除了注意办公室面积的大小和室内设施的完备以外，越来越注重办公室环境的科学标准，这一科学标准由光线、色彩、声音、温度、湿度、空气等因素组成。

(一) 光线和色彩

充足而稳定的光线，对涉外秘书的工作是颇为重要的，它可以使秘书看清物件、字迹，减少和防止视觉疲劳，有助于增强记忆，提高逻辑思维能力，使情绪稳定、愉快。

科学测试证明，充足而稳定的光线，能使人的工作效率提高10％～15％。相反，光线不足，人们需要反复盯视、辨认，造成视觉疲劳，导致眼睛畏光、胀痛、视力下降，甚至眼出血、头疼等疾病。如光线过强，则会引起炫目，过弱过强或不稳定的光线，都会使人烦躁不安，影响工作。

如果从门窗射入办公室的阳光、自然光已经足够，则应当尽量利用。因为，这种自然光明亮、柔和、对人体有益。所以，办公桌应安置于靠窗处，并使光线由左边射入，以便顺光写字办公。

如自然光不足，可运用灯具发射的人工光。灯具最好选用日光灯，因为它的光亮强度既接近自然光，又较为经济。

根据我国为企业制定的《房间的照度标准》规定，办公室的最低照度是:距地 80 公分的水平面上须有 50 度。

对涉外秘书来说，除了保证办公室内照度不低于 50 度以外，在书写、打字时，还可使用台灯等灯具，增加局部照明亮度。

办公室内墙、天花板的色彩，不但对室内光线会有影响，对人的情绪也会有影响，颜色具有很强的感染力和吸引力，可直接影响人的心理活动和工作行为，如明色给人以轻快感，暗色给人以沉重感，冷色则给人以严肃感等。

办公室的颜色，可根据不同地区及办公室的不同用途，而采用不同的颜色。气温高、天气热的地区，办公室内墙宜采用冷色，如绿、蓝、白、浅灰等;气温较低的地区，宜用暖色，如橙、黄、红、灰等。按工作性质，研究、思考问题的办公室，宜用冷色;会议室、会客室宜用暖色。天花板一般用白色，以保持较高的光线反射率，地板大都采用棕色，不易污染。

人们还可以利用颜色的配色原理，调制出最适合本地区、本部门的颜色。但必须遵循一条总的原则，即适用、美观、效率，有益于工作人员的身心健康。

（二）声音

办公室对声音的要求，主要是排除、降低噪音。噪音是使人自我感觉不良和恶化的声响，它使人注意力分散，记忆力减退，思维力下降，产生烦躁、焦虑、厌恶等情绪，严重或长时间的噪音，还会使人的植物神经受损，出现头疼、头晕、乏力、心悸、恶心、惊慌等症状。

根据中国科学院声学研究所制定的《环境噪声标准》规定，办公室的噪音，白天(7 时～21 时)应在 45 分贝以下，晚间则应在 35 分贝以下。

如果不能达到此标准，可以采取以下方法降低噪音：第一，让办公室尽可能远离车间、机器设备等噪声源，或在办公室和噪声源之间实施绿化。第二，办公室装修时，墙壁、天花板使用隔音、吸音材料，安装双层窗，铺设地毯。这些都能有效地降低噪音。如墙壁隔音标准是指声音通过墙壁时被“阻挡”掉的数量(不包括门窗等其他设施)，目前，我国对此的要求分为三个等级：50 分贝(一级标准)、45 分贝(二级标准)和 40 分贝(三级标准)。比如，办公室外的噪音白天有 90 分贝，办公室墙壁的隔音等级为一级，那么，噪音通过墙壁后只剩下 40 分贝。

办公室最理想的噪声(声强值)为 20～30 分贝，在这个声强范围内工作，使人感到轻松愉快，不易疲劳。

办公室的声音，还包括音乐。音乐能调剂身心，使人心情舒畅，减轻疲劳，工作时感到轻松。研究表明，上午 10:00～下午 3:30，大多数人的精力处于低潮。这时播放轻快的音乐，能振奋人的精神，提高工作效率。

（三）温度和湿度

温度对人体的影响显而易见，过高的温度会使人频频出汗，体内热量不能及时散出，烦躁不安，引起困倦，影响思维力，降低工作效率，还容易出差错；过低的温度使人动作迟缓。而适当的温度则会使人心情舒畅，精力集中，思维流畅。办公室的温度冬天一般在20 ℃～22 ℃，夏季在23 ℃～25 ℃之间为最宜。近年来，由于节电的需要，我国办公室夏天大都将空调温度打至26 ℃，自然也行。湿度是空气中水蒸气的含量。湿度过高使人不适，过低则使人感到干燥。适宜的湿度是创造理想工作环境的一个重要参数。据研究表明，在正常温度下，办公室的理想的相对湿度在40%～60%之间。在这个湿度范围内工作，人会感觉清凉、爽快、精神振作。

（四）空气

办公室应当有清新、流通的空气。

空气的清新、流通表示空气的清洁度，即空气的新鲜程度和洁净程度，也就是空气中含氧的比例正常。例如，许多人在一个关闭的屋子里开会，时间一久，人们就会有胸闷或压抑的感觉。在这种情况下，人们必须打开门窗，透透空气；开启排风扇或空调机，以调节室内的空气。因此，办公室空气新鲜与否，与工作人员的身体健康有着密切的关系。新鲜的空气使人精神焕发，工作效率高；污浊的空气则使人身体不适，影响情绪，降低效率。

一般来说，在室温为22 ℃左右的情况下，空气的流速在0.25米/秒时最为标准，这时，人体能保持正常的散热，并有一种微风拂面之感，感到舒适，能振作人的精神。常开窗能起到换气、使空气对流的作用。

当今，由于办公楼大量使用化工产品作为建筑材料，加上以空调作为调节室内温度的主要手段，致使办公室空气质量下降，使办公室人员出现疲劳、头疼等症状，环境医学专家称之为办公大楼综合征。这一现象已引起世界各国环境保护专家的关注。我国于2003年3月1日实施的《室内空气质量标准》明确提出“室内空气应无毒、无害、无异常嗅味”的要求。其中规定的控制项目不仅有化学性污染，还有物理性、生物性和放射性污染。化学性污染物质中不仅有人们熟悉的甲醛、苯、氨、氡等污染物质，还有可吸入颗粒物、二氧化碳、二氧化硫等13项化学性污染物质。

为了改善办公室空气，可以采取以下一些措施：第一，采用无毒无害或少毒少害的绿色建筑材料，并注意适时开窗，增加室内空气的新鲜度。第二，安装空气清新器，定期检查、维修空调等设备，及时更换其部件，防止其副作用。第三，不在办公室吸烟，以免污染空气。第四，绿化办公室内外环境，如在室外植树、种花、铺植草地等。办公室的绿化是不能忽视的。外部环境应绿树成荫，芳草铺地，花木繁茂。它不仅能点缀美化环境，而且是调节周围小气候的有效方式。因为植物通过光合作用，能吸收对人体有害的二氧化碳，同时放出氧气。调查表明，绿化周围环境，能增加生气，丰富色彩。因为植物大都绿叶繁茂，人一看到绿色，便会产生一种视觉效应，这种感觉是微妙的。绿色象征和平与生机，使人产生安全感，并使人奋发向上。因此，办公室绿化，不但能调节小气候，而且有助于提高工作效率。

室内也宜绿化，可合理地放置花草，所占空间不大，但会给室内增光添辉。有人把室内绿化誉为“无声音乐”，可使人心旷神怡。另外，很多花卉都有其宜人的馨香，易使人的嗅觉得到某种良性刺激，促使大脑皮层兴奋，从而影响人的心理、情绪和行为举止。

二、办公室环境的美化

美化办公室环境的意义已不言而喻。如今许多办公室达不到美化的要求，一是经济原因，办公室环境的美化属于温饱后的“小康”和“发达”阶段，自然要以经济实力为后盾；二是观念原因，上到老板，下到员工，往往认为办公室只是干活的地方，没必要弄的那么漂亮。欧美经济发达国家的办公室也经历过逼仄和刻板的“欠发达阶段”，直到20世纪六七十年代，实力雄厚的大公司开始重视企业形象和企业文化，出现了办公室环境设计的概念，开始重视办公室的“软装璜”，即美化办公室环境。那儿的办公室，墙壁上挂着图画，走道的转角处摆放着植物，墙角布置着小雕塑品，有供人休息的长短沙发，在离办公室不远处还设有咖啡间(coffee break)，让员工疲劳时喝上一杯咖啡提提神。这种人性化的办公室，整洁、方便、宽敞、明亮，窗外的阳光温暖地洒在米色的办公桌上，空气中飘荡着浓郁的咖啡香，疲倦了在几米外就能找到柔软的沙发。在这样的小环境中工作，员工自然能提高工作效率。

第二章　接打电话的艺术

电话是秘书身边最亲密的伙伴，是处理日常事务最常用的工具，凡上司指示，下级部门的汇报、业务联系、询问咨询、人际交往等常常通过电话来进行。因此，接打电话成为涉外秘书最普遍的日常工作。所以，《韦氏秘书手册》写道："正确使用电话能提高工作效率，创造友好气氛，可能使人留下对你公司的最好印象，提高你的办公室在上司心目中的地位。"因此，秘书必须掌握接打电话的艺术。

第一节　接打电话的要领

一、礼貌

电话往往是公司和外单位接触的第一渠道。电话虽然是机械，只能传声，不能传情。但是，"言为心声"，对方根据秘书的声调、语气，能判断出你公司人员的素质、有无诚意，决定着他对你公司是产生好感还是反感，愿意交往还是疏远。因此，讲究接打电话的礼貌颇为重要，应注意如下几点：

1. 微笑接听

美国贝尔电话公司向 25 万话务小姐提出了"带着微笑接听电话"，"以电话赢得友谊"的职业要求。广州花园酒店也要求话务小姐"微笑接听"，多用"您好"、"对不起"、"我可以帮您做什么？""您是否需要留言？"等亲切热情的"微笑语言"，效果良好。

一个说话得体、彬彬有礼、声音甜美柔和的电话，可以促成一笔生意；相反，一个态度生硬、音调呆板的电话，可能使一笔生意砸锅。

因此，通话时，要态度和蔼、声音清楚、语气亲切，要微笑着对话筒，只有心情愉快，面带笑容才能显得热情有礼。

当你遇到不如意之事，心情不愉快时，须使自己心情平静下来再通话，别让怨气通过话筒传给对方。

接打电话时还应注意姿势，端庄的姿势会使你有良好的心境。

2. 开头的礼貌语

电话接通后，不宜开口就呼："喂，喂！"或 "Hello! Hello!"这显得不礼貌，应当以"您好！"或"Good morning!""Good afternoon!""Good evening!"等问候语代替"喂，喂！"紧接着自报家门。

接听的一方宜这样开头：

"Good morning, Smith Company."（"早上好，这里是史密斯公司。"）

打出的一方在听到对方问候语和自报家门后，也应问候和自报家门，并得报出自己姓名和身份，如：

"Good morning, Robinson Company. My name is Mary, secretary. May I speak to Mr. John, please?"（"早上好，我是罗宾逊公司的秘书玛丽，我可以请约翰先生听电话吗？"）

3. 呼应

通话中对方讲话时，你如长时间的沉默，会使对方猜疑你没注意听，甚至走开了。因此，你应当适时应声附和，使对方感到你是在专注地听。附和语常用的有：

"是"或"yes"；

"很好"或"very well"；

"请继续说"或"Go ahead, please"；

"是啊，我还在听"或"yes, I'm listening"等。

4. 电话中断时

正在通话时，如果电话突然中断，打入的一方应当立即重新拨号打入，并说："对不起，刚才正讲着的电话被挂断了。"或说："I am sorry. We were disconnected while talking. I didn't hang up on you."

通话中，如果你有急事需处理，应向对方道歉，请对方稍等，随即用手捂住话筒去处理急事，处理完毕后再通话。如果急事处理的时间较长，则应当约对方事后再继续通话，不能让对方久等。

通话中如遇另一部电话铃响，应礼貌地请后者稍等或过会儿再打来。

5．接错或打错电话时

如果是对方拨错了号，秘书不应生硬地说："你打错了！"就挂断电话，而应当礼貌地说："这里是××公司，电话号码是××××××，你要打的电话号码是多少？"这样做，不会使对方难堪，又能显示你和公司的素质，赢得对方的好感。

如果自己打错了电话，应向对方道歉："对不起，我打错了。"或"Sorry, I've got the wrong number."

6．对方激动时

通话中，对方说着说着，有时会感情冲动起来，尤其是投诉电话，言辞激愤。此时，秘书不能与对方争吵，仍应礼貌相待，保持冷静，理智平静地对答，可以采取如下几种方法：第一，以柔克刚，让对方将话说完，然后平静地表述自己的意见。如："您购买的产品出现了问题，请到本公司的维修中心去维修，它的地址是×××，电话号码是×××。"第二，沉默是金。当对方骂人时，秘书宜用停顿、沉默相待，只听对方叫骂，自己不随声附和，也不反驳，也不打断对方的叫骂，让他发泄完。第三，冷处理。如听完后说："您的意见，我可向上司反映。有了结果，我会马上给您打电话。"

7．结束通话时的礼节

通话结束时一般说："再见！"或"Good bye."

"谢谢您了。"或"Thank you."

"谢谢您的帮助。"或"Thank you for helping me."

秘书在一般情况下，要等对方挂断电话，才轻轻放下话筒，尤其对方是长辈、上司时更应如此。

二、准确

1. 电话记录

电话记录表是接话人不在或不能接电话时，由秘书所做的记录，它保证了准确接收对方的信息。秘书接听电话时，要随手带好笔和记录本，或电话记录表，记录内容包括来电日期、时间，来电人姓名、单位、地址、电话号码，来电内容和处理方法。记录时对要点要问清楚，记录后应向对方复述一遍，以确保记录准确无误，然后将记录放在接话人办公桌上，让他一回来就能见到。

电话记录表可以自己制作，如：

××公司电话记录表

时间：　　　年　　月　　日　　时　　分

单位：　　　　　　姓名：　　　　　　电话号码：

来电内容：

1.

2.

处理情况：

1. 请交__________处理

2. 请____________回电

3. 约于__________再来电话

4. 其他________________

接话人：

---

2. 内容清楚

不管是接听或打出电话，其内容都要做到“六何”清楚，即：

何人(姓名)　WHO　　　　何时(日期)　WHEN
何地(场所)　WHERE　　　何事(内容)　WHAT
何因(理由)　WHY　　　　如何做(方法)　HOW

此"六何"英文中又称为"5W+How"

接听电话时,要记下"六何",并一一与对方核对,写入电话记录表;打出电话时,先按"六何"酝酿好要点,一一讲清,以免遗漏,保证准确。

3. 通话突出重点

通话时讲话速度要比平时稍慢些,言辞简明扼要,突出重点,句子要短,要点和容易误解之处可重复,或请对方复述,以便核对。

用英语通话,尤其要注意:

第一,口齿清楚 Speak clearly;

第二,讲慢些 Speak slowly;

第三,别吞吞吐吐 Don't hesitate to speak;

第四,记录要点 Write down the message。

4. 语音适中

通话中语音要适中,以使对方听清,保证准确性。如电话有毛病,对方听不清或声音小,不宜喊叫,越喊叫,对方越听不清楚,因为大喊时,电话阻值变化受到抑制,电信号出现削顶,失真很大。

三、高效

1. 马上接听

听到电话铃响,应放下手头工作,立即接听,最多不得超过三遍铃响。不然,对方可能不再打,而找另一家公司、厂家联系,你方就可能失去一次成交买卖的好机会。商场如战场,不能让电话老是响着不接。

如果铃响三遍后才接听,则必须向对方先道歉才转入正题。

2. 一次打出电话

秘书一天中要打出几个、十几个,甚至几十个电话。为了提高工作效率，应计划好要打的电话，可按轻重缓急排列，一一查出它们的电话号码，写清“六何”要点，然后，尽可能一次将电话打出。

3. 为对方考虑

秘书应为对方着想，尽可能在对方方便的时间内打电话，不宜在深夜或对方休息时打扰别人。

如属长途电话，须弄清时差，查明对方所在地的时间，并考虑收费情况，做到在对方方便而收费又较低廉时去电话。

第二节　处理打给上司的电话

秘书每天接听的找上司的电话很多，如果全转给上司，会花费上司许多时间和精力，影响其工作，为此，秘书对这类电话必须分流处理。

一、挡驾

如果对方提出的问题属秘书有权处理的，则应挡驾，自己予以处理。可以用如下礼貌语应对：

“史密斯先生正忙着，这事是否可由我来代办？”或说：“I am afraid Mr. Smith is engaged right now. Perhaps I can help you. May I deal with that for him?”

遇到陌生人打来的电话，更不能直接转给上司，应询问清楚对方的单位、身份、姓名、事由后再判断决定。

对上司交代不愿接的电话，秘书接听后宜以善意的谎言挡驾，如说：“总经理外出了，请问有什么要紧事，能否让我转告他？”如对方盯问，你可对答：“他去什么地方和何时回来没有关照。”

对方提出的问题，如属下属职能部门该解决的，秘书可请对方直接和下属部门通话联系。

经过如此过滤，只有少数重要的、必须由上司亲自决定的电话才转给上司。对这类电话，一是应迅速转；二是转给上司时，要先将对方的姓名、单位、身份向上司简要介绍。

二、上司正在开会、外出时的电话

上司正在开会、会客时，有电话来找上司是常有的事，除非是约好的、上司特地交代的，一般不便于接听。对这类电话，秘书有几种处理方法：第一，告诉对方上司正忙，能否在会议结束后再来电话，或者请对方留下电话号码，让上司届时打电话给他。第二，如果对方谈的是急事，秘书可请对方稍等，或说："十分钟后我给您来电话。"挂断电话后，立即用便条向上司请示，而不宜闯入会议室或会客室，贴着上司耳朵说话，这对上司和客人、与会者都显得不尊重。

上司外出时，有来电找他，秘书应说明上司不在的原因和回来的时间，请他届时打来，或留下电话号码，让上司回来后同他联系。如果对方要求留言，秘书应作好详细的电话记录，并向对方复述，加以核实。

三、其他注意事项

1. 保密

对方在电话中问及和谈到属于机密的问题，如公司业务、技术成果、人事变动等，秘书须注意保密、回避，可以说："很抱歉，这问题我不知道。"如对方盯着问，则可以说："这类问题似乎不适宜在电话里谈，您说是吗？"

2. 别不懂装懂

秘书分配到具体单位工作后，对单位的专门业务不可能全懂，如涉及这类电话，可请对方稍等，然后请内行的同事来接听。

3. 常用的国际电话种类

涉外秘书经常要拨打国际长途电话，和国外公司进行业务联系，所以应当了解国际电话的种类，掌握它们的用法。国际长途电话有叫号电话（号码电话）、叫人电话和对方付费电话、信用卡电话（Direct Dialing Call)、直拨电话和 E-Mail。直拨电话如今已经成为全世界大多数国家通讯联络的主要方式,信用卡电话、E-Mail 也被广泛应用。但是,前几种国际电话还在被运用,所以,涉外秘书也应当了解并会使用。

号码电话,也称叫号电话(Station Call)　这是指定对方的电话号码所打的国际电话,从对方接听起计费,类似国内的长途电话。

指名电话,也称叫人电话(Personal Call)　即指定通话人接听的国际电话。打这类电话首先得告诉话务员是 Personal to Personal Call,然后告知对方的电话号码和姓名。话务员替你叫人时不计费,如对方不在,可免费取消这次电话;如对方接听电话,则从接听时开始计费,并加付叫人费用。所以,打这类电话比打叫号电话要贵些。

对方付费电话(Collect Call)　即由接听方支付电话费的国际电话。打这类电话先得告诉话务员,这是 Collect Call,然后告知对方的电话号码和姓名。话务员要得到对方承诺付费后才予以接通。这类电话对出国访问、考察、旅游者打电话给家里或单位提供了方便。

第三章　处理邮件

当今的邮件以其传递方式，可以分为传统邮件、电子邮件和混合信函三类：

传统邮件指通过邮局发出和收到的邮件，包括信件、包裹、电报等。除了通过邮局传递以外，2002 年 9 月起，当时的我国信息产业部、外经贸部、国家邮政局规定：国际货物运输代理企业可以办理进出境信件和具有信件性质物品的寄递业务。但是，不得办理私人信函及县级以上党政机关的公文。

电子邮件指通过互联网发出和收到的邮件，即我们通常所称的 E-Mail、电传、传真。

E-Mail 是运用电脑，通过信息高速公路传送和接收电子邮件。

电传也称用户电报，是通过电传打字电报机，在办公室内和世界上任何地方的另一用户直接联系的现代通讯方法。电传机和普通外文打字机相似，但装备有遥控设备，可以通过电路互相控制。每按下一，既可以在本机上打印出文字，还可以自动控制遥远的另一方电传打字机，使它同时打印出相同的文字。电传具有方便迅速、操作简便、自动接收、高效经济的优点。

传真是通过传真机将文件、资料、图象迅速、准确地传送到目的地的现代通讯手段，它还可以被用来进行业务洽谈，举行远程会议。其操作十分简单，可以按事先设定的时间发送资料，可以自动拨号。它是目前通讯中最受欢迎的方法之一。

混合信函是 2002 年 9 月 28 日起国家邮政局开办的新业务。用户通过计算机发信，利用互联网传输，寄达地邮局从网上收到信后，用专用信函打印装封机打印、装封，按平常信函进行投递的信函业务，寄信者就像上网发电子邮件一样，可以足不出户地发出信件，收信人则可以收到一封有形的信件。这一业务起价 2 元，每增加一页信纸增加 0.5 元，最多可以增加三页信纸。发信人可以到全国邮局购买专用发信软件和邮资卡，用以开通这一业务。这一方法既迅速、经济，又使信件正规、庄重，是涉外秘书可以运用的业务通信手段。

电子邮件的收发在计算机应用课程中会作详细介绍，在此不再重复，这里集中介绍传统邮件的处理。

传统邮件的处理分为收受和发出两部分，一般来说，一个单位收到的邮件(incoming mail)多于发出的邮件(outgoing mail)，因此，收受邮件比发出邮件工作量要大。

第一节　收到邮件的处理

一、收受邮件

传统邮件一般由邮递员送达单位的传达室、收发室，再由收发人员每天按时送到秘书办公室；一些外国驻华机构和中小“三资”企业因人员精干，不设传达室、收发室，则设有专门信箱，邮递员将邮件投入此信箱，由秘书自行取回。

对传达室、收发室送来的邮件，秘书要当面点清件数，检查有无损坏和被开拆，以分清责任。有些“三资”企业还规定秘书收受邮件时须填写邮件收领单。

对知道当日或近日要寄来的重要邮件，如机要邮件(Confidential Mail)、快递邮件(Expressed Mail)等，秘书得通知传达室、收发室注意收取，收取后立即送给自己，以防止耽搁或遗失。如当天传达室、收发室未按时将邮件送来，秘书得主动打电话询问，了解情况或催促。

对于由秘书自行去专用信箱取回的邮件，秘书应携带专用包袋，每天上午、下午各一次，按时开启专用信箱，及时取回邮件，取到信件后，秘书应直接回办公室，不宜带着邮件去办理其他事情，防止信件遗失，以保证邮件的时效性和安全性。

二、邮件的初步分类

邮件到达秘书办公室后，秘书处理它们的第一步是初步分类。

1. *两分法*

秘书对收到的邮件有多种初步分类法，最常见的是根据邮件的重要程度来分类，判别邮件是否重要的方法有两种：一是邮件封皮上有“机要”、“急件”、“快件”、“速递”、“保价”（Insured Mail）、“挂号”（Registered Mail）等标记的，属重要邮件；二是邮件封皮上落款是重要人物或重要单位的，属重要邮件。其他邮件则划为普通邮件。

2. *七分法*

在美商投资公司中，将邮件按重要程度分为下列几种：

付费特殊的邮件（如“急件”、“快件”、“速递”、“保价”、“挂号”等邮件）和电报、电传、传真以及由计算机自动打印输出的文件（computer printouts of correspondence）；普通邮件（First-class Mail），类似我国的平信类邮件；设在外地的分公司、办事处或工厂寄来的邮件；私人邮件和机要邮件；报刊杂志；商品目录、广告册等介绍、宣传资料；邮包。

但是，这种划分法有自相矛盾的地方，如设在外地的分公司寄来的挂号件，既可作为第三类，又可作为第一类；又如第四类将私人信件和机要件列为同一类，在我国是不可思议的，两者是必须分开的。

3. *五分法*

有经验的秘书结合我国国情，将收到的邮件先分拣为如下五类：报刊，信函，小册子和广告等印刷品，电报，包裹。然后分门别类地予以处理。

此外，在对邮件初步分类时，如发现邮件，特别是邮包形状不规则或大小异常、能看出有金属线的形状、有苦杏仁味道、封口处有油污等情况，应视为可疑邮件，不要开拆，离开并锁上办公室，迅速报告公司保安部门或直接报警，等待他们来检查处理。

三、拆阅邮件

1. 拆阅信件的权限

哪些信件由秘书拆阅，由上司授权于秘书，也有的"三资"企业在秘书的职责权限中作有明确规定。一般来说，有三类邮件秘书不要开拆：第一，凡邮件上标明"亲启"、"私人信件"(Private Mail or Personal Mail)、"机要"、"保密"等字样的信函，秘书不能开拆，应送交上司或有关人员去开拆。第二，凡邮件上标明"机要"、"保密"等字样的信函，除上司已有授权外，秘书不能开拆，应送交上司或有关人员去开拆。第三，根据规范的要求，"三资"企业公务信件的信封应当是白色或黄色的，信封上所有的文字应当是打印的或是印刷的，而不能是手写的，如果秘书处于规章制度健全的单位，收到信封颜色异常或信封是手写的信件，尽管上面没有"私人信件"等标记，也不要开拆，应将原件送交上司。第四，对于一些吃不准该不该由自己拆阅的信件，秘书也以原封送交上司开拆为妥。

一般来说，凡没有在信封上注明"私人信件"、"机要"、"保密"等标记的信函，都由秘书开拆，包括信封上写着寄送单位名称，如"某某公司收"，写着上司职衔，如"总经理收"等的信件。

2. 信件的开拆

信件应用剪刀开拆，每天收到的信件数量很多的话，则用拆信器开拆为好，这两种开拆法既使拆开的信件显得美观些，又能提高工作效率。公务信件是禁止用手撕开的，这样开拆的信件既不美观，又容易撕坏信件内的东西。开拆前须用手摸一下信封，或将信件拿到光亮处照看一下，如发现信纸折得和信封差不多大小，就得轻轻拍打，使信纸沉下去些，以免剪开时剪坏信纸。拆封时一律剪去信封右侧，并不能剪坏信封上的文字。拆开后的信件要将信封和信纸用回形针或大头针等订在一起，以备查阅地址等。

3. 信件拆开后的检查

信件拆开后，秘书要对信封和信纸作一番检查。

首先，检查信封和信纸上的地址是否一致，如果两者不一致，秘书应判断出或打电话问清准确地址，然后划去错误的地址，以使回信能顺利寄达对方。

其次，要检查信纸最后是否有落款。英文信的信纸上，正文下方应两次出现寄信人的姓名，一次是打印的，一次是亲笔签署的。凡没有署名或没有亲笔签名的信件是无效的信件。

再次，要检查日期，包括写信日期、邮戳上寄出和寄达的日期。如果信内涉及的一些问题已经过期，那么，这三个日期能够分清是写信人还是邮局的责任。有的“三资”企业还要求秘书在收到的信件上注明日期(dating the mail)，直至几时几分，一般都注在信纸的右上角或左上角。至于电报、电传、传真件，因为上面已经注有抵达日期、时间，不需秘书再注明了，收到的报刊杂志、广告、宣传品上也无需秘书注明日期。

最后，检查附件。信件内如有附件，一般都在信末注明，在英文信中，则在正文下方打印“Enc”(enclosure，附件的缩写式)，然后，列出附件的名称、数量，秘书要根据它一一对照检查附件是否齐全，如齐全，可在注明“Enc”的那页信纸边沿空白处打印上“Rec”(received，收到的缩写式)；如对照检查后发现附件不齐全或一件没有，则打印上“Enc. missing”(附件缺少)，并及时和寄信人联系核实。

4. 拆错信件的处理

有些信封上没有标明“私人信件”、“机要”、“保密”等字样的信函，如果秘书没能分辨出来，不慎拆阅了，这时，秘书应将信纸和附件全部按原样放回信封内，取一小张粘贴纸贴在信封上，上面写上“对不起，误拆了”(Sorry, opened by mistake.)，签上秘书姓名的缩写，连同其他邮件一起送交上司，并向上司道歉。

四、邮件登记

对收到的邮件，除印刷品、报刊杂志和私人信件外，秘书都得一一登记于专用册上，以备查考。登记册可以自己设计，如下列邮件登记表(Mail Register)：

MAIL REGISTER

DATE	FROM / DESCRIPTION	DISPOSITION TO DATE	FOLLOW—UP

表中的“DATE”一栏填写邮件收到的月、日，月、日之间用斜线号隔开，如“5/24”；

表中的“FROM/DESCRIPTION”(来件者/说明)一栏填写来件者的姓名或单位和来件概要内容，来件者如果是熟悉的，只需填写他的姓，单位名称一般只填简称，来件内容概要一般不超过10个字，来件者的姓名或单位和来件概要内容之间用破折号隔开，如“Smith—Contract for house”(史密斯——房屋合同)；

“DISPOSITION”(处理)一栏，填写秘书对邮件的处理情况，即在“TO”栏内填写交给了哪一部门的谁，“DATE”栏内填写交给对方的日期。

“FOLLOW—UP”一栏相当于“备注”。

五、邮件的分发

不设传达室、收发室和专职收发人员的外国驻华机构和中小“三资”企业中，其秘书负责收受所有寄到单位的邮件，这些邮件包括寄给单位、上司和下属各部门的三部分邮件；设有传达室、收发室或专职收发人员的单位，寄给下属各部门的邮件由传达室、收发室或专职收发人员直接送往各部门，只将寄给公司和上司的两部分邮件送到秘书办公室。

秘书对收到的邮件登记完后，即可将报刊置于报刊架上；将介绍推销产品的小册子、目录册、广告等印刷品放于专用文件夹或文件袋中，送交有关部门，供他们参考；拆开包裹，根据里面是什么东西分别处理。对电报、信函等则应及时分发，邮件的分发(seading the mail)程序如下：

1. 再次分类

将信件分为三类：第一类，将根据授权由秘书自己处理的信件留下；第二类，呈送上司处理。将这一部分信件分为急件、要件、例行公事三小类，分别归入三个规格一致但颜色不同的专用文件夹内，分送各主管上司处理。如上司有要求，秘书呈送信件前应先阅读后注出重点部分，如商务信件中的公司名称、日期、产品名称、数量、价格，应用尺和黄色笔(因如需复印，黄色不会在复印件上显现)，在这些内容下面划出平直的横线，或在信件上用简练的文字作旁注，以提醒上司。第三类，将应由下属职能部门处理的信件转送相关部门或人员。对一些重要的信件，转送前最好复印一份保存，以备查考。

2. 邮件摘要表

对于由秘书自己处理的信件，处理完毕后，要填写邮件摘要表(mail digest)，以记录秘书是如何办理这些邮件的，以供查考。邮件摘要表的参考式样如下：

MAIL DIGEST

DATE	FROM	SUMMARY	ACTION TAKEN

表中的"DATE"一栏填写邮件收到的月、日，月、日之间用斜线号隔开，如"5/24"；

表中的"FROM"一栏填写来件者的姓名或单位，来件者如果是熟悉的，只需填写他的姓，单位名称一般只填简称；

表中的"SUMMARY"一栏填写邮件内容摘要，文字要精炼；

" ACTION TAKEN "（处理）一栏，填写秘书对邮件的处理情况，文字要精炼。

3. 邮件转送单

邮件转送时要填写邮件转送单（mail routing form），将转送单和信件一起交给对方，转送单上要注明对信件处理的要求和意见，表格可自行设计。外资企业中的邮件转送单可参考下列表格：

MAIL ROUTING FORM

Date ________________

To ________________

From ________________

________For your information：return to me.

________For your information：do not return to me.

________ Read and make an appointment to discuss this

with me.

________Please supply me with the information needed for the reply.

________Please answer and send me a copy.

________Please indicate your comments.

Comments：

表中的“DAte”一栏填写转送的月、日，如是急件，还需填写上午、下午、时、分；“TO”一栏填写送往部门的简称或收件人的姓；“From”一栏填写转送者（即秘书）的姓名的缩写；下面罗列六种处理此转送信件的要求，秘书提出哪一种要求，只需在此项要求前打“√”即可。这六种要求是：

________For your information：return to me. 供你参考，阅后还我。

________For your information：do not return to me. 供你参考，阅后不必还我。

________Read and make an appointemt to discuss this with me. 阅后安排时间与我就此信件作一讨论。

________I lease supply me with the information needed for the reply. 请向我提供答复这份信件所需要的资料。

________Please answer and send me a copy. 请答复此信件并给我一份答复信的副本。

________Please indicate your comments. 请注明你的意见。

“comments：”供对方注明对此邮件的处理意见。

4. 邮件传阅单

有些邮件需要转交给几个部门或人员，由于保密或者节省的缘故，如机要邮件禁止复印，所以，该邮件可以采用传阅的方式，秘书应设计邮件传阅单（mail routing slip），其参考式样如下：

MAIL　　ROUTING　　SLIP

DATE：12/15

SEQUENCE	SENT TO	DATE SENT ON

RETURN TO：

“MAIL ROUTING SLIP”右下角的“DATE：12/15”，是指秘书将此邮件送交第一位传阅者的日期：12 月 15 日。

“SEQUENCE”是“顺序”，这一栏由秘书填写 1/2/3/4 等序数字；

“SENT TO”是“送交”，这一栏由秘书填写依此传阅者的姓名；

“DATE SENT ON”是“送交日期”，这一栏由传阅者填写送交下一位传阅者的日期。

传阅单左下角的“RETURN TO”是指“交还”，其后应打上秘书的姓名，说明最后一位传阅者阅毕应交还秘书。

第二节　发出邮件的处理

这里的发出信件是指以上司或秘书的名义发出的邮件。其处理程序如下：

一、打印信封

中文信封的写法为人们所熟知，不再介绍。此处介绍英文信封的打印法。

1. 英文信封的种类

"三资"企业、外国驻华机构常用的公务信封有如下三种：

大号信封(NO.10 信封)，其大小类似于我国的航空信封；

小号信封(NO.6.75 信封)，其大小类似于我国的普通信封；

开窗信封(Window Envelope)，其正面开窗，以露出打印的收信人的地址、姓名。

2. 姓名、地址的打印法

收信人的姓名、地址应打印在信封中间偏右下的位置，为此，用大号信封时，在信封左边留出 10 公分左右的空白，再从信封顶端往下数到第 14 打印行开始打印；用小号信封时，则在信封左边留出 6.5 公分的空白，再从信封顶端往下数到第 12 打印行开始打印。

收信人的姓名、地址至少打印成四行，最多打印成六行。以四行为例，第一行打印收信人的姓名加尊称；第二行打印收信人所在单位的全称；第三行打印该公司的地址，包括房间号、楼名、邮政信箱号码、门牌号、街或路名、城市或地区名称、州名、邮政编码；第四行打印国名。

寄信人的姓名、地址应打印在信封的左上角，为此，不论用大号信封还是小号信封，均应在信封左边留出三个字母的空格，再从信封顶端往下数到第二或第三打印行开始打印。如果信封上已经印有寄信人的单位、地址，则不必再打印了。

寄信人的姓名、地址的打印方法和收信人姓名、地址的打印方法相同。

3. 邮寄标记的打印

邮寄标记(Mail Notation)常见的有 Confidential Mail(机要邮件)、Insured Mail(保价邮件)、Registered Mail(挂号邮件)、Personal Mail(私人邮件)等。秘书应当将它们全部用大写字母打印在信封的左下侧,或邮票的左下侧。除此之外,邮寄标记还应当同时打印在信纸上,只是它们既可以全部用大写字母打印,也可以首写字母用大写,其余字母用小写。

4. 注意事项

信封打印时还得注意以下问题:第一,用规范的信封和规范的印刷体大写字体,用黑色色带打印,色度要均匀;第二,打印收信人和寄信人的姓名、地址时,都得在左侧对齐;第三,信封上的文字不用标点符号,只有在邮政编码是 9 位数时,可在前 5 位数和后 4 位数之间用连词号;第四,字与字之间相隔 1～2 个字母的空格,但是,在必须用两个字母缩写成的美国州名和邮政编码之间,可相隔 2～5 个字母的空格。

二、装封前的检查

对要发出的邮件,秘书必须一一检查如下方面:

1. 地址

秘书对发出信件中收件人、发件人双方的地址都得仔细检查。双方的地址既出现在信封上,也出现在信纸上,应都进行检查。信封上收件人的姓名和地址(包括州或省、市、街名,门牌号码和邮政编码)必须准确无误,如有疑问,应当查问清楚。

公务信件应当用印有单位完整名称和地址的信封和信纸,但要注意这种信封和信纸必须是同一家单位的,以免使对方产生误解。

2. 邮寄标记

查对邮件标记,如“私人信件”、“保密”等是否既加盖于信封上,又加盖于信纸上。

3. 签名

中文信件的落款有的是单位名称,有的是上司或秘书的签名。

英文公务信件在正文下方的签名区(Signature block)内,一般签署上司的完整姓名,并应出现两次,一次是打印的,一次是手签的,如果缺少了手签姓名,收件人可将它视为无效信件。在打印的姓名的下面一行,还得有上司的职位名称,即什么公司、什么部门的总经理、经理等。信封上寄信人的姓名应和信纸上的签名一致。

如果是秘书自己签名发出的信件，除检查签名外，还得仔细检查正文内容，保证其准确无误。

如果是以单位出面发出的信件，秘书还得检查是否加盖了单位公章，加盖的位置是否做到了“齐年盖月”。

4. 附件

查对附件，根据信末（英文信在 ENC 下）注明的附件名称，一一核对，是否齐全。

5. 日期

要检查写信日期，它与发信日期不能相距太长时间。

6. 抄送标记

有些公务信件除了寄给收件人外，还得让有关单位或人员知晓，需要抄送该信件的副本给这些单位、人员，在英文信件中，遇到这类情况，应在信件正文下方打印抄送标记“CC”（CARBON COPY，“副本”的缩写），下面罗列出抄送单位、人员的名称或姓名。秘书在检查中发现有“CC”标记的信件，应复印若干份，分寄这些单位或人员。

三、信件的装封

信件经检查无误后，就可装封，装封有如下要求：第一，要考虑到保密，应将信纸上打印有文字的一面向里折叠；第二，要考虑到自己折叠时和对方拆阅时的方便；第三，要整体装封，即如有多页信纸或有附件的话，要按顺序折叠成一叠，不能单页各自折叠。第四，要考虑美观，将信纸折叠得平整，要在信封开拆的一端留出 5～6 厘米空间，以方便收信人开拆。

上述程序完成后，秘书对要发出的信件予以登记，填写在发出邮件登记簿上。如果发出的信件很多，秘书还得将信件分类，如本地区的、国内的、国外的，分类捆扎，以提高发出速度。然后将信件送给收发部门或亲自去邮局投寄。

第四章 印 章 管 理

“三资”企业和涉外单位的印章一般由秘书保管、使用，秘书日常收、发的大量文件、函件上都有加盖的印章，所以，秘书必须了解印章知识，懂得如何保管、使用、识别。

第一节 印章的作用和种类、式样

一、*印章的作用*

印章是“印”和“章”的合称，古代也叫印信。据考证，我国西周时期已经出现了印章，古代帝王所用者称“玺”，官吏所用者叫“印”，非永久性者叫“关防”，私人用者称“私印”。自民国始，凡行政系统内的机关具有永久性者皆用印。任职的机关长官再发小章，印由印铸局制发。现在各级各类国家机关、社会团体、企事业单位皆用“印”，相应的领导人皆用“章”。“三资”企业和涉外单位也一样。

印章具有如下作用：

1. 权威作用

各级各类政府机关、社会团体、企事业单位都是依法按照一定的程序成立的，具有一定的权威，印章是它们权威的象征，代表着该组织的合法权力，因而具有权威作用。

2. 凭证作用

凭证作用是指印章代表一个组织对某人身份、情况或某事物予以肯定、证明。公文与各种来往函件，必须盖章才有效，介绍信亦然。这样，印章具有普遍的凭证作用。盖了印章，文件就能获得对方信任，并照此办理；不盖章则无效，不盖章的文件，就失去对方的信任，也就不具备凭证作用。

二、印章的种类

印章按照它们的性质、作用、质地可分为如下类：

1. 正式印章

指按照法定程序，由上级机关、主管部门正式颁发或同意刻印，代表拥有该印章组织职权的印章。

2. 专用印章

专用印章是各级各类组织为履行某一项专门职能，经一定手续批准，颁发给该专门部门使用的印章。它不代表整个组织，只代表组织下属专门部门的职权，如财务专用章、业务专用章等。

3. 套印章

指按照正式印章或专用印章的原样复印而成、专供印刷之用的模印。它主要用于印刷需加盖印章的文件和颁发、张贴的《布告》、《通告》等上，它以制版印刷的方式代替手工盖印，使用于大宗公文的用印。

4. 钢印

指以钢铁制作的印章。它使用加压设备，采用模压方法盖印，只显示凸出的印样、印文，而无颜色，它用于加盖各种证件，一般加盖于证件与照片交接处。

5. 万次印

指使用可达万次以上而不需要沾印泥的印章。它字迹清晰美观、不变形、使用方便，可连续使用 3 万次以上，随印随干，永不褪色，制作工艺先进，一次成形，不宜被仿造，利于防伪。万次印又可分为两种：

原子印：是用特殊材料，采用现代排版、制版技术，先制成印版，再将原子油与印版经热压固化后制成印章，属液体压铸。

渗透印：是采用特殊材料经热压成形，再注入印油后制成印章，属固体压铸。

渗透印与原子印相比有一个优点，即当第一次注入的印油使用完后，还可以第二次注油，这样，可延长印章的使用寿命。推广万次印章是我国今后印章行业发展的方向。万次印章能适应办公现代化的需要，更好地发展印章在秘书工作中的作用。万次印的刻制手续及有关要求同一般印章一样。

6. 手章

手章指组织领导人个人姓名之印章，在有些凭证上须同时加盖公章和手章才有效。如“三资”企业使用的支票上，除了须加盖专用印章外，还得加盖主管上司的手章。

7. 名章

指刻有个人姓名的私人印章，它代替手写姓名，加盖个人名章可作为对某事负责的凭证。

8. 戳记

指具有标识性质的印章。它字迹粗而醒目，常加盖于显要位置上，起提示作用。如财务单据上的“现金收讫”，文书上加盖的“急件”、“密件”等。

三、印章的式样

1. 基本式样

国务院对印章的形状、规格尺度、样式、字体和制发的权限等都作过明确的规定。国家机关和一般企事业单位的印章为圆形，中央刊国徽或五角星；印文使用机关或单位的法定名称，自左而右环行；印文一律用宋体字和规范简化字，民族自治地方的自治机关和人民法院印章的印文，应将汉文和当地通用的少数民族的文字并列；印章的质料，由制印机关根据当地的物质和技术条件自行选定。

2. 八大类印章的规格

就目前我国印章而言，大致分如下八大类规格，其中各级国家机关的印章和一般企事业单位的印章规格，国务院有明文规定，对“三资”企业印章的规格要求则比较宽松，兹介绍如下：

（1）国印：直径七公分，中央刊国徽，国徽外刊“中华人民共和国”七字，自左而右环行；由国务院监制，报送中华人民共和国主席启用。

（2）国务院、最高人民法院、最高人民检察院的印：直径六公分，中央刊国徽，国徽外刊机关名称，自左而右环行；由各该机关自制。

（3）国务院各部、各委员会、各办公室、秘书厅、各直属机构的印，省、直辖市人民政府的印，自治区、自治州的自治机关的印：直径五公分，中央刊国徽，国徽外刊机关名称，自左而右环行；由国务院制发。

（4）县、市人民政府的印，自治县的自治机关的印：直径四点五公分、中央刊国徽，国徽外刊机关名称，自左而右环行；由国务院制发。

（5）市辖区、乡、民族乡、镇人民政府的印：直径四点二公分，中为五角星，不刊国徽，内刊机关名称，自左而右环行；分别由省、直辖市人民政府或者自治区的自治机关制发。

（6）国务院各部、各委员会所属各工作单位和管理机关的印，地方各级国家行政机关的印，各国营和地方国营的工厂、矿山、农场、商店等企业机关、各级学校和各种文教事业等机关的印：直径四点二公分，中为五角星，不刊国徽，内刊机关名称，自左而右环行；分别由各部、各委员会、地方各级国家行政机关制发或由各部、各委员会、地方各级行政机关另行规定制发办法。

（7）国务院各部、各委员会的办公厅的印，地方各级国家机关的办公厅（办公室、秘书室）的印：直径四公分，不刊国徽，内刊机关名称，自左而右环行；由各机关自制。

（8）“三资”企业和涉外单位的印：“三资”企业和涉外单位的公章有圆形、椭圆形、方形三种，以圆形为多。印文可用外文，也可并用中文和外文，中文多用宋体和繁体字，如中外文并用，外文占上方，中文占下方，并且都自左而右环行或横行。也有的“三资”企业的公章除上方刻有外文外，中间还有一条横线，横线下方刻有“总经理”几个字，用印时须同时有总经理的签名才生效。见图10：

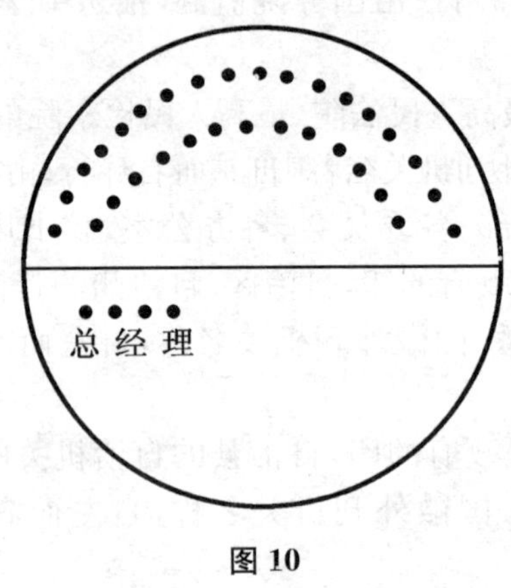

图10

至于专用印章、手章、名章、戳记的样式、字体，没有明文规定，可按需要和习惯而自行确定。

第二节　印章的产生和使用

一、*印章的刻制、颁发和启用*

1. 印章的刻制

印章的刻制是印章管理中的一个重要环节，它有如下要点：

(1) 不论刻制哪一级单位的印章都要有上级单位批准成立该单位的正式公文。

(2) 刻制印章时，必须由本机关、本部门申请，开具公函，并详细写明印章的名称、式样和规格，经上级机关批准，到单位所在地的公安部门办理登记手续。

(3) 印章必须在持有公安部门颁发的特种行业营业执照的刻字

单位制作;在刻制过程中,要严格按保密程序办事,承担刻制印章的单位和刻字者,一律不许留样和仿制;本单位不许自行刻制自己单位的印章,刻制本单位的业务用章,也须持有本单位的正式公函,刻字单位才能办理刻制手续。公安部门虽然管理着刻制印章的行业,但其自身公章的制发,也必须按规定办理。对于伪造印章和使用伪造印章者,应当依法惩处。我国刑法第167条规定:“伪造、变造或者盗窃、抢夺、毁灭公文、证件、印章罪的,处三年以下有期徒刑、拘役、管制或者剥夺政治权利;情节严重的,处三年以上十年以下有期徒刑。”

2. 印章的颁发

上级单位给下级单位颁发印章要注意:颁发印章的对象,必须是有使用印章实际需要的单位,必须是法定机构。这两点是颁发印章的基本原则,缺一不可,这在刻制印章之前就应该严格审查。

颁发印章时,要严格履行颁发手续,确保安全。特别是正式印章的颁发,更应该郑重其事,安全可靠;即使是其他印章,也不能够滥制乱发。

制发印章单位颁发印章时,要进行详细的登记,并要留下印模。颁发印章的方法,可以派专人送给受印单位,也可以打电话通知受印单位派专人领取,取送印章要按照取送机密文件一样对待,取送重要印章时必须两人同行。

3. 印章的启用

是指印章从何时开始生效使用。受印单位在受到上级单位颁发的印章后,是不能随便启用的,应该从便于工作的衔接上考虑,来确定印章的启用时间。要注意两点:第一,在选择好启用印章的时间后,应该提前向有关单位发出正式启用印章的通知,注明正式启用日期,并附印模,同时报上级单位备案;第二,颁发机关和使用机关、单位都要把启用日期的材料和印模立卷归档,永久保存。在启用印章的通知规定的启用日期之前,该印章是无效的,只有在规定日期开始后,印章才能使用。要强调印章的启用日期,并要永久保存,假若以后出现一张票据或证明，它的日期在印章启用之前，那么，它显然是无效的。所以，印章的启用日期能起辨别文书真伪的作用。

业务用章的启用，可以由各单位的领导自行决定。对外产生效用的印章，如财务专用章、收发文件专用章等，在启用时，应该将启用的时间、印章式样通知有关单位。

二、印章的保管

印章的保管包含两方面内容：第一，选择好单位印章放置的地方，一般放在单位的机要室或办公室较好。如该单位不设机要室或办公室，则应指定专人负责印章保管，并存柜加锁；第二，选择好管理印章的人员。应选择政治条件好，保密观念强，敢于坚持原则的人员来保管印章，一般来说是由秘书保管。

印章的保管应建立起严密的制度。单位、机关办公室负责人要对本单位或本机关有哪些印章及由哪些人负责保管心中有数。要建立印章保管登记册，载明印章、印文、印模和保管人姓名等项。印章保管人员应该明确责任，保证印章的正常使用和绝对安全，防止印章被滥用或盗用。按保密要求，印章保管人员不得委托他人代取代用印章。保管印章要牢固加锁，防止被盗。用完印章后要随手锁好，不能图省事而将印章随意放置在办公桌上或敞开的保管柜中。对于印章被盗用而产生的后果，保管人员应该负有法律上的责任。

印章保管人员还要注意保养印章，及时进行清洗，以确保盖印时字迹清晰。印章使用的时间一长，表面就会被印泥渣子糊住，使盖印时字迹不清楚，难于辨认。保管人员可以先把印章浸湿，擦上肥皂或洗衣粉，再用小刷子或旧牙刷反复在清水下刷洗，就可除去印泥渣子。

三、印章的使用

秘书在用印时要依照如下规定：

1. 检查上司批准用印的签字

秘书用印时，首先应检查是否有机关、单位负责人批准用印的签字。原则上，机关或单位都制定有关用印的规定，用印应由这个机关或单位的有关负责人批准。但是，有的机关或单位为避免使领导人陷入一般性行政事务的纠缠，对一些不涉及重大问题的事项用印时，如开具一般性证明等，往往将权力下放给办公室负责人或秘书，这也应该有一定的规定范围，超出范围的用印，应当由领导人批准。

2. 审阅用印内容

秘书应审阅、了解用印内容，不能不看内容就盲目盖印。同时，还要检查留存材料是否齐全。如实在没有留存材料的，要详细地记载用印情况。这主要有两种情况：第一，机关或单位领导人在某份文字材料或文件上签注了意见，需加盖公章的，应详细登记，注明何人在什么文件上签注了什么意见，发往何处，等等；第二，为了证明某人为某机关、单位职工而加盖公章。这种用印显然不用留底，但也得进行登记，不能随便拿来就盖，因为加盖公章后就起着凭信作用，是要对此负责的。

3. 登记

每次用印都应进行登记。登记项目包括：用印日期、编号、内容摘要、批准人、用印单位、承办人、监印人、用印数以及留存材料等项。

除了机关或单位的介绍信有存根，发文有发文登记簿而不用登记外，其他每次用印，不论大事或小事，都应进行登记。登记栏目可参考下表：

用印登记簿

月/日	编号	内容摘要	批准人	用印单位	承办人	监印人	用印数	留存材料	归存处所

4. 盖印

对公文、函件经过上述审查、登记以后,即可按要求加盖印章。盖章时精神要集中,用力要均匀,使盖出的印章端正、清晰、美观,便于识别。印章文字不能歪斜或颠倒。

以单位名义发出的公文、函件必须加盖单位的印章;机关的正式公文只在文末落款处盖章;带有存根的介绍信、证明信或公函等要盖两处印章,一处盖在落款处,一处盖在公函的连接线上。

凡是在落款处加盖的印章都要端正地盖在成文日期的上方,并做到上不压正文,下压成文日期年、月、日中 4～7 个字(视印章大小而定),俗称“齐年盖月”。如果在日期上方有发文机关落款,按目前通常做法,印章应该压在发文机关和成文日期上面;如没有机关落款,只要印章下压年、月、日即可。

印章加盖在文书的不同位置以及在文书处理的不同环节中,其作用各不相同,其名称有:

落款章——盖于文书作者落款处,表明法定作者及文书的有效性。凡文书都应加盖落款章,无印的机构可以借印。如派出机构可以借用所驻机关(单位)的印章,共体机构(如在水利局设抗洪指挥部)可借用实体机关(水利局)的印章等。

更正章——对文书书写中的脱字、多字、错字、颠倒进行改正后,要加盖更正章,以作为法定作者自行更正的凭信。一般不要使用刊有“校对”字样的小印章作为更正专用章,以杜绝作弊现象。

证见章——对以他人名义出现的文书盖章作证。如两单位签订合同,须请双方上级主管部门加印证见;旁证材料由旁证人所在单位证见;摘抄档案内容要由档案保管部门证见。

骑缝章——介绍信与存根衔接处须骑缝加盖印章,以便必要时查核。

骑边章——重要案件的调查、旁证、座谈记录等材料,很多是由调查人自作笔录，为完备手续起见，除了应由当事人盖落款章，所在机关盖证见章外，还必须将该材料多页沿边取齐后均匀错开，从首页到末页，骑各页之边，加盖一完整公章，以证明该材料各页是同时形成的，杜绝日后改易之弊。

弥封章——在公文封套的封口处加盖公章，以确保在传递中无私拆之弊。调查档案时，于封口处以盖有印章的纸条加以弥缝密封。

封存章——在封条上加盖印章，以封存账册、文件橱、财物、仓库、住房等。常在节假日前夕或特殊情况下使用。

5. 整理留存材料

应整理留存材料。把用印留存的材料进行编号整理，归卷备档，对其中具有查考价值的，要在年终整理立卷时归档保存。一般用印要保留的材料有：一般信件应保留领导人签批的草稿；协议书、合同应保留一份文本；毕业证书、荣誉证书等各类证书要附有颁发文件或领导人批准的书面材料、名册及证书的样本。要逐一核对证书与名册的姓名是否相符，并清点证书数量与名册的人数是否相同。

四、用印注意事项

1. 不在空白凭证上盖印

一般说来，印章管理人员不允许出现盖有印章的空白凭证，因为他对于印章使用的后果要负有责任，因而，对于一切用印情况都应该具体掌握。但在有些特殊情况下，需做特殊处理，比如，有的业务部门以领导机关的名义颁发凭证，如土地使用证等，需要事先加盖领导机关的印章或套印，然后再填发。在这种特殊情况下，就按以下要求进行处理：

第一，要有机关领导人的特别批准；

第二，此类凭证要有指明用途的特定格式，除了这种指定的用途以外，不能再用作别的凭证；

第三，此类凭证要逐页编号，最好将它装订成册，并须有存根；

第四，领导机关的印章管理人员对于此类凭证只作宏观上管理，即只办理领取登记的手续。登记的项目包括凭证名称、起止号码、张数、领取人签名等项目；

第五，此类凭证的具体管理，应由领用部门负责，领用部门要派专人负责管理，填发时应履行批准手续。

2. 在办公室用印

使用正式印章要在办公室内，一般不能将印章携带出机关或单位以外使用。印章不能脱离印章管理人员的监督，在印刷厂套印有机关印章的文件时，应有印章管理人员在现场监印。这个问题还没引起一些机关、单位的足够重视。比如，两个单位发联合通知，需要套印机关印章，主办机关派人到另外一个机关“借”印章到印刷厂套印，这个做法是不对的，因为印章不是一般的物品，印章使用后，机关、单位都要对此负责任，它是不能随便借用的。正确的做法应该是：主办机关请另一个机关的印章管理人员携带印章，一同到印刷厂监印。

第三节　印章的停用、销毁和介绍信管理

一、印章的停用和销毁

1. 印章的停用

单位印章在该单位名称变更、机构撤销、式样改变或其他原因时，印章停止使用。应该按照上级规定及领导的指示，认真负责地做好印章停用后的善后工作。首先要发文给与该单位有业务往来的单位，通知已停止印章的使用，并说明停用的原因，标明停用的印模和停用的时间。其次要彻底清查所有的印章。停用的废印章不能在原单位长期留存，要及时地送交颁发单位处理。

正式印章停用或作废并起用新章时，要发废止旧章、启用新章的通知。通知除了文字说明外，还得配上图识，图由两个并列的方框组

成，作废的旧章印在红色框内，在旧章上打上叉，表示作废；启用的新章印在蓝色框内，表示刚刚启用。见图 11：

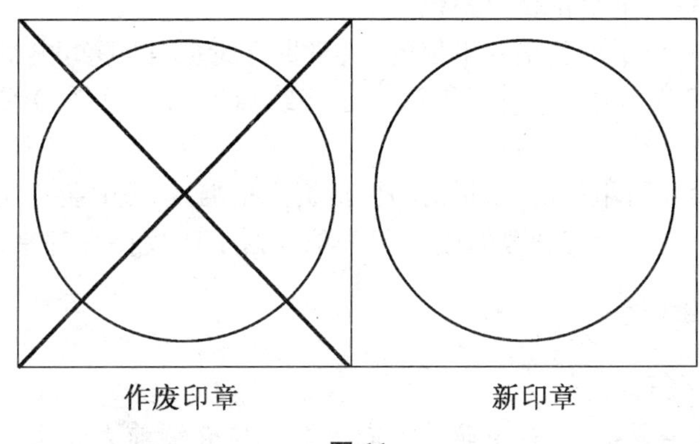

图 11

按规定，旧章停用后，已失去原有的法人标志，不能作为机关、单位职权的象征和凭证。在特殊情况下，必须使用原单位名称时，如某人毕业于某大学，后来该大学改名，而此时此人准备出国留学，需要出具该大学有关证明，要求同此人原来持有的毕业证书等材料上的学校名称相符。在这种情况下，也要坚持原则，必须使用新印章，不能使用旧印章。但是可到公证处进行公证，公证"××"单位就是"原××单位"。这样，既遵守了印章使用制度，又作出了灵活处理。

因单位名称变更，或改变隶属关系，使旧印章停用，而新印章又没刻制出来时，若有些工作急需使用印章，可以采取代章的办法，即用其他的印章代替应使用的印章。代章的手续与正式印章相同。代章要在落款的后面注明一个"代"字。另外，党政机关之间代章必须是同级或是上级代下级，下级或者没有任何关系的单位一般不能代章。

2. 印章的存档和销毁

旧印章停用后，应清查全部印章，并把清查结果报告领导，请领导审定旧印章销毁的办法。根据领导的批示，分别不同的情况处理，一般有三种处理方法：

第一，上缴颁发机构切角封存；

第二，由本单位自行销毁；

第三，对于那些重要单位的、具有保存价值的印章，由本单位填制作废印章卡片，连同废印章一起交给当地档案馆（室）或博物馆保存。

销毁废旧印章，必须报请单位负责人批准，销毁时要有主管印章的人员监销。所有销毁的废旧印章都要留下印模保存起来，以备日后查考。

二、介绍信管理

介绍信是机关、企事业单位向有关单位介绍前去联系工作的人员的情况与任务的一种专用信件。它的作用是证明身份和说明任务。

1. 介绍信的种类

介绍信有三种类型：

第一种，存根介绍信，用铅字印成，分为两联，一联是存根，另一联填写后供外出人员使用，两联中间有虚线，并有骑线的编号和骑缝章；

第二种，专用介绍信，如办理出国护照介绍信以及业务部门的专用介绍信，它有特定的样式和内容；

第三种，普通介绍信，多为联系某项工作和事项所用，因其内容较多，用印制的介绍信说不清楚，而采用这种介绍信。它通常用单位的公用信笺写，需另外登记，并装入信封。

2. 介绍信使用注意事项

介绍信使用的范围极广，一方面，它是一种凭证和依据，是一种标准化与简化了的“公文”，可以在办理比较郑重的公务时说明当事人的身份；另一方面，由于介绍信只能介绍身份及简要地说明联系的任务，因而也容易产生许多弊病，而且容易遗失和被伪造、假冒。因而，在开具介绍信时，秘书应注意如下几点：

第一，填写前，必须先经过主管领导的批准，否则不得填发，填写时写清派遣人的真实姓名和身份，内容要简明扼要，但所联系办理的事情必须具体、清楚，以防介绍信被滥用，介绍信书写要工整，一般用毛笔或钢笔书写，不许使用圆珠笔或红色的墨水书写，不许涂改，如果必须修改，要加盖更正章；

第二，一封介绍信只能写给一个单位，并不许开空白介绍信。

第三，介绍信应该有编号和骑缝章，存根要与信的内容一致，并予以归档，保存期为五年。

第四，因为情况变化，持介绍信者没有使用介绍信，则应该及时退还，将它贴在原存根处，并说明情况。

第五，如果发现介绍信丢失，持有人应该立即向机关、单位反映，并及时地采取相应措施。对于介绍信的使用情况，应该定期进行检查，以保证介绍信的严肃性。

3. 普通介绍信的格式和写法

普通介绍信的格式和写法如下：

标题　应在首行写(或印)明“介绍信”三字，也可不写。在信件开端处，顶格书写受文单位或受文人的称呼，也可以将受文单位的称呼写在信件的最后一行，要顶格写，但同时须在其上一行写“此致”二字。

正文　要空两格写，介绍派遣人的姓名、身份，以及前往办理的事项和向接洽机关、单位提出的希望和要求。

正文写完后，另起一行，空四格写“此致”，下一行顶格写“敬礼”，以表示对对方的感谢。如果采用受文单位名称在文尾的格式，则“此致”下一行要顶格写受文单位的名称。

最后，另起一行落款，写发出介绍信的单位名称，再起一行，在署名下面写清年、月、日，还要写明介绍信的有效期限。再加盖公章，做到“齐年盖月”，将介绍信交给派遣人。

三、如何鉴别假印章

针对社会上一些不法分子私自制作假印章，使用假公文、假证明、假证件、假介绍信行骗的现象，涉外秘书在处理文书、接待交往中，应当像银行工作人员善于识别假币那样，善于识别文书、证明、证件中加盖的印章的真伪。其鉴别的方法如下：

第一，鉴别式样，即仔细观察印章的形状、规格、线条的粗细、光滑程度；

第二，鉴别字体，即检查印文中的字号、字型、比例、字距、位置；

第三，鉴别图案，即观察印章中国徽或五角星图案的制作是否精美，线条是否紧密，几何尺寸是否均衡准确；

第四，检查盖印方式，即查看是先写成文书，再加盖印章（俗称红压黑），还是先在空白纸上加盖印章，再写成文书（俗称黑压红），前者是正常的，后者是反常的；

第五，检查用纸，国务院规定国家机关公文用纸一律用 A4 纸，各企事业单位一般都有参照此规格的专用公文信纸，上面印制有单位全称、联系地址、电话号码等，如公文使用的是很随便、粗劣的纸章，则值得怀疑；

第六，核对照片，对身份证等证件，要核对其照片和本人是否一致，是否先贴上照片，再在上面加盖印章，对护照等重要又制作精细的证件，还可以使用专门仪器进行鉴别，或请有关部门鉴别。

如果发现假印章、假文件、假证件，秘书应当设法稳住对方，迅速报告上司或公安部门，追查处理，并通报有关单位，引起警惕。

第五章　上司工作日程和商务旅行安排

涉外秘书是上司的助手，扮演着办公室“内当家”的角色，编制上司的工作计划表、安排上司的工作日程和出差事宜，筹办和陪同上司参加社交活动是秘书的职责。对这些工作，秘书要一一安排妥当。

第一节　上司工作日程安排

有人说，涉外秘书是上司时间的管理者。这是指秘书要合理地为上司安排妥当一定时间内的工作内容和次序，使上司根据这一次序，井井有条地工作，以保证工作的成效。

日程安排，从纵向角度说，主要指工作计划表的编制，如一年的计划，一季度的计划，一个月的计划，一周的计划及每天的日程安排；从横向的角度说，有大型会议的日程安排，商务旅行的日程安排等。秘书日常以编制上司一周工作计划表和每天的工作日程为多。

一、*编制工作日程表*

秘书为某一位上司编制一天的工作日程表，要按时间先后排列，并要分清主次，将重要的工作安排于一天中的最佳时间内。日程表可以使用事先印好的表格或者卡片，于前一天将下班时或当天一上班时放于上司办公桌上。

工作日程表格式可参考下例：

6月10日(星期一)

上　　午	
9:30—11:30	经理例会
下　　午	
2:00—3:00	约见××公司总经理
3:20—4:00	约见×××
4:30	赴××机场迎接美国××公司副总裁

二、编制一周工作计划表

上司一周工作计划常由上司们根据近阶段的工作进展情况，商讨研究后，定下重要活动项目，交秘书编制成表，它的编制程序如下：

第一，秘书应提前几天将下一周的工作时间预定表分发给每位上司，请他们填写清楚，其内容包括会议、约见、参加重要社交活动、出差、检查工作等。如果有的上司无暇填表，秘书应询问并代填。

第二，周末那天，秘书将预定表收集、整理、核对，如发现有冲突、矛盾之处，要询问清楚并改正。

第三，编制成表，复印多份，分送给每位上司。

一周工作计划表格式可参考下例：

一周工作计划表

(2006年3月6日—3月10日)

星期	日期	时　间	地点	内容	人员	备注
一	3.6	上午9:00	公司会议室	经理例会	正、副总经理	
		下午2:00	××商厦	参加该商厦周年庆典	李副总经理	

二	3.7	上午 9:00	公司会客室	约见××公司总经理	王总经理
		下午 2:00?	会议室	销售工作会议	张副总经理
三	3.8	上午 9:00	××宾馆	与××公司谈判	王总经理
		下午 2:00	公司会客室	约见××大学副校长	李副总经理
四	3.9	上午 9:00	第一分公司	检查工作	张副总经理
		下午 2:00	公司会客室	约见××报记者	李副总经理
五	3.10	上午 9:00	××宾馆	出席签字仪式	王总经理

三、日程安排注意事项

编制一周计划表和日程表应注意如下事项：

第一，每周、每日的工作活动都不要安排得太满，要留出适当的空隙时间，以便上司安排临时性工作。同时要考虑到上司的工作习惯，给上司留出他习惯处理日常公务的时间。

两项活动之间要留出适当的空隙时间，尤其对外出的活动，一定要给上司留出足够的路上所需的时间。

第二，计划变动以及因计划变动涉及其他人员时（如被约见的人员、出席会议的人员等），秘书要立即向上司报告计划变更的情况，说明计划变动可能发生的影响，与上司商量处理办法后，立即通知有关人员，并详细说明变更时间的原因，同时与对方商量约会时间，时间确定后，再向上司报告，然后列入计划表中。计划变更时不要发生漏写或记错的情况。

第三，一周计划表和日程表的用纸以一张为限，以便让上司一目了然，用毕后要收集归档，以便查考。

第二节 安排约见

约见(appointment)指上司在事先约定的时间、地点与别人会面洽谈业务，会商工作。在“三资”企业中，约见这一种交际形式被运用的频率，仅次于电话联系和书信联系，凡商量工作、解决问题、交流信息、联络感情都常用这一形式。

在现代社会中，会面应事先约定，这是讲究社交礼节和注重工作效率的表现。在外商投资企业中，凡没有事先约定、又无特殊需要而突然去求见经理者，会被视作“a problem visitor”，即“麻烦的来访者”而不受欢迎。

约见有的由上司自己决定，指示秘书安排；有的是上司让秘书与对方联系、商定；也有的是对方来电、来信要求与上司面谈，请求约见。无论属哪一种，都得经过秘书的安排，才能实现。因此，掌握安排约见的要领，是涉外秘书日常业务技能之一。在上司每周的工作日程表上，约见占了很大比例，因此，安排好上司的约见，也就在一定程度上安排好了上司每周的工作日程。

一、约见的分类

被约见者有外单位上司、管理人员和本单位下属部门上司以及管理人员、业务员、技术人员、一般员工等。约见根据所谈内容、参加者的身份，可以划分为如下种类：

1. 公务约见

指双方会面商谈公事的约见，参加者代表各自所在单位，它是单位公务活动的重要组成部分。

2. 正式约见

公务约见中的一种，指双方会面正式讨论议题的约见，双方都代表公司就议题作正式发言，正式交换意见，双方都认为对发言应负责，如约见中有书面记录或录音记录，其记录会被视为有效凭证或文件。

正式约见讲究礼仪规格，常在庄严、隆重的气氛中举行。重要公务约见一般都是正式约见。

3. 非正式约见

公务约见中的一种，指双方会面非正式讨论议题的约见，它大都是正式约见的准备或补充，双方虽然都代表公司就议题发言，交换意见，但双方都带有试探性，不认为对方的发言是最后的观点，如约见中有书面记录或录音记录，其记录也不会被视为有效凭证或文件。

非正式约见不太讲究礼仪规格，常在轻松、随和的气氛中举行。

4. 对等约见

指会面商谈公务的双方的职务相同，如甲公司的总经理和乙公司的总经理约见。这类约见大多是正式约见，也是一方约见外单位代表的外部约见。

5. 不对等约见

指会面商谈公务的双方的职务一高一低。有的是职务高者请职务低者前来会面商谈；有的是职务低者要求谒见职务高者面谈。这类约见一般是非正式约见，常常是内部约见，如总经理约见下属某一部门经理。

二、约见的轻重缓急安排

如果秘书是依照上司的指示与对方联系约见，秘书应详细告知对方约见地点、时间和约见多长时间及商谈何事，以便让对方事先作好准备。最好给对方两个以上时间供选择。

如果是对方来电、来函要求上司约见，秘书应记录其要求后当即向上司请示，上司同意的话，再按上述办法去电、去信告知约见时间、地点。

如果要求约见者众多，而要求约见者又往往都声称自己的事是重要的或紧急的，希望尽快会见。这时候，秘书要根据要求约见者的议题，以本公司的利益为出发点，比较判断其重要性，然后先安排重要者、紧急者，再安排次要者、可以缓办者。

从要求约见者的身份来说，一般宜优先安排下列五类对象：

——上司的上级或其代表；

——与上司关系密切的同僚；

——与上司关系密切的下属；

——重要的客户；

——上司的亲属和密友。

——一般地说，这些对象，尤其是前四类对象约见的内容往往是重要的，秘书应予以优先安排约见。

三、不宜安排约见的时间

除了节假日、有特殊政治、宗教意义的日子、本公司举行重大活动的日子不宜安排上司约见外，秘书还需避免在以下一些时段安排上司的约见：

——每周第一个工作日的上午和最后一个工作日的下午，即一般为周一上午和周五下午；

——上司出差出发的那一天，上司出差返回单位的第一天，因有许多积压的信函要处理，一般也不宜安排约见；

——各种节假日前后的一天；

——每天上班开始后的一小时和每天下班前的一小时，此时间段内上司一般用来处理内部事务；

——如不安排宴请，临近午餐和晚餐时不宜安排约见，也不要将会见延伸到用餐时间。

四、安排约见注意事项

秘书除了避免在以上一些时段安排上司的约见外，在具体安排上司的约见时，还得注意如下事项：

——在一天中各次约见之间，留出 15 分钟以上的时间，便于上司处理急事，签署信函，准备下一个约见或稍事休息；

——重要的约见不宜首尾衔接安排，这会使上司始终处于紧张之中，且前一约见拖延的话，会影响下一个重要约见，应将重要的和次要的约见交替安排；

——将本公司人员的约见安排于该天下午晚些时间，如因重要的正式约见拖延而被挤去，可于次日另行安排；

——一天中安排有多次约见的话，第一次约见的时间不能过长，以免影响其后的几次约见；

——如果约见安排于单位外面，则宜将约见时间安排于上午早些时候，以便上司早上直接赴约，然后赶回单位，以节省时间。

——上司出差前一天不宜将约见日程排满，让上司有时间准备出差事宜。

秘书将约见排妥后，应把约见的内容填写在自己和上司分别拥有的两本工作日志上，并打印出次日的约见安排表，放在上司办公室上，秘书留一份副本，安排表的内容要简明扼要，写明约见人姓名、公司、身份、目的、时间、地点。也有不少上司喜欢将约见安排表打印在 3×5 英寸的卡片上，便于随身携带。

此外，每天一上班，秘书应当提醒上司：今天有哪几次约见，并告知自己已作好了约见的准备工作。

五、取消约见

取消约见是指一方提出撤销原定的约见，它有两种情况：推迟这次约见，或不再安排这次约见。

如果是对方取消约见，当对方来电、来函时，秘书应对此通知行为本身表示感谢，对取消约见表示理解，而不能对对方流露出不满，并立即报告上司，在自己和上司的两本工作日志和约见安排表上删去这项约见。

如果是本方上司提出取消或更改某次约见，一般应该由本方上司发出亲笔签名的信件或亲自打电话通知对方，以示歉意和礼貌。如果上司指示由秘书通知对方时，秘书要注意以下几点：

第一，得提早两三天让对方收到这一通知，写信通知的话，就得更早些天发出，因为，取消约见已经打乱了对方的工作日程，给对方添了麻烦，倘若直到原定约见的当天才通知对方，使对方措手不及，那就不仅是失信，还加上了失理和失礼，有损单位和上司的形象。

第二，通知对方时必须诚恳、庄重地致以歉意，说明原因，言辞简洁、得体，但在说明原因时不能泄露机密。

第三，如果是推迟约见，秘书在通知对方、道歉和解释了原因后，还得重新安排约见，为了表示歉意和诚意，秘书应当请对方提出时间和地点，如无不便，应愉快地接受下来。

第三节　上司出差安排

“三资”企业和涉外单位的上司，为了出席各种会议、洽谈各项业务、加强横向联系和拓展事业，经常要到外地或国外出差，有的上司出差的时间占了他全年工作日的三分之一，其中，最为多见的是商务性出差，也称商务旅行。上司出差前的准备、出差期间上司办公室的事务及出差后上司归来等事宜，都得由秘书承担，起到助手作用。兹以上司国内商务旅行为例，介绍秘书应提供的服务。

一、*制定商务旅行计划*

秘书知道上司将要出差，先得向上司了解这次旅行的任务、地点、起止时间等内容，然后根据公司对出差的有关规章、上司的习惯，拟定旅行计划，计划主要包括以下内容：

1. 时间

一是指旅行出发、返回的时间，包括因商务活动需要到两个或两个以上地点的抵离时间和中转时间；二是指旅行过程中各项活动的时间；三是指旅行期间就餐、休息时间。

2. 地点

一是指旅行抵达的目的地(包括中转地)，目的地名称既可详写(即哪个地区、哪个公司)，也可略写(即直接写到达的公司名称)；二是指旅行过程中开展各项活动的地点；三是指食宿地点。

3. 交通工具

一是指出发、返回的交通工具；二是指商务活动中使用的交通工具。这要求秘书了解一些这方面知识，如识别火车种类。

我国旅客列车种类识别标志是：

K——快车；

T——特别快车；

Z——直达快车；

四位数车次的列车则为普通快车。

区别上下行的旅客列车的方法：

均以北京为中心，凡驶向北京或北京方向的列车都成为上行列车，车次为双数。如上海开往北京的 Z14 次、Z22 次直达快车。

凡从北京开出或背向北京方向的列车，都为下行列车，车次均为单数。如北京开往上海的 Z13 次、Z21 次直达快车。

此外，东西走向的列车，自西往东开的为上行列车，反之为下行列车；干线与支线相连的，凡由支线驶向干线方向的列车为上行列车。

4. 具体事项

一是指商务活动内容，如访问、洽谈、会议、宴请、娱乐活动等；二是指私人事务活动。

5. 备注

记载提醒经理注意的事项，诸如抵达目的地需要中转及中转站名称、休息时间、飞机起飞时间，或需要中转时转机机场名称、时间，为旅客提供的特殊服务等，或展开活动时、就餐时要注意携带哪些有关文件契约，应该遵守对方民族习惯等。

出差计划格式可参考下例：

旅行日程表

××总经理行程安排

上海至北京

2006年8月6日—8月8日

8月6日	星期二
上午 7:00	自家赴浦东国际机场(公司派车送赴)
8:40	乘Mu5143次班机离沪赴北京
10:20	抵达北京(×××接机)，住××宾馆606房间(已预先定房)
12:00	与××总经理共进午餐(在宾馆)
下午15:30	与××总经理在公司会议室洽谈(需用的1、2、3号文件在您的公文包中)
18:00	与××总经理在公司共进晚餐
8月7日	星期三
上午 9:30	赴××公司与×××董事长洽谈(需用的4、5号文件在您的公文包中)
11:30	与×××董事长共进午餐(在该公司)
下午15:00	拜访×××先生(由××先生陪同，礼品在你手提箱内)
18:00	在宾馆用餐
8月8日	星期四
上午 8:50	乘CA1501次班机离开北京(机票已预定，由××小姐事先送交您)
10:25	抵达上海浦东国际机场(××接机)

秘书宜制订几个方案，征求上司意见，并与对方联系，最后选定一个方案为出差计划，计划制定后，打印5份，一份交出差上司，一份交上司委托的代理人，一份由秘书留存，一份存档，一份给出差上司的家属。

二、购票和准备物品

上司出差计划制定后，秘书要为他预购好机票、车票或船票，有时还需预定返程票和宾馆房间。

秘书为上司准备的出差物品包括以下主要几类：

1. 文件资料

上司商务旅行时所需的文件、资料有意向书、合同草案、洽谈时需要的数据等材料；如参加会议，秘书还得为上司准备好发言稿、致词等；被访问单位的资料，如对方公司的概况、地址、电话号码和主要负责人的情况资料。

2. 旅费

秘书要根据上司的需要和公司的规章制度，代上司领取旅行费用，包括交通费、住宿费、交际费等。

3. 代办托运

如果上司需携带商品样本、成叠的商品说明书等较大、较重的东西，秘书要事先办好托运手续，保证上司在到达访问地时能收到、使用它们。

4. 文具和生活用品

文具包括公司的信笺、信封、日历、笔、本子等。衣服、盥洗用具等一般由上司自己选择带上，年老或体弱的上司往往还带上常服或备用药品。

上述物品最好列出清单，让上司检查、补充后一一备齐或办妥。

秘书在上司出差前一天，还应留心交通情况有无变化，尤其是飞机，是否因天气而改变起飞时间，如无变化，则应安排小车，并可陪同上司赴机场、车站或码头。

三、上司出差期间秘书的工作

秘书在上司启程后，尚未到达目的地的时候，要用电话通知受访单位，以便对方派人派车接站。

秘书依据旅行日程表，估计上司已到达下榻处后，要主动用电话与上司取得联系，以便有紧急事宜可以进行请示。

上司临行前，秘书应请示某些工作如何安排，由谁暂时代理其分管业务，紧急信件如何处理等。然后，依据指示，在上司出差期间，按照被授权范围，从容处理可由自己处理的事务，对重要的事宜则待上司回来决定，遇紧要事务则可用电话向上司请示。这期间企业内发生的重要事情，秘书都应一一记录，让上司回来后即可了解，以掌握全局。

四、上司归来后秘书的工作

秘书宜在上司归来前一天，先打电话与上司联系，了解他乘坐的交通工具及班（车）次、抵达时间，然后安排车辆，自己前往迎接。

上司上班后，秘书要马上向他汇报他出差期间企业发生的重要事情，尤其是急等他决定的事情，并汇报此期间自己授权处理的事情的经过。

上司所带回的文件、资料，秘书要代为整理，该归档的归档，该印发传阅的就分发给有关人员。

核计上司所花费的旅行费用，一一统计、填写清楚，并经上司过目，交有关人员签名后，到财务处销账，这也是秘书的分内事。

此外，有时秘书还要按照上司的指示，向受访单位寄函致谢。

第六章 接待来宾

各类前来企业找上司联系事务的来客，都要经过涉外秘书的安排。因此，接待来客是涉外秘书经常性的事务。涉外秘书是代表企业接待来客，所以，她的接待态度如何，直接影响着企业的形象，决定了来客对企业的印象，关系着业务能否顺利进行，秘书应当尽量做到让每一位来客满意而归，这就得掌握接待的基本技巧。

第一节 接待要领

一、热情有礼

来访的客人，有的是企业主管上级的领导，有的是政府部门的公务员，有的是其他企业、协作单位的厂长、经理，也有的是业务员、推销员、投诉者、询问者，等等。无论是谁，来者都是客，秘书都应给予尊重和礼遇，脸带微笑，温和亲切，热情有礼地接待，不能以衣衫看人，见到来客穿戴不凡、派头十足，就毕恭毕敬，见到来者衣衫一般，不像是官员、上司、大款就轻视冷落，切忌势利眼对待来客。

涉外秘书不能随便离开岗位，特别是知道有客人要来，更应该等待，如有急事离开，回来时客人已在等待，应该立即向对方致歉。

除此以外，秘书的打扮得体、精神饱满，办公室和办公桌整理得整整齐齐，也会给客人一种井然有序的良好感觉。

总之，热情有礼地对待任何来客，来客会觉得受到了尊敬和重视，对你报以感激和礼貌，对企业留下第一个良好的印象。

二、交换名片的礼节

现在的来客大都备有名片，初次前来的客人，尤其是业务员、推销员等，会向秘书递送名片，秘书要懂得交换名片的礼节。

(一) 名片的样式和种类

名片的规格一般长10公分，宽6公分，白色。国内外的名片有所区别，大致可分为下列三类：

1. 我国流行的名片

我国流行的名片一般将职务用小号字体印在名片左上角，姓名印在中间，也有的将职务印在姓名之后，下面印通讯地址、电话。如果同时印有中外文字，则一面印中文，另一面印外文。

2. 外国人的名片

外国人的名片一般习惯把姓名印在名片中间，职务用小号字体印在姓名下方。其姓名的前面都加MR、MRS、MISS等称呼，医生的名片的姓名前加DR，有学位、勋位者的名片的姓名后加学位、勋位者的缩写，军官和有爵位者则把他们的军衔或爵位印在其姓名前面。

外国人还有一种印有夫妇俩姓名的名片，是折叠片，主要作谢卡用，内页空白，可供书写。

3. 我国港台地区的名片

我国港台地区的名片通常有三种：

第一种，无衔名片，也称白名片，上面不印职务，用于供亲友间联系、登门拜访未遇者等。

第二种，有衔名片，也称商业拜访名片，上面印有职务，公司名称、地址、联系电话等，用于商务交往、业务联系。

第三种，夫妇名片，这种名片用于夫妇共同出面的场合，一般为长方形，常在正式拜访和婚、庆、吊唁时使用。

(二) 名片的作用

名片的主要作用是自我介绍，也可以作为简单的礼节性通信往来的工具，如主人不能亲自前往，请人送上自己的名片，或通过邮局邮寄一张名片,以表示对对方的祝贺、感谢、介绍、辞行、慰问、吊唁等。英美等国人们的名片在作为简单的礼节性通信往来工具时,流行用如下法文字母来表示各种感情:

表示祝贺时,在名片右下角写上 P. F. (PourFelicitation),左上角写上对方姓名。

表示感谢时,在名片右下角写上 P. P. R. (PourRemerciement)。

表示恭贺新禧时,在名片右下角写上 P. F. N. A. (PourFeliciter-LeNouvelAn)。

作为介绍时,在名片右下角写上 P. P. (PourPresentation)。

表示辞行时,在名片右下角写上 P. P. C. (PourPrendreConge)。

表示吊唁时,在名片右下角写上 P. C. (PourCondoleance)。

我国港台地区在拜访时使用名片,不论对方是否在,都留下名片给对方或对方的秘书,如对方不在,可将留下的名片的左上角向内折,表示已经登门拜访过。如果是去宾馆拜访对方,为避免该室同住的旅客误收了名片,可在名片右方与职务相对处写上对方的姓名。

(三) 接受名片和递送名片

1. 接受名片

客人递上名片时,应毕恭毕敬地用双手去接,让对方感到你对他的名片是很尊重,很感兴趣的。

接过名片后,一定要认真看一遍,仔细确认对方身份和姓名,但不要念出声来。不应草草扫名片一眼,更不应连看都不看一眼就把名片收起来。

看名片时,如有看不懂名片上企业的名称或对方的姓名,不要不懂装懂,要诚心诚意地向对方请教:“对不起,请问您的尊姓大名该怎么念才对?”这时对方一定会高兴地告诉你的。听后,你应有礼貌地重复一遍:“××先生。”

收到名片,可将名片放在桌边眼睛可以看到的地方,需要时,看一眼名片。绝不能在名片上压上别的东西,那会被认为是带侮辱性的;也绝不能把客人的名片当记事簿来使用,比如在名片背面记上下次来访日期,等等。这会使对方有被轻视的感觉。

当客人临走时,应将名片拿在手上或放妥,不可依然摆在桌子上。

2. 递送名片

秘书接受了来客名片,如认为有必要,可向对方回赠名片。回赠时应起身端立,用双手递送,并将名片上文字正面对着来客,可说上句:"今后请多关照。"或"今后请多联系。"

(四) 名片的整理

秘书收到的名片日积月累,数量很多。这些名片,每一张都代表一位人物、一个单位或一个客户,在业务交往、工作联系中常需找出使用,或找电话号码,或找地址,或查找人,如平时整理得井井有条,一找就找到;如乱丢乱放,不合理整理,寻找就很费劲,浪费时间,所以,秘书应抽出空闲时间整理好名片。

整理名片的方法如下:

第一,每收到一张名片,待客人走后,在名片背面记下该人的相貌、年龄等简要特征和首次来访、见面的时间、地点,便于记忆,尤其是多人同时来访、赠送名片时更应简洁记下这一些,以免混淆,这既能帮助你下次见面时叫出对方的姓名,又使名片成为一种交际档案。

第二,将众多的名片分类,分类的办法有:

地区划分法　即根据名片上人物所在地域分类,如国外、国内,国外的又可归类为美国、英国、日本等,国内的可再按华东、华北等大区或省、市分类。

单位划分法　即根据名片上人物所在的单位分类,如政府部门、公司等。

人名划分法　即根据名片上人物的姓氏笔画为序分类。

这些划分法可以选用一种,也可以几种配合使用,如某一地区的名片有很多,在这一地区类下,再以单位划分法归成各小类,或某一单位的名片很多,可在这一单位类下再以人名划分法分成小类。总之,目的是便于迅速查到所需的名片。

第三,将整理好的名片按类存放。存放的方式常见的有:用橡皮筋将每一类扎成一叠;分插入账簿式的名片册中;排列在类似于图书馆的目录索引箱中;存于电脑中。

第四,客人的地址、电话号码、单位名称如有变化,应在名片上予以修正。

第五,如收到同一人的新名片,其职务、单位、电话、地址已有变动,应剔除其旧名片,换上新名片。

三、来客登记

对有些来访者,尤其是未约定的来访者,秘书要作好接待记录。如果来访者较多,秘书应当事先制作来访登记表,供填写之用。涉外秘书应请客人在来客登记表上详细填明其单位、姓名、职务、电话等,有的可由秘书代填,以备查考之用。来访登记表参考样式如下:

来客登记簿

日期	到达时间	来访者姓名	职务	单位(电话)	被访者姓名	备注

四、善于记住来客姓名

也许你曾有这样的体验:你因公到某一公司与某人相见,过了两三个月再度相遇,对方亲热地叫一声你的名字,你一定会十分高兴。要是某人与你见过几次面,他还问你:“请问你尊姓大名?”会令你十分扫兴。为什么?这是因为姓名是与个人合为一体的,与对方见面了好几次,对方连自己的姓名都忘记了,足见对方不看重自己。这就很难得到别人的喜欢。美国成人教育家戴尔·卡耐基说过:要使人喜欢的一个原则是“记住一个人的名字，当它是英语中最甜蜜最重要的声音”。卡耐基先生还指出：“普通人对他自己的名字感兴趣，比世上其他所有的名字放在一起还多。记住那姓名并容易地呼出，你即已对他有了巧妙而有效的恭维。但忘记了或记错了，那你即置你自己于极不利的地位。”

既然人们如此重视自己的名字，那么，你就应该竭力满足人们的要求，在接待客人的时候，重要的一着便是要记住对方的姓名，并且要念对对方的姓名。如何记住他人的姓名呢？

秘书在交谈时，将对方姓名反复记忆数次，并在脑海中将这姓名与这人的面孔、神色及其他外观联系起来，以加深印象。空闲间隙，秘书可以利用名片，将客人来访的情形，如客人的身份容貌特点（如高矮胖瘦、有无戴眼镜等等）、谈话内容回忆一下，隔数月与这些客人相见，你便可以亲切地叫出对方的姓名和身份了。

第二节　接待有约而来者

在大型“三资”企业中，在办公楼大厅内靠近入口处通常设有接待处，凡来客都得向担任接待员的秘书登记，如是有约而来的，应说明会见谁。然后，接待员会打电话通知上司的秘书，秘书即可作好接待的准备。在有些“三资”企业，秘书会到接待处陪同来客去见上司，有时也由接待员陪同，对特别重要的来宾，偶尔会由上司亲自去接待处迎接。但是，大部分来客则是经接待员指点后，自己来到秘书办公处。

一、*招呼来客*

当客人来到时，秘书应马上停下手头的工作，抬起头，礼貌而热情地招呼；如来客是身份高或年事高者，秘书还应起身招呼，以示敬意。

与来客打招呼的用语要正式、规范,对国内来客一般招呼:“你好!”对外国人用“Hello”太随便,用“How do you do ”则太正式而不自然,用“Hi”则使人难以接受,适当的招呼应是:“Good morning”或“Good afternoon”。

如果来客是秘书已经认识的,秘书应当招呼:“您好,×经理,我们×经理正在等您。”

如果来客是秘书初次见面的,则秘书应根据约见安排表或接待员的通知,招呼:“您是×先生吧?”或“您是××公司的××先生吧?”

如果来客有数人,秘书则不宜去猜测各人是谁,而应微笑招呼:“你们好!”然后等待对方自我介绍。

大多数熟谙商务的来客都会立即自我介绍,待他们介绍完后,秘书应说:“×先生、×先生、×先生,你们好,我是×经理的秘书×××,×经理正在等你们。”要注意须重复对方介绍的姓氏,以示重视,并作自我介绍。如果对方自我介绍的姓名很冷僻,秘书应有礼貌地向对方请教,以便准确招呼。

招呼以后,秘书应立即打电话或入内当面告知上司,上司指示后,即可引导来客去会客室面谈。

对于提前到达的来客或上司有要事一时脱不了身,秘书应请他们稍等,并简要说明原因,如:“对不起,×经理正在处理一件急事,马上就完,请稍等一会儿。”然后,可请他坐下,如需较长时间等待,要为客人端上一杯茶,还可给他一些报纸、杂志,以免无聊。如客人想打电话,就指明电话所在,问明他是否会使用,在客人打电话时,秘书应离开客人身边。

如果客人与秘书聊天,应注意不说本单位的长短、有保密性的事项,要限制在轻松、无关紧要的话题内。如客人健谈,谈几分钟后,秘书可以客气地说:“对不起,我必须赶写完这份报告,一小时后要交给总公司。”然后继续工作。

一般来说,不能让应约而来的客人久等,因为客人的时间也是宝贵的。如果因意外原因而需要来客久等,应向他说明大概需要等多少时间，以便客人自己决定推迟或更改约见时间，如果这样，秘书应当致歉，并表示将由自己或上司去电话和他联系，保证下一次准时约见。

二、引导

引导指秘书陪同客人去会客室面见上司。

引导前，秘书应将桌子上的文件收起，重要的还须锁起，以防他人翻阅。然后有礼貌地招呼客人："×先生，请让我们一起去见×经理。"

引导途中，秘书应走在客人右前方约 1 公尺处。步调应与客人一致，不可只顾自己前行，也不要停下来与他人聊天攀谈，更不许玩笑打闹。可视与客人熟识程度进行寒暄、交谈，以示友好、热情。凡遇楼梯、拐弯处，秘书要伸手示意，引领客人。

在乘电梯前，须向客人说明："在×楼。"电梯门打开请客人先入内，然后秘书跟入，按楼层开关。在电梯内，秘书切忌两眼直盯客人，眼光应朝别处注视。当电梯停稳后，向客人说明："×楼到了。"电梯开门后，让客人先跨出电梯。

到达目的地后，向客人说明："这是会客室。"先敲门，然后轻轻打开门。如果门朝里开，秘书应先入内，把住门，侧身请客人入内；如果门朝外开，则应拉开门，请客人先进入。

如果上司在会客室，秘书要为初次来访的客人和上司双方作介绍，首先向上司介绍来客，介绍时要自然，说清双方姓氏、职务等。介绍的如是贵宾，应以"请允许我介绍一下"或"May I introduce"、"May I present"开头，以示礼貌和尊敬。

客人如有外套、帽子、雨伞等物，秘书可取过挂、放于衣帽架或明显处，向客人说明："×先生，您的外套挂在这里。"

如果上司尚未到，秘书应说："请坐，×经理马上就到，请稍候。"并将来客引至上座入座，以示尊重和主人的欢迎之意。一般来说，室内离门口最远的座位是上座，长沙发为上座，短沙发为下座。如图 12、13 所示：

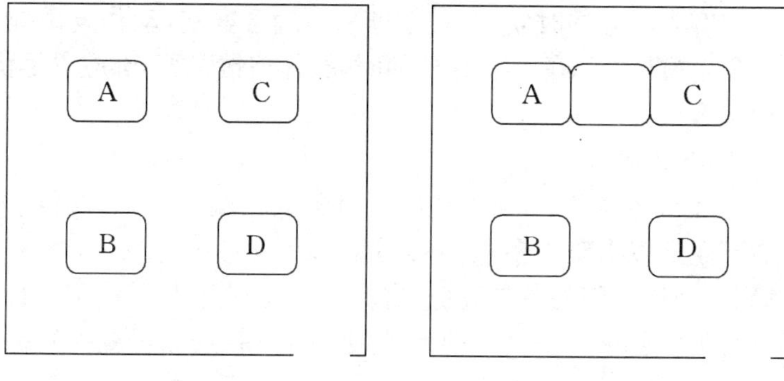

图 12　　图 13

图中 A 为 1 号来宾，B 为 2 号来宾，C 为上司，D 为秘书。“A”座为“上座”，宜让最尊敬的来客就座，上茶时的次序则依 A、B、C、D 座为先后。

当上司和来客就座后，秘书送上茶水或饮料，即宜退出。退出时不能马上转身背对客人，应面对客人倒走一两步，然后再转身走出门，将门轻轻带上，并挂上“会客中”或“请勿打扰”的牌子。

三、注意事项

1. 会客室的布置和整理

上司约见来客，大多在会客室进行，很少在办公室内，尤其外商企业，更少在办公室内会客。因此，会客室布置得是否得体，整理得是否整洁，事关企业形象，秘书要负责会客室布置和整理。

会客室的布置，不必太华丽，太华丽反而有点俗气；也不能过于简陋，还是漂亮、高雅、大方一些好。

会客室一般放上椅子、长、短沙发、茶几、记录本、笔等，最好还有一部直拨外线电话。墙壁上可挂上一两幅名人的字画，如有条件，桌子或茶几上放一两盆插花，更显得会客室富有生气和高雅。

会客室应保持清洁，地板（或地毯）、椅子、沙发都擦拭得一尘不染，痰盂、台布等要勤洗勤换，决不能让客人有脏、乱的感觉。

每当客人离开的时候，要马上进来整理会客室，动作要敏捷些，以防下一个(批)客人等候。在任何时候、任何情况下，都应以尽快的速度迎接客人。

2. 饮料招待

上司和来客坐下后，秘书要吩咐有关人员端上茶水、饮料，国内的“三资”企业以上茶为多，上茶要注意如下几点：

第一，使用肮脏的茶具和破烂的茶具，是对客人不尊重的行为，也不符合卫生要求。茶具必须无破损，无污垢、茶垢，要洗净、擦亮，茶叶宜中、高档为佳。

第二，端送茶水，应该用托盘，既雅观又卫生。

第三，要用开水泡茶，使茶叶充分张开，杯内的茶水倒至八分满，不可满至杯口。

第四，用手端茶，有杯柄的茶杯，可一手执杯柄，一手托在杯底，或一手执杯柄 。无杯柄的茶杯，尽量减少手指与杯沿部分的接触，不可满手握住茶杯，更不可把拇指伸入杯内的茶水中。

第五，端上茶水时，手脚要轻，弯腰将茶杯放在客人身旁的茶几上，并说声：“请用茶。”在主客交谈过程中，如时间较长，要中途为他们添水。

上司和来客洽谈结束，一般的来客告辞离去，走过秘书面前时，秘书可坐着或起身向客人点点头，说声再见就可以了，但要留心来客是否忘了外套、帽子、雨具、包袋等物，如有，要提醒来客取走。如果上司让秘书代为送行，秘书则应视需要，将来客送至电梯上、大门口或上车地点，挥手告别，直至对方消失在视野中才可转身返回，切忌不耐烦，急于要脱身的神态，以免给客人匆忙打发他走的感觉。

第三节　接待无约而来者

在现代社会中，要见一个企业的上司，一般都经事先约定。但是，由于国内的习惯，一些来客往往事先未约定就来到企业，而且不分事情大小，一开口就要找经理、厂长。这样，秘书就成为上司的屏障、过滤口，必须对这些不速之客进行甄别后分别处理，以减少上司的压力。

一、分流

来人如果是上司熟识的上级、客户、亲属、朋友，秘书应请他们就座，并立即告诉上司，按上司的指示接待。但秘书得注意，当前有不少推销员故意声称是上司的朋友，以求获得面见上司、推销产品的机会，要善于甄别。

对于本单位的中层管理人员，如部门经理等有急事要见上司，秘书也应立即通报上司。如今，为数不少的上司宣称自己施行"open door"，即开门政策，随时愿意倾听前来反映问题、提出建议的员工，秘书应当配合上司实施这一政策。

对于并不需要见上司就能解决问题的来客，秘书可介绍他们去找有关部门的主管或相关人员洽谈。如来人要求企业配合街区大扫除，则秘书可介绍他们去找总务部谈，向他们指明该部门的名称、位置、路线，并打电话告知该部门，如路线曲折难找，秘书宜引领他们前去。

对上门的推销员，秘书可打电话给采购部门，如采购部门有意见面，可介绍、指引他前去；如采购部门对此类产品不感兴趣，无意见面，秘书可明确、大方地告知对方，表示歉意；如推销员坚持要见上司，秘书则可请他留下名片和产品说明书，告诉他会转交上司，如果上司有兴趣，会与他联系的。近年，一些"三资"企业已规定了统一接待推销员的日期，如每周三上午等，如有企业有些规定，秘书也可以告诉他，让他届时找专门的接待人员。

对其他不速之客，秘书宜等对方自报姓名、单位、职务和说明来意，如对方出示工作证或介绍信，秘书应快速过目后，留下介绍信，归还工作证，微笑着表示欢迎，并向上司请示，由上司决定是否会见。要注意对对方的来意应询问得尽可能具体、确切，不能仅得到含混的回答就去请示上司。如有位秘书去请示上司："有位××公司的×××先生有事要和你谈谈。"上司不满地埋怨："谈谈，找我的人都是来谈的，他要谈的是什么？"秘书只得退出，再去问清楚。

经过这样的过滤、分流，需要上司会见的就只剩下少数重要来客，大大节省了上司的精力，避免了诸多烦扰。

二、婉言拒绝

对经过询问、甄别，没必要由上司会见，或经请示后上司无意会见的来客，秘书可以婉言拒绝。有的来客事情并不重要，却自认为非得找上司才能解决，固执地要见上司，甚至蛮横地欲擅自闯入，对这类来客，秘书既要阻止他的无理行为，又要不失礼节地挡驾。

1. 婉言拒绝的对答

你的工作是为公司结交朋友，同时要使办公室高效运作。在你回复对方"不"之前，要向对方说出原因，至少是大致原因。被回绝的来客应感到他们一直受到了适当的礼遇，并仍怀有希望在将来的某个时候可以有机会与你的老板会见。

对这些不速之客，秘书可以婉转地说：

"对不起，先生，经理吩咐过，会见得事先约定。"

"请您与经理约定以后再会面好吗？"

"请您打电话与经理联系好吗？"

"请原谅，经理告诉我，他正忙于处理重要业务，实在抽不出时间，您再等下去，会浪费您的时间，还是请您留个条子吧。"

如果来人依然纠缠，秘书则可以微笑着说："实在对不起，我无能为力了。"这时，只要稍有教养的来客都会知趣地退出。

2. 挡驾的技巧

对于个别行为过分甚至粗暴的来客，不要与他争吵。言谈要温和，且有说服力，应对要得体、大方，以柔克刚。比如，你仍然听对方说话，但不作应答，也无需请对方就座，只是让他站着说话，也不必端茶，你可以整理桌上的物品，抬腕看表等，表示不失礼貌地拒绝对方欲强行见上司的要求。如果你所处的情形必须要叫人帮助时，可以找同事或其他部门的上司，而不能让你的上司出面。

3. 上司工作时秘书拒客方法

约见来客只是上司工作中的一部分，他们还有许多事情要做，每天都希望有一段时间能在办公室中静心工作而不受干扰，也就是不会见客人。

对秘书而言，上司不会见外人的时间，你不能假借他不在办公室或正在开会拒绝约见。因为这些托辞多被当作借口。另外，除非确是如此，不要说老板的约见日程已满。上司或许会更改计划会见来者。如果上司改变了计划，则来客会发觉他的日程没有订满而对你产生不信任感。

婉约、简要地向来者说明上司今天的日程内不能再安排任何事情，然后把谈话重点转向与来客讨论以后的安排。用同样方法处理电话约见，向对方表明一旦上司有时间会立即会见他们。用这样的口吻比较合适：如“我请我的老板给你去电话，好吗？”根据对方要求的重要性，你的建议要有所区别。除此以外，你还可请示上司是否派人代理接见来客。

三、会客中又来新客

经过问明来意后，对于前来询问一般性问题的来客，或者秘书被授权可以自己接待处理的来客，秘书应耐心地解答他们的问题，尽量使他们满意。

秘书在接待这类来客中，经常会有新的客人找来。这时，秘书不能不理，或面露厌烦之色，应当礼貌地招呼、询问，并向原先的来客表示歉意，请他稍等。

如果新的来客也属由秘书接待处理的，又不便让其听到自己与原先正在接待的客人的交谈内容，则可安排到另一个房间内，请他稍候，或告诉他大约要等候的时间。并为该客人端上茶，拿出报纸、杂志让客人消遣，然后表示歉意："对不起，要让您等一会儿了。"再离开房间。应注意，对新客人的安排，不能过多耽搁时间而让原先客人久等。

如接待新客需花很长的时间，而原先客人的交谈也需很长时间，没有可能接待新客，就应该向新客说明情况，表示歉意，另外约定时间再接待，并致歉送别。

如果新客与原先客人出自同一原因、同一事项前来，所谈内容完全一致，秘书可以通过介绍让对方客人认识，一起进行交谈。

四、帮助上司中止会客

根据约见安排表，上司约见每一位来客都规定了时间，秘书应事先告诉来客。大多数来客也会抓紧洽谈，在规定的时间内讲完事情，结束约见。对于一些问题已谈完仍喋喋不休的来客，上司会以看表、起身表示会见已结束。也有的特别唠叨、不考虑别人时间宝贵的来客，则需要秘书帮助上司中止这种唠叨。因为，一次超时的约见，可能会冲掉数个或当天的大多数约见，打乱上司的工作日程，给其他来客带来不便，并有损企业形象，他们会认为上司不遵守时间、约定，工作效率低下。

中止这类会谈，秘书事先宜与上司有所约定或默契，可采用如下方法：

把来客的名片或将来客的姓名及到达时间打到一张纸片上，递给上司而无需说话。

进入上司的办公室并通知他客人已到，但不要具体涉及哪一个约会及约见人。"对不起，您三点约见的客人到了，我能告诉他您很快即可见他吗?"

用内部电话通知你的上司，特别是当你觉得上司不想催促客人的时候。每隔三五分钟一次，积极建议结束会谈，使你的老板在客人面前只需回答“是”或“否”而不必说出自己的意见。

如果秘书提醒上司的下一个约见是在会客室以外的场所，则应当注意不能泄露其场所和人物。

秘书应当明白，当上司自己不便于摆脱来客时，他期望你给予什么方式的帮助，以什么口气来暗示中止会见，了解上司、配合默契的秘书才能按上司的意图，运用合适的方法催促客人离去。

五、接待投诉者

秘书平时会接待一些前来投诉本企业产品、服务质量，或提出批评、建议的来客。他们能使企业了解消费者对自己产品、服务的评价，利于企业改进工作，化解矛盾，维护企业良好形象。因此，秘书要重视对这类来客的接待处理，注意把握如下环节：

1. 热情招呼

对上门来访投诉的公众，秘书要将心比心，体谅他们前来是不得已的、下了决心的，或者是不容易的，是对组织的信任或关心。因此，一见他们进门，应当略带微笑，热情地招呼他们坐下，有条件的话，还可以送上一杯水，使他们紧张、激动或愤慨的心情平静下来，对你产生一种好感，愿意向你畅所欲言。切忌居高临下、盛气凌人地发问：“什么事！”或者厌烦冷淡地问：“干啥！”

招呼来者入座后，秘书先应问清对方的姓名、单位、身份、住址、有无证件等背景情况，要注意语气亲切、声调平缓。然后，再询问来意。

2. 耐心倾听

来访者一般事先都经过反复的考虑，打了腹稿，因此，有满腹的话要诉说，叙述时可能很详细，一些文化水平低的来访者还往往将事情的来龙去脉讲得详而又详。对此，秘书要体谅他们的心情，耐心倾听，别表示出厌烦，或眼望别处，或心不在焉地以笔敲桌，这会使来访者感到失望，认为自己白来一次、白说一场，受到冷遇，进而对组织产生不信任感。

当然，对于讲得过分啰唆琐碎的来访者，秘书可以作些提醒引导，即请他叙述要点、明确要求，少讲或不讲无关紧要的琐碎细节，或者婉转地告诉他，下面还有其他来访者等候接待，请他的叙述简洁明了些。一般来说，经你这样提醒引导，对方是能接受的。

秘书在倾听的同时，要将对方叙述中的要点、要求和有价值的内容记录下来，不清楚的地方应发问，让对方补充说明。这会使对方感到你对他的反映很重视。对方讲完后，秘书应当将记录的主要内容、要求复述一遍，看有没有差异或遗漏。

3. 诚恳答复

秘书听完对方叙述后，要给对方初步的答复。如果对方询问的是一般政策或了解组织的情况，秘书可依据条文或规则，当场给予明确的答复；如果对方是提出建议、批评，秘书先得表示诚恳的谢意，然后告诉对方，组织将在什么时间、以什么方式对他的批评、建议作出答复，而不能自作主张地轻易表态，或武断地下结论。这样接待，会使对方满意而归，觉得组织对他的来访是重视、负责的，容易对组织产生好感。

如果是属于下属部门处理的问题，秘书应与下属部门电话联系，指示或陪同来人前去解决。

4. 如何接待蛮横的来访者

有些来访者对组织提出过高的要求和不切实际的希望，为了达到目的，他们或胡搅蛮缠，或蛮横要挟，有的甚至扬言："不达目的，誓不罢休！""问题不解决，我死给你们看！"面对这类上访投诉者，秘书一方面要冷静沉着，既不被对方的气势汹汹所吓倒，也不能以针锋相对的方式去顶撞他们，造成火上浇油，难以收拾的局面，而应以"内紧外松"的态度，表面上高度重视对方的反应，内心却镇定地通过察言观色，判断对方的真实态度，摸清情况，做到心中有数；另一方面，秘书要以不卑不亢的态度，晓之以理、动之以情，摆事实、讲道理，客观地分析问题，合情合理地劝说对方放弃过高要求，面对实际，争取使对方心服口服。

比如,某一位在一家合资企业当工人的青年操作中违章,被削掉了 3 根手指。该青工在新疆农场工作的哥哥携家小赶赴上海,前去该厂吵闹,提出要厂里将自己一家调回上海工作,以补偿弟弟削掉手指的代价,扬言不能解决问题,他就带着家小住入厂长办公室。等他拍桌摔凳地发完火后,接待的秘书以平和的语气向他说明:该青工受伤,厂内负有平时安全生产教育不严的责任,对该青工的医疗、福利,厂方负全部责任,有什么困难也由厂方解决。而你提出的要求,涉及市政府的户籍迁移等政策,没有任何一条条文能满足你的要求,请你冷静地考虑吧。对方顿时语塞,只得作罢。

当然,对于仍然坚持己见、无理取闹的来访者,秘书在不得已的情况下,征得领导同意后,可以和有关政府部门取得联系,争取他们的帮助,以防止无理取闹者破坏性的行为。

5. 相送

当来访投诉者告辞时,秘书应起身相送,并说些表示感谢或安慰的话,比如请他相信本组织会对他反映的问题作出妥善的答复,要他耐心等待,别着急,以平息对方不安或焦虑的情绪。对于年老体弱者,秘书还应当送到门口,指示返回的乘车路线等,使他们感到亲切、温暖,对组织产生良好的印象。

第四节 接待重要宾客

涉外秘书有时会陪同上司到机场、车站或码头去迎接来自远方的国内外重要宾客。这类接待不同于前述的日常办公室接待来客,它正规而显得隆重,秘书在其中起着组织或负责作用,更应认真对待。

一、确定规格

秘书接受了接待任务后,要协助上司做好准备工作。

准备工作大致包括摸清来宾基本情况和拟定接待方案两部分。摸清来宾基本情况包括他们前来的目的(是业务会谈、参观访问,还是寻找合作渠道等)、人数、主要来宾的身份,前来的路线、交通工具、抵达时间、国别和来宾的生活习惯等。拟定接待方案包括各项活动的安排,如迎接、宴请、会谈、欢迎仪式、参观游览、交通工具的配备、下榻宾馆的预定等。在准备工作中,核心环节是确定接待规格,它决定着礼仪活动的多少、规模大小、隆重程度,由哪些领导人前往迎接、陪同等,接待规格反映出组织对来宾的重视程度和欢迎的热烈程度,它往往依据主要来宾的身份及实际需要而确定。前往迎接、陪同的组织领导人要和主要来宾的身份对等、对口,对等就是双方地位相当,对口即双方职责范围或专业相似。比如,主要来宾是国外某一公司掌管经营业务的副总经理,我方也以掌管经营业务的副总经理前去迎接为宜。这样,既使来宾感到受到了尊重,又和前来迎接的领导具有共同的话题,容易谈得投机。

二、迎接

对重要宾客的迎接可分为几个环节:

1. 迎宾

接待方案确定后,秘书须及时和交通部门或来宾联系,准确掌握来宾抵达的实际时间,因为,飞机航班、火车班次、轮船航次有时会误点或改期。通过询问机场、车站、码头获悉实际到达时间后,秘书即可陪同领导提前到达机场、车站或码头等候。如果来宾是初次见面的,秘书应当事先准备好示意牌,上写"欢迎×国××公司××先生一行"之类醒目的文字,以便来宾及时发现。

2. 介绍

接到来宾后,应微笑问候客人,说声"欢迎您"、"一路辛苦了"等亲切的言语,并主动帮客人提行李。同时,相互介绍双方人员。介绍可由领导承担,而更多的却由秘书承担。秘书介绍时,态度要热忱,端庄有礼,目光正视对方,略带微笑,先说:"请允许我介绍一下",然后按地位高低，将组织一方的人员依次介绍给来宾。一般，介绍中要遵循“五先”的规则，即先把主人介绍给客方；先将年轻的介绍给年长的；先将地位低的介绍给地位高的；先将男子介绍给女子；先介绍别人，再介绍自己。“五先”是表示对客方、年长者、地位高者、女子和别人的尊重。

介绍时要注意实事求是，将领导介绍给来宾时，只说明职务、姓名，切忌画蛇添足地吹捧，以免领导处于尴尬境地。介绍自己时更应谦虚，只须说明姓名，然后说“我是××先生的秘书”即可。介绍他人时，还应当伸手示意，手掌微向上翻，以示尊重。

3. 握手

握手是见面时最常见的礼节，双方介绍后，应相互握手致意。正确的握手方式是伸出右手，手掌垂直，切忌掌心向下，这显示自己高人一等、傲慢无礼。相握时，要注视对方，微笑致意，以“欢迎您！”等礼貌语表示热情。握手时，要脱下手套，并在身份高者、年长者、女子伸手后，身份低者、年轻者、男士才伸手相握。如欲表示自己毕恭毕敬的心情，可以掌心向上捧接，如以双手捧接，则表示谦恭备至。

4. 献花

在高规格或隆重的接待中，当领导和来宾握手后，通常由女青年（或女秘书）向来宾献花，所献的花以鲜花为宜，并要保持花束的整洁、鲜艳，切忌用菊花、黄色花和杜鹃花。有些国家习惯以花环，一两枝名贵的兰花、玫瑰表示热情、隆重，这就得根据他们的习惯和实际可能，献上适当的花。

三、陪车

接到来客后，主人一方一般将他们先送到宾馆休息，上司和秘书应陪同上车，并要注意车内的位次安排，按照国际惯例，轿车内的位次安排规则是：右高左低，后高前低，即要先让来宾从右侧车门上车，坐在小车后排右侧，再让主人从左侧车门上，坐在后排左侧陪同，秘书为来宾开门、关门后，自己最后进车，坐在司机旁边的座位上。如只有一位来宾，座次安排如图 14 所示：

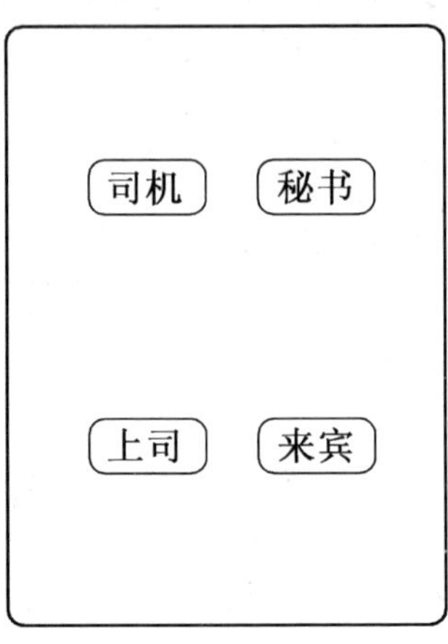

图 14

如一辆小车上由一位上司（主人）陪同两位客人，则座次应这样安排（见图 15）：

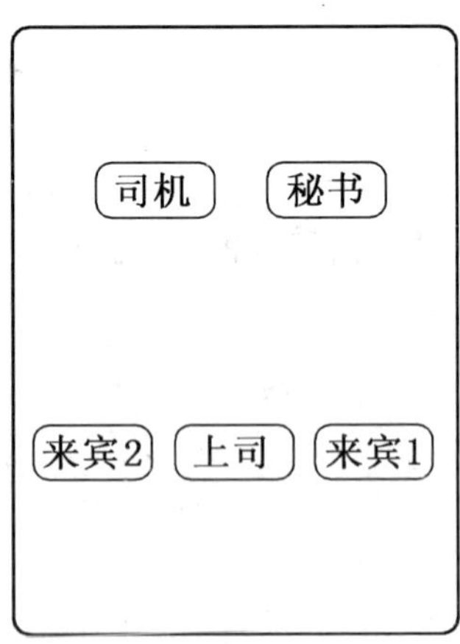

图 15

如一辆小车上有三位客人，由上司亲自驾车，则座次应这样安排（见图 16）：

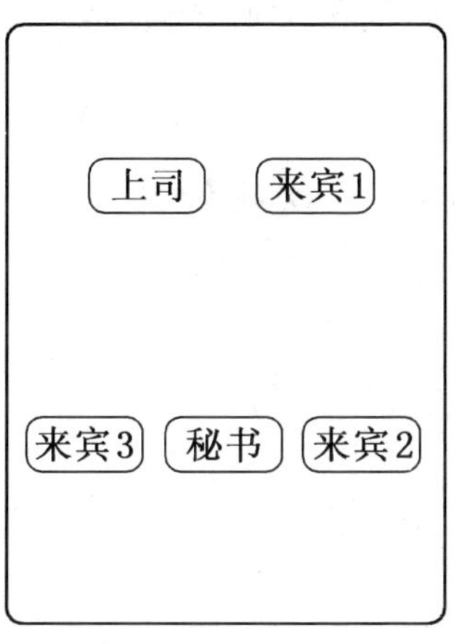

图 16

在行车过程中，上司或秘书可与来宾交谈，并对本埠或本单位的情况作些扼要的介绍。

小车到达目的地后，下车的顺序和上车时的顺序正好相反，即秘书应先下车，先后为上司、来宾打开车门，请他们下车，地位最高的来宾应最后下车。

四、注意事项

将来宾送至宾馆，秘书代他们办好手续，帮他们提取行李，送入房间后，要注意如下事项：

1. 不宜久留

客人旅途劳累，到达宾馆后需要休息。主人不宜在宾馆久留，作必要的交待后应尽快离开。要将餐厅的位置、服务台位置、娱乐设施、注意事项以及主人与客人活动的安排等，作必要的交待，让客人办事心中有数。

2. 要关心来宾

客人远道而来，可能由于气候不适或过于疲劳，偶然染上小恙。秘书应留心观察，问候关心，不应熟视无睹，不闻不问，冷冷淡淡。

3. 约定见面方法

临走时要约好与客人下次见面的时间与地点，留下自己的地址和电话号码，然后客气地与客人告别。

4. 不对客人提要求

不要对客人提出要求。客人是上司邀请来的，应当受到尊重，秘书不应随便对客人提出这样或那样的要求，更不能提出个人的要求。

五、送别事宜

来宾结束了活动，要启程回去，秘书要做好送客事宜。送客事宜仍应办得主动、热情、周到，使来宾感到温暖，体会到你所在企业的友谊。

送客事宜包括如下工作：

1. 购妥车、船、机票

秘书在来宾离去前几天或更早些日子，就得问清楚客人所需的车次、航次、航班，以及卧铺、硬座、船舱位、机舱位、下客站等。如果客人的某些要求无力满足，应向客人说明原因，与客人商量办法，妥善解决。如果实在无法为客人代购返程票，应立即告诉客人，说明理由，以免客人措手不及，延误时间，并恳切地向客人致歉。

2. 话别

当客人即将离开前，秘书可在前一天或当天到客人住地进行话别。话别活动切忌搞形式主义，敷衍了事，态度要真诚、热情，气氛要融洽、欢快，使双方感情达到一个新的高潮。秘书还应询问客人还有什么事要自己帮助解决？如客人打点行李有困难，秘书可协助一起捆扎。如客人有行李需托运，秘书应代为办理。在话别活动中，秘书还应谦虚地说："招待不周，请多多原谅。有什么不当之处，请提宝贵意见。"并希望客人以后有机会再来。

3. 送行

秘书应准备好车辆，并陪同来宾前往车站、机场、码头。临行前，要询问、提醒客人是否忘了东西，并在房间内代为查看一遍。送至目的地后，秘书要与来宾握手告别，说些"欢迎您再来"、"祝您一路平安"等告别语，并应等到火车、轮船启动后再转身离去。

第七章　社交活动及礼仪

“三资”企业和涉外单位的上司需要进行广泛的社交，以结交众多朋友，寻求各方支持，维持、拓展业务，并提高企业的知名度和美誉度。有人作过调查统计，目前“三资”企业的上司，40％的工作时间用于社交，40％的时间用于开会、会见、谈判，20％的时间用于处理企业日常事务。由此可见社交在上司工作中的重要性。涉外秘书作为上司的助手，安排上司的社交，组织筹办社交活动，协助上司处理社交事宜，也就成为工作中的重要内容。

第一节　协助上司处理社交事宜

秘书协助上司处理的社交事宜，常见的有如下几种。

一、邀请与答复

企业之间为了加强联系、增进友谊，会相互邀请参加各自举办的开业、庆典、联谊、会晤等活动，邀请和答复就成为企业间常年的社交事宜。

1. 邀请

邀请分正式邀请和非正式邀请两类。

非正式邀请指上司和熟识的外单位人员、私人朋友相互约请共进工作餐、交谈等。这类邀请比较随便，上司决定后，秘书一般只需按上司吩咐打电话给对方，讲定时间、地点即可，用不着寄送邀请函。

正式邀请指企业举办正式、庄重的活动，约请对方参加。它可以以企业的名义，也可以以上司个人的名义约请。这类邀请要事先拟定被邀请者名单，由上司审定后，由秘书一一寄送请柬。“三资”企业中，这类请柬一般都事先印制好，届时只需填上客人的姓名、时间、地点，就可寄送。

请柬上的时间、地点、姓名要核对准确，注意不能将对方的名字写成谐音字，措词要典雅、得体，不能用祈使句，如不宜写成“请你务必参加”，而宜用“敬请光临”之类礼貌语。请柬格式可参考下例：

请　　柬

________先生：

谨定于____年____月____日（星期____）____午____时____分，为________________，假座________宾馆（____路____号），举行____________活动。

恭候

光临

________敬约

年　　月　　日

有的请柬还附上回条同时寄送，以便获知对方的答复，回条格式可参照下例：

回　　条

收到请柬，请填写下列内容，并于×月×日前将本回条寄达本公司总经理秘书×××，地址为：××路××号××室。谢谢！

能否出席：　　能________否________

出席人姓名：　　职务：

回信地址：　　电话号码：

联系人：

有些寄送给重要人物的请柬，为了表示敬意和郑重，不用打印件，而由上司亲笔书写，使对方感受邀请者的诚意而愉快接受邀请。

2. 答复

秘书收到外单位的邀请信后，要及时报告上司。如果上司决定接受邀请，秘书就得填妥回条，或写好答复信，及时寄出。凡对方是以个人名义发来的邀请信，回信也要用个人名义；对方是以公司名义发来的，则也要以单位的名义回复，宜用公事信函。接受邀请的回信，先表示感谢，再明确表示愉快接受邀请即可。

如果上司无法接受对方邀请，秘书也要代为回信，婉言谢绝。这类回信尤其要注意礼貌，语言要婉转，措辞要谨慎，不让对方产生误解或感到难堪，其内容一是感谢对方的邀请，二是陈述不能应邀的原因，三是希望今后有机会再会面。

二、赠礼及祝贺

为了密切单位之间、个人之间的关系，增进友谊，“三资”企业和涉外单位往往在对方单位开张、周年庆典、祝捷会、新总经理（厂长）上任和新年、节日、纪念日等时候，发信表示祝贺，并赠送花篮、纪念品、画幅等礼品。

公司在国际上应当还有一些贸易伙伴，在交往中，也需要在适当的时间向对方赠送一些适当的礼物，以表示友谊。秘书要为上司策划送什么礼物，什么时候、以什么方式赠送最为合适，花篮、画幅、纪念品等礼品也由秘书选购或准备妥当。这就需要了解社交赠礼中的基本要领。

（一）赠礼

1. 一般赠礼礼节

社交赠礼中的基本要领是：要考虑对方的爱好、习俗，因人而异；要考虑赠礼的场合，恰到好处；礼品应当起到“礼轻情义重”的作用，要雅而不俗，选择有意义、有特色或有艺术价值的小艺术品、纪念品、书籍、画册等。

通常不宜送昂贵的礼品,因为对方会认为你重礼之下必有所求,勉强收下后却心中不安。当然,我们更不能以送礼为名,行腐蚀、收买之实。

礼品应当包装精美,要明白商品并非礼品,只有包装精美后才能成为礼品。所以,国外的礼品非常讲究包装,尤其在日本,他们的礼品常常是大盒套小盒,包装了好几层,系上一根漂亮的红白纸绳,结成剪刀状,最外层还得扎上缎带。他们认为绳结之处有人的灵魂,标志着送礼人的诚意。德国人对礼品的包装则更讲究,所以礼品必须包装好。包装时可以留下商标品牌,但得把价签摘掉,以免对方认为你是在向他要钱,或因价格高低而引起猜疑。

赠礼一般应当面赠送,也可派人送上门或邮寄,如派人送上门或邮寄礼品,应附上你的名片,如为了祝贺而赠礼,还得附上贺信。贺信由秘书撰写,它的格式较为固定,用词拘谨,常运用一些套语,比如:“祝愿我们的友好合作关系日益发展”等等。

如属于送行之类的礼品,适宜于早些送去。

收礼者受礼时,应双手捧接,握手并感谢对方。西方人习惯于当面打开包装,欣赏礼品。这时,送礼人可以对礼品作简单介绍、说明。收到送来或邮寄来的礼品,应当回复一张名片或一封亲笔信,表示感谢。

“三资”企业或涉外单位中,为了增强内部凝聚力,融洽上司与员工的关系,往往注重感情投资,在节日或者员工生日向员工祝贺、赠礼,比如在圣诞节、新年赠送贺年卡,员工生日时发贺信并赠送蛋糕、鲜花等。这些一般也由秘书筹办,这就需要秘书事先准备,如掌握全体员工的生日,以便按时祝贺、赠礼等。

2. 对外国朋友的赠礼礼节

对外国人赠礼更需要了解他们的习俗、宗教信仰等,以免发生不愉快的事情,如对阿拉伯人不能送酒,对日本人不能送绘有狐狸图案的礼品等。

美国人一般只在节日、生日和对方生病时才送礼,不知送什么时，大都送鲜花。他们平时不太送礼，所以，在和他们的交往中，送礼一定要郑重，以免对方认为你是对他有所图。即使你礼节性地送他一个打火机，他也可能因为一时无礼回赠而感到尴尬。

在与英国人的交往中，送些花费不多的薄礼，如高级朱古力、名酒和鲜花最为适宜，他们不会认为这是行贿。送礼的时机最好在请他们在酒店用完餐，或在剧场看完戏后。香烟不宜作礼品，男士给没有亲近关系的女子赠送服饰也不宜。

与法国人初次见面时不宜送礼，宜在再次见面时赠送。礼品应能表达出对对方智慧的赞美。应邀到法国人家里用餐时，可送上几枝不加捆扎的鲜花。

要和日本人建立友好关系，离不开赠礼，因为，他们在商务活动中流行赠礼。他们喜欢收到自己不一定有用的礼物，因为，它可以用来转送别人。他们喜欢名牌货，礼品不能重复，而且要送得一次比一次重。所以，给同一位日本朋友送礼，一定要记住前几次送的是什么。送礼时，日本人会推辞，但是，你得坚持要送，因为，推辞是客套。同样，他们送给你礼时，你也得客气地推辞一番，以免给人以迫不及待的印象。日本社会很讲究等级，所以，给日本人送礼还得注意等级区别，送给身份高者的礼物要重于身份比他低者。比如，你公司给某日本公司的总经理、副总经理送礼，礼品是一样的，那么，总经理会感到受了侮辱，副总经理也会感到不安、为难。此外，日本人十分讲究礼品的包装，所以，你所送礼品的外包装必须精美。

德国人不看重礼物的轻重，而注重送礼者的心意，讲究“礼轻情义重”，他们希望收到自己喜爱的东西为礼物。他们爱好音乐，因此，送盒适当的音乐磁带、一张激光唱片会使他们很高兴。德国人总是追求完美，所以，你所送礼品的外包装也必须精美。

（二）送花的礼节

在欧美国家，送花在社会交往中非常普遍，几乎各种场合都可以送花。随着改革开放，这一风俗也开始在我国城市流行，凡同行、朋友开业，各种庆典、迎送宾客、探望慰问等场合，人们都用送花来表示心意。“三资”企业、涉外单位在和外国朋友交往中，更是经常会送花。然而，送花有很多讲究，不管是送给外国朋友、港澳同胞，还是亲朋好友，如果不注意遵守约定俗成的送花礼节，送花的效果会适得其反。

1. 不同场合的送花

各种花有各不相同的含义，称为“花语”，所以，在不同的场合，要送不同的花，比如以下场合：

在机场迎送宾客时，一般送玫瑰、兰花、紫罗兰为好，颜色不拘，可以扎成花束、花环、花篮，以花束为多，也可以送女士襟花。花环一般送给男士。

在对方举行开幕式、落成典礼、周年庆典等场合，可以送玫瑰、剑兰、郁金香，颜色以红色为好，一般扎成花篮，并配以写上贺词的红色绸缎带子，也可以送花束、盆花。

宴会、酒会等宴请场合，适宜送玫瑰、剑兰，颜色以红色最佳，一般扎成花篮或花束。如果宴会在主人家里举行，主宾应将花事先送去，以便主人在宴会开始前摆放停当。

在举行婚礼时，宜送玫瑰、剑兰，颜色自然以红色为好。要避免送紫色花，因为紫色是丧礼的颜色。婚礼上送花的花型最好是花篮。

对方患病，你去探望时，一般宜送玫瑰、兰花、康乃馨，颜色可以是红色、粉红色，花型以花束为好。因为医院地方有限，不宜放置大花篮。

对方生育时，以送红玫瑰、兰花为好，如果再配以满天星则更好。扎成花束、花篮都可以。国外的花店专门为庆贺生育而扎的花篮，造型如同婴儿车，颇为别致。

丧礼时宜送玫瑰、菊花、百合花、夜来香等，颜色以白色、黄色为好。对年龄大的死者，可送紫色花。我国风俗对八十岁以上的死者可送红色花。至于花的形状，基督教、天主教徒习惯扎成十字架，我国习惯扎成大花圈，花有鲜花，大多则是塑料花、绢花或者纸花。

2. 花的禁忌

人们用花来表达自己的感情，由此在社交中产生了花语这种奇特的语言。由于各国各民族风俗习惯的不同,除了上述根据不同的场合,送不同品种、颜色、造型的花以外,还必须注意禁忌。

一般来说,欧洲人将菊花、杜鹃花、黄颜色的花视为不吉利的象征,所以,在欢乐喜庆的场合,不能送这类花。如今,在国际交际场合,也忌用菊花、杜鹃花、石菊花、黄色的花献给客人,已成为惯例,必须注意,否则,会造成不良后果。

英国人、加拿大人忌讳百合花,认为它是死亡之花。

德国人认为郁金香是没有感情的花。

法国人认为黄颜色的花是不忠诚的象征,所以忌讳黄色的花。

波兰、德国、瑞士人忌讳送红玫瑰,他们认为红玫瑰代表浪漫的爱情,它只能送给妻子、未婚妻或恋人。

意大利和拉美各国认为菊花是“妖花”,是墓地和灵前的祭祀专用之花,平时室内忌讳放置菊花,更没有用菊花当礼物送人的。

巴西人认为绛紫色的花一般用于葬礼。

印度人将荷花视为祭祀之物,忌讳将它作为礼物和图案。

日本人视荷花为不吉祥之物,它意味着祭奠。

3. “花语”罗列

金钱花——天真烂漫
刺玫瑰——优美
鸡冠花——爱情
杏花——疑惑
薄荷——有德
杉枝——分别
豆蔻——别离
重柳——悲哀
麦藁——结合在一起
黑桑——生死与共
枳——希望
柠檬——挚爱
橄榄——和平
白桑——智慧
常春藤——结婚
蓝紫罗兰——诚实
红郁金香——宣布爱恋
黄郁金香——爱的绝望
黄康乃馨——伤心
红康乃馨——轻蔑
条纹康乃馨——拒绝
大丽花——不坚实
野葡萄——慈善
白茶花——真美丽

蓟——严肃
水仙——尊敬
榉——繁荣
桂——光荣
樱草——青春
紫藤——欢迎
冬青——喜悦
松——哀怜
剑兰——祝贺
红茶花——天生丽质
野丁香——谦逊
红丁香——勤勉
紫丁香——初恋
白丁香——想念我
四叶丁香——属于我
胭脂花——勿忘我
白百合花——纯洁
香罗勒——祝愿

三、捐赠和赞助

捐赠是指单位向慈善事业、社会福利团体、灾区和需要救助的事业、人员捐款赠物，如向希望工程、温暖工程、敬老院、孤儿院、残疾人、特困家庭捐款赠物。

赞助多指由单位提供全部或部分费用，举办些群众喜闻乐见的文娱体育节目和支持文化出版事业，设置奖学金、助学金、发明基金等。

捐赠和赞助能显示单位承担社会责任、义务的宗旨，显示自己的实力，并获得知名度、美誉度，以取得社会各界的支持。

秘书无权决定是否赞助或捐赠，但是，负有协助上司整理这类问题的职责。在未设公共关系部的单位中，秘书承担这类事务的责任更重些。

近年，要求"三资"企业和涉外单位捐赠、赞助的信函不少，秘书凡收到这类信函，应送上司决定。如果上司同意，秘书对捐赠、赞助的项目要进行深入调查，报告上司后，组织落实，并记录在案；如果上司不同意，秘书应根据上司的指示和制定的政策条文，复信婉言拒绝，并也须记录在案。

捐赠和赞助有的是"三资"企业或涉外单位主动提出的，更多的是社会提出的要求。对此，最妥善的方法是企业制定一份固定的政策条文，确定捐赠和赞助的对象、范围、款项数额等，经董事会、经理会讨论通过后，交秘书或公关部执行，符合条件的则照章办理，不符合条件的也可照章解释回绝。制定这类政策条文，秘书要考虑如下因素：

第一，被捐赠和赞助的项目、对象是否合法，实施后是否会使公众对本组织产生好感。

第二，要选择最有利于造福社会，并能提高本单位知名度、美誉度的项目，为此，在实施中，可以配上本单位的标记。

第三，要量力而行，捐赠和赞助的数额应根据本单位的实力和要达到的目标来确定。

四、舞会

这里的舞会特指交谊舞会。公关部门举办舞会主要作为节庆、宴会等活动后的余兴，对于经营舞会的企业，公关部也应介入，多加指导，以保持企业的良好声誉和形象。

组织舞会，首先要确定时间，然后用专门印制的请帖发出邀请。被邀请的男、女客人数量要大致相等。对已婚者要夫妇均请。请帖应提早一个星期发出，如果舞会在社交旺季举行，则应更早一些，让客人及早做好安排。

舞会包含吃、喝、跳舞和休息等活动，应该各有场所，此外，客人还需要放衣物和停车的地方。舞会场地的安排，应该使客人到达后，不至于立即感到自己置身于舞池之中。理想的安排是客主寒暄之后，客人进入的第一个地方应该是舞池旁的饮料室，在那儿，客人们可以喝饮料、攀谈，老朋友共叙阔别，新朋友相互结识。此外，舞场应宽敞，灯光要柔和，地板要上蜡保持光滑，舞厅内还可用纸花彩带和各色彩灯装饰，但应注意雅而不俗。

音乐的风格必须使各种年龄的人都能欣赏。大型舞会需要两个乐队，或一个乐队一个唱片柜，以使乐师们能轮流工作，一队啜饮小憩，另一队鼓乐大作。如受条件限制，甚至一个唱片柜也可。

对于自己不熟悉的舞步不要下场。在跳舞时不可吸烟，不能戴口罩。参加舞会应注意口腔卫生，事先不应吃带有刺激性味道的食物。舞会上有各种礼节，诸如参加舞会应注意礼貌，服装整洁大方，打扮得体。到达舞场后，应先与各位朋友相聚攀谈，寒暄周旋。

第一场舞，通常由主人夫妇，主宾夫妇共舞（如夫人不跳，也可以由已成年的女儿代之），第二场舞则由男主人与主宾夫人、女主人与男主宾共舞。

男主人应陪无舞伴的女宾跳舞，或为她们介绍舞伴。男宾可以同任何一位他所喜欢的人跳舞，但不应在整个晚上独占一位女性。然而，倘若那是他应邀带来的舞伴，或者他是作为某位女宾的舞伴而出席舞会的话，另当别论，此时，使舞伴愉快是他的主要职责。

男方邀请女方共舞时，若其丈夫或父母在旁，应先向其丈夫或父母致意，以示礼貌。一曲完毕，男方应向女方致谢，并陪送到原来的座处，并向其周围亲属点头致意后离去。

对女方而言，无故拒绝男方的邀请是不礼貌的，如有约在先，可以说明情况，并告诉对方愿意共同跳下一场舞，如实在不愿意与某人共舞，可婉言辞谢，已谢绝邀请后，一曲未终，不要再接受其他男子的邀请。

五、陪同观赏

陪同宾客观赏文艺演出，参观陈列馆、博物馆、观看体育表演以及受组织委托向宾客赠送礼品，是礼仪性公关又一内容。

陪同观赏的要求，一是陪同者与被陪同者身份要大体相当，十分重要的宾客应由总经理出场陪同，对于较重要的宾客，亦可由总经理的代表秘书作陪；二是观赏项目以及具体节目的确定，须以宾客的喜爱为准，酌情多安排一些具有我国民族特色的节目；三是要做好陪同过程中的服务工作：备好说明书（如是外宾，应用主、客双方使用的文字印成）；事先安排好座位；保持良好的演出秩序；主随客便，陪同献花致谢，等等。无论是陪同观赏何种节目、参观哪些场所，均不得授意宾客献花或暗示客人留言等。

陪同观赏的全过程也是开展公关活动的好时机。陪同者应做到：热情友好，彬彬有礼，自爱自重，不卑不亢，不失国格、人格。

第二节　主 持 节 目

组织中举办的联欢会、联谊会、文娱活动、交际活动等，经常由秘书担任节目主持人，中小单位中的秘书更是如此。所以，秘书应当了解如何主持节目的知识和技巧，来主持好节目。一般地说，要注意如下问题：

一、节目主持人的形象

秘书担任了某次活动的节目主持人，她就成为这次节目的主人，决定着这次节目能否成功，而她的形象又起着很大的作用。联欢会等活动是一种喜庆、祥和、轻松、愉快的活动，公众是来寻求美的享受，建立或加深对组织的感情，自然要求主持人的形象具有美感。而节目主持人的美感由以下一些因素组成：

1. 讲究服饰仪容

服饰是形象的组成部分，主持节目的秘书应当注重、讲究，其服饰要和现场的气氛、自己的年龄相协调。一般地说，主持文娱节目的女秘书，其服饰可以丰富多彩，淡妆，使自己显得美丽大方；男秘书则可以着西装和便装，仪容整洁，使自己显得潇洒大方。主持人的服饰要避免过于花哨，弄得像个奇异的模特儿，这会让公众看了感到别扭，或难以接受，影响节目的成功。

2. 知识丰富

节目主持人的服饰仪容悦目只是一种外在美，更重要的是需要她们具有内在美，如对节目内容有关知识的熟悉、精通、态度的真诚、举止语言的幽雅、对公众的热情、亲切、主持风格的活泼，等等。这种内在美才能使公众真正感到赏心悦目，对主持人产生好感，融洽现场的双方关系，增添欢乐气氛，有助于节目的成功。具有丰富的知识是主持人内在美的核心，它最能塑造主持人的良好形象。

法国电视二台有一档《书评》节目，其播出时间正是各电视节目播放娱乐节目的高峰，但是，它不但没有被冷落，反而力压群雄，经常独占鳌头，经久不衰，观众甚至将是否收看它，作为衡量是否是知识分子的标准，一经该节目介绍的书刊，立即成为畅销书刊。有一次，一位政要在讲话中对此节目有所非议，立即激怒了大批观众，发起了一场抗议，最后，只得由总统出面美言了一番，才平息了此风波。这一节目为何能赢得大批观众的如此厚爱呢？那是因为该节目主持人皮沃特具有高水平的文化修养。他不但熟谙文学大师的名作，而且能密切注视、及时了解出版界的情况，一选出了什么书刊，他就下苦功去研读、介绍，评论时就能旁征博引、口若悬河，连作者也不得不佩服。正是靠他的博学，这档节目倾倒了无数观众，他也成为人们崇拜的对象。

这一实例启发秘书，只有平时多读书、多思考，积累丰富的知识，主持节目时才能信手拈来，运用自如，给人以良好的形象。

3. 具有个性魅力

个性魅力是主持人形象的组成部分，它决定着主持风格。秘书在主持节目时要表现出自己的个性魅力，或温文尔雅、侃侃而谈，或热情如火、活泼欢快。这有助于吸引公众，帮助节目取得成功。要具有个性魅力，秘书在主持节目时应尽可能少拿稿纸，最好不拿稿纸。因为，节目主持人既然是节目的主人，就应当和节目融成一体，成为节目的灵魂，稿纸虽薄，常照单念的话，给观众的感觉是主持人凌驾于节目之上，置身于节目之外，会在主持人和观众之间树起一面无形的墙壁，给观众一种高、冷、硬的形象，不利于活动的成功。

二、节目主持人的语言

秘书主要是运用语言来主持节目，因此，运用好语言，关系着节目的成败。主持人的语言包括口语和伴随语言两类。

1. 口语

节目主持人的口语要求并非单指音质动听、音调纯正,还要求带有浓厚的感情色彩、很强的驾驭口语的能力和个性特点。

秘书主持一台节目,是一种传播活动,是和观众的信息、情感交流。这种传播和交流,从内容到口语都应当为观众所认同。所以,主持人的口语需要具有感情色彩,做到像和朋友交谈那样亲切自然,让观众和自己同喜同乐,使台上台下气氛协调。那种干巴巴的照单念的报幕员式的口语,是观众最不乐意的。

节目主持人驾驭口语的能力,不但要求口齿流利、发音准确、表达无误,还要求运用技巧,或娓娓道来,或像促膝谈心,有时可作停顿,表示思考,有时可连续发问,以示激动,有时可提问以活跃气氛。

主持人的个性往往通过口语表现出来,形成自己的主持风格。

2. 伴随语言

伴随语言是节目主持人之间流行的习惯用语,也就是体态语言。

对于节目主持人来说,运用伴随语言是颇为重要的,因为,主持节目既然是一种传播和交流,单用口语作用有限,会使人感到单调生厌。伴随语言能补充口语的不足,有时还能达到口语不能企及的境界,使这种传播和交流生动而具有激情,增强效果。

伴随语言主要有眼神、表情、动作等。

在伴随语言中,眼神传递的意蕴是最丰富、最具魅力的。因此,有人认为,选择节目主持人,对其容貌、外表的要求不必过高,而对其眼睛、眼神的要求则应当要高。这就反映出主持节目中,眼神运用的重要性。

表情能有效地传递情感,如频频点头表示赞许,眉飞色舞表示高兴,笑容可掬表示热情亲切。

伴随语言中的动作如今则日益被节目主持人运用,如秘书在主持节目时,能走到观众中去,就有助于造成双方的亲密气氛。

三、节目主持人的应变能力

节目主持人处于各种表演、动作和行为的现场，有时会产生意想不到的情况，需要主持人随机应变、巧妙化解、排除干扰、掩饰纰漏，以保证节目的顺利完成。这就需要主持人有很强的应变能力。如有位秘书在主持本单位年末联欢会时，正当大家围坐在大会议室中，兴高采烈，准备表演、欣赏自编自娱的节目时，现场一块沙发前的茶几玻璃不慎被撞翻摔碎了，全场顿时一片沉寂，气氛凝重。这时候，那位秘书走到中央，笑着说："这是开场锣鼓，一个好兆头，预示我们岁岁平安，庆祝我们辞旧迎新。"全场腾起一阵笑声，气氛又转向欢快活跃。这就是随机应变，化解意外事故，并服务于活动主题。

又如，有位秘书主持和兄弟单位人员的联欢会，会间有猜奖的余兴节目，奖品是个惹人喜爱的绒毛玩具，当最后一位猜中时，秘书发现这类奖品已经没有了，她略一思索，当即笑着说："恭喜这位兄弟单位的先生获得这份可爱的奖品，为此，我们特请本公司的王小姐献上一首歌，表示祝贺。"在王小姐献歌的时候，秘书悄然退下，向获得此奖品的本公司员工借取一个，王小姐演唱完后，秘书笑着登场，向中奖者颁奖，把这一纰漏掩饰过去。

第三节　操办宴请活动

宴请是最常见的社交形式之一，单位举办庆典、庆功会或答谢协作单位时，都会举办宴请，涉外秘书还会陪同上司或代表单位出席宴请。因此，她们需要会操办宴请活动，懂得宴请的筹办、接待和出席宴请的礼节。

一、宴请种类

根据不同的规模、规格，宴请有多种形式，主要有：

1. 宴会

宴会为正餐,主客就座进餐,由招待员依次上菜。宴会有国宴、正式宴会、便宴之分。按举行的时间,又有早宴、午宴、晚宴之分,其隆重程度、出席规格、菜肴的品种和质量均有区别,一般来说,晚宴最为隆重。

国宴　是国家元首或政府首脑为国家的庆典,或招待外国元首、政府首脑而举行的正式宴请,规格最高。宴会厅要悬挂国旗,有乐队演奏国歌和席间乐。须排桌次、席次,宾主按身份就座。

正式宴会　除不挂国旗、不奏国歌和出席规格不同以外,其余类似国宴,有时也安排乐队演奏席间乐。许多国家的正式宴会十分讲究排场,在请柬上就注明对来宾的服饰要求,以示隆重。在餐具、酒水、菜肴道数、餐厅的布置陈设,直至服务员的装束、仪表、态度都有严格要求。菜肴通常包括汤和几道热菜,中餐一般四道,西餐一般两三道,再加上冷盆、甜食或点心、水果。国外宴会习惯于餐前先在休息室稍事叙谈,通常上茶、汽水、啤酒等饮料。入席后,先上开胃酒,常用雪梨酒、白葡萄酒、马丁尼酒、金酒加汽水(冰块)、苏格兰威士忌加冰水(苏打水),另上啤酒、水果汁、番茄汁、矿泉水等饮料。席间一般用红、白葡萄酒,很少用烈性酒,尤其是白酒。餐后习惯再在休息室叙谈,一般上白兰地酒作为饮料。中式宴会一般直接入席,餐前和餐后不进休息室。

便宴　即非正式宴会,常为午宴、晚宴,它形式简便,可以不排桌次、席次,菜肴道数也可酌减。但是,它的气氛随和、亲切,适用于日常的友好交往。

家宴　即在家中设宴招待客人。西方人喜欢采用这种形式,以示亲切友好。家宴往往由主妇亲自下厨,家人共同招待客人。

2. 招待会

招待会是指不如宴会正规,形式灵活的宴请活动,它不排桌次、席次,备有酒水饮料和食品,主客可以自由走动。常见的招待会有:

冷餐会　也称自助餐，餐肴以冷食为主，加酒水饮料，连同餐具陈设于长餐桌上，随来客自由取用。冷餐会可以设在室内，也可以设在院子里、花园内，可以不设座位，站立用餐，也可以设些小桌小椅，供休息用。它适用于招待众多来客。

酒会　酒会是形式比冷餐会更灵活自由、便于广泛接触交往的宴请活动。它以鸡尾酒等酒水饮料为主，配以三明治、小香肠、面包等小吃食品，饮食由服务员用托盘端送于人丛中，需要者自由选取。酒会不设座位，只设小桌(上置些饮料食品)，以方便来客自由走动。酒会的时间灵活，可以是午宴、晚宴，也可以是早宴，请柬上写明整个酒会延续的时间，宾客可在其间的任何时候前来和离开，不受约束。

二、宴会的筹办

1. 确定邀请对象

即根据宴请的目的，邀请有关对象参加，比如，为了感谢协作单位的帮助而举办宴会，就应当将协作单位的领导、帮助过本单位的人员都请来，遗漏了是不礼貌的，为凑人数请无关人员参加，也会导致理应被邀请者的不悦。

2. 确定时间地点

宴请时间应征求客方，尤其是主宾的意见，选择主客双方都方便的时间。邀请外国人时，要注意避开对方风俗中禁忌的日子，如邀请信奉基督教者，要避开 13 日，尤其是 13 日又是星期五的日子。宴会地点应选在具有知名度、客人容易找到、环境优雅些的饭店酒家。

3. 合适的酒菜

宴请的酒菜应以客方，尤其是主宾的喜好口味为准，要注意避开对方风俗中的禁忌，如宴请伊斯兰教徒应设清真席，不用酒和带酒精的饮料食品；宴请印度教徒不用牛肉；宴请佛教徒用素食。国内单位宴请外宾好用海味、茅台酒，其实很多外宾不喜欢海味，也不喜欢茅台酒之类烈性酒。宴请中安排一些本地的特色菜、特色食品是尽地主之谊的表示。总之，宴请的酒菜应以适合客方，尤其是适合主宾为原则。酒菜确定后，即可印制菜单，一桌三份，或人手一份。

4. 发送请柬

正式宴会中邀请外方宾客，要提前一两周发出请柬，以便客方早作安排。大型宴会的请柬上要注明桌次（Table No），还得用法文注明 R. S. V. P（是否出席），并印上联系电话，以便知道对方是否能应邀，也便于统计会有多少人出席。国际上习惯于对夫妇合发一份请柬。

三、桌次的排法

大、中型宴会因人数多，事先得排出桌次，除了在请柬上注明外，现场还应有人接待引导入席。根据国际惯例，桌次地位的高低以离主桌的远近为准，离主桌越近的地位越高，右高左低。由于宴会厅的形状、大小不等，餐桌不一样，宴会桌次的排列有多种方法。

（一）圆桌桌次的排法

1. 两桌横排

见图 17：

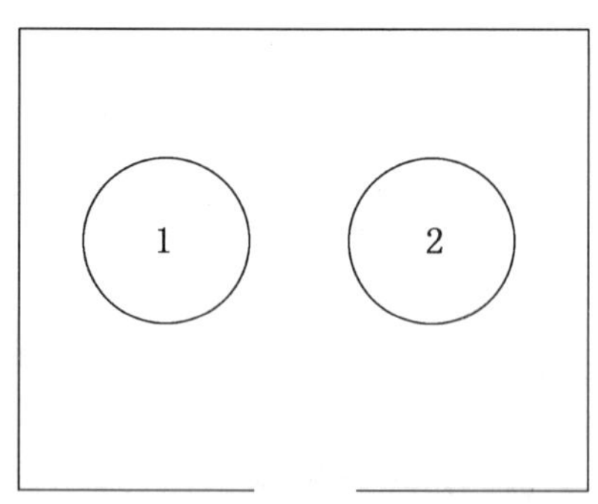

图 17

2. 两桌竖排

见图 18：

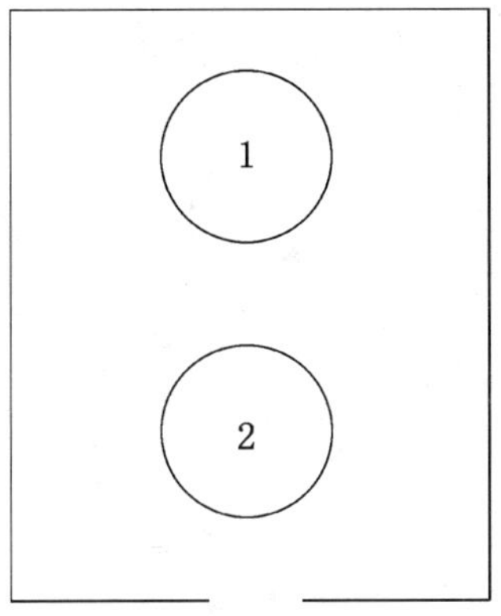

图 18

3. 多桌排法

见图 19：

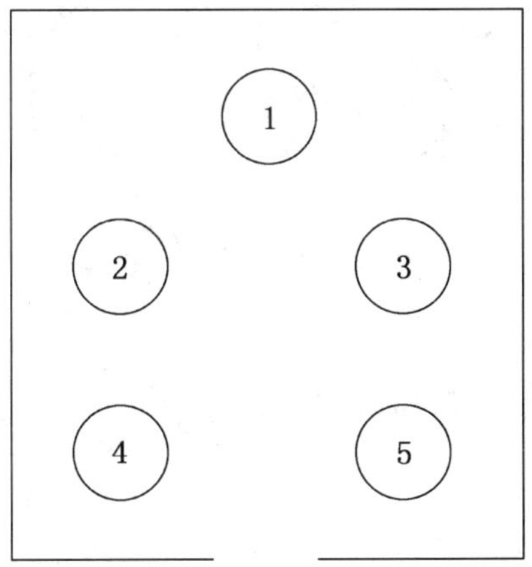

图 19

4. 多桌环排

见图 20：

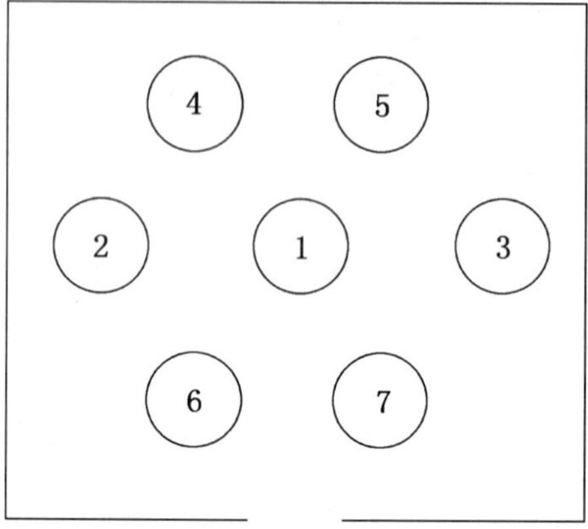

图 20

5. 多桌横排

见图 21：

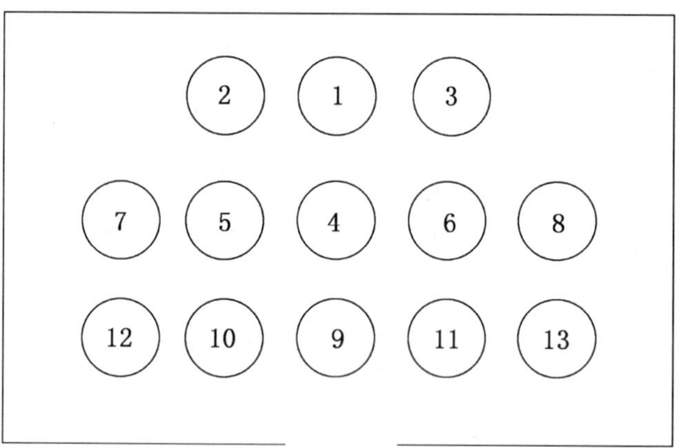

图 21

6. 多桌竖排

见图 22：

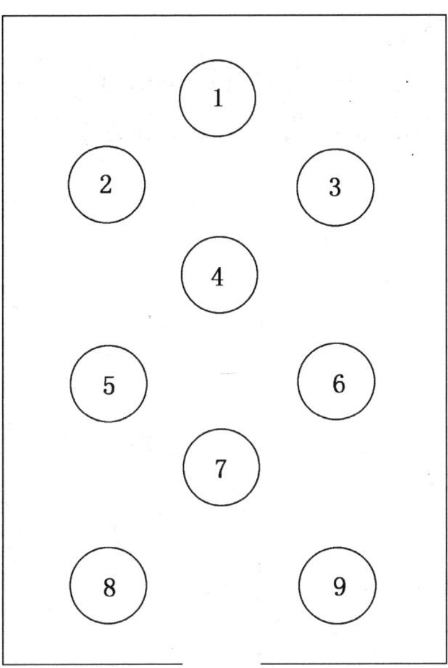

图 22

7. 多桌方型排法

见图 23：

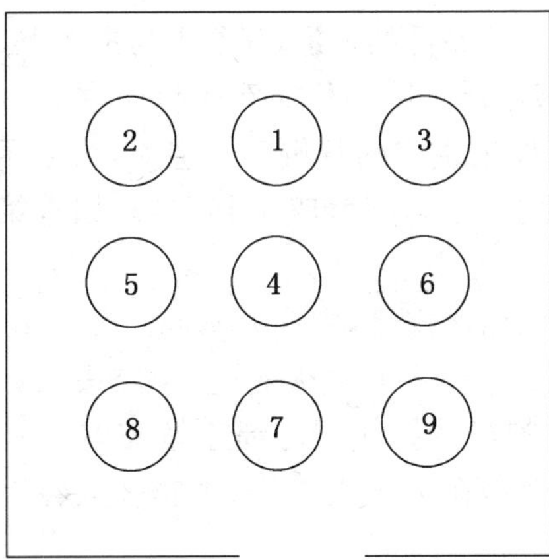

图 23

（二）长桌桌次的排法

宴会如采用长桌，其桌次的排法也依据圆桌的两条原则，即离主桌越近的地位越高，右高左低。常见的排法如图 24、25：

图 24

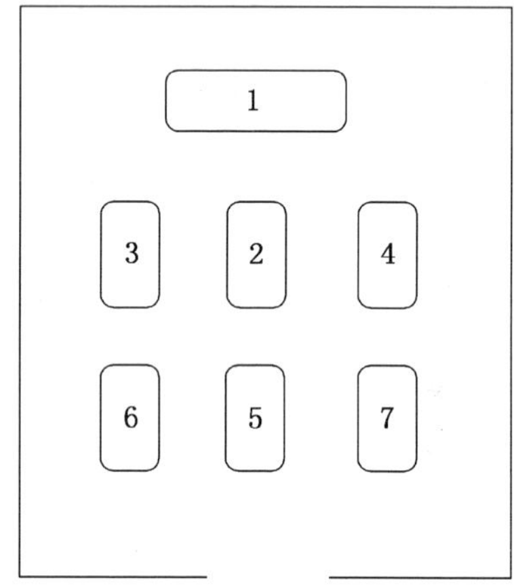

图 25

四、席次的排法

宴会上席次地位高低的表示，其原则与桌次类似，即离主人越近的地位越高，右高左低。第一位宾客应位于主人右边，第二位宾客位于主人左边。如果主宾的身份高于主人，为表示尊重，宜将主宾安排在主人位置上，主人则就座于其右边，如有第二主人，则就座于主宾左边。

关于男女宾的席次安排，中西方不同。西方奉行女士优先的原则，以女主人为准，主宾在女主人右边，主宾夫人在男主人右边，男女交叉就座于西餐桌旁。我国习惯于按宾客的身份排列席次，且以男主人为准，主宾在男主人右边，主宾夫人在女主人右边，就座于圆桌旁。

席次安排还得考虑一些实际情况，如将身份相当、语言相同、专业相近者安排在一起，便于他们结识交谈，而对关系紧张、意见分歧者则要避免排在一起。

(一) 圆桌席次的排法

1. 只有一位主人

一桌只有一位主人作陪时，其席次的排法见图 26：

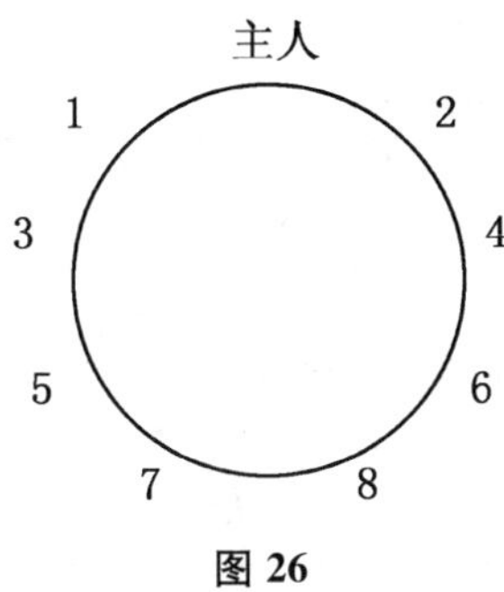

图 26

2. 有两位主人

一桌有两位主人作陪时，其席次的常见排法见图 27：

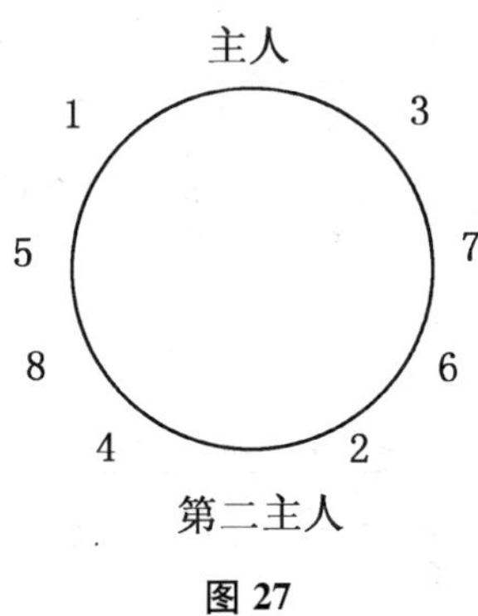

图 27

(二) 长桌席次的排法

长桌席次的排法常见的有如下几种：

1. 只有一位主人

一桌只有一位主人作陪时,其席次的排法见图 28:

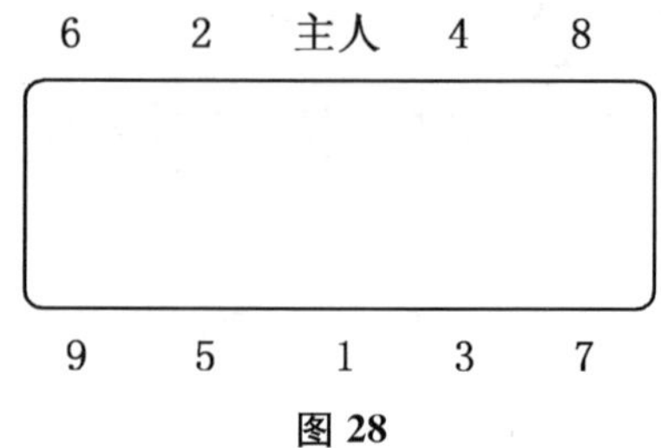

图 28

2. 有两位主人

一桌有两位主人作陪时,其席次的排法常见的有两种,见图 29、30:

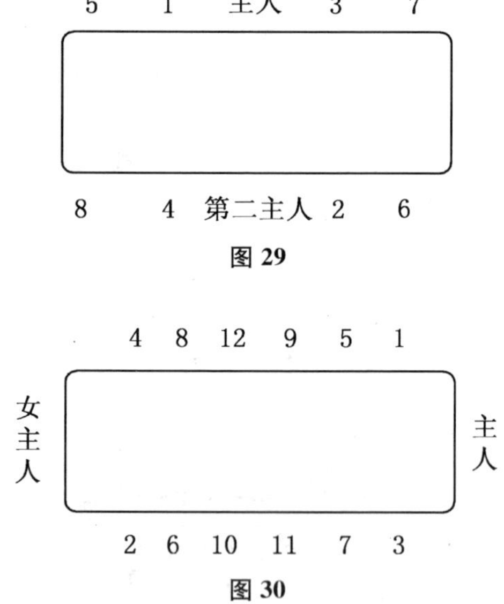

图 30

(三) 西餐桌席次的排法

西餐桌席次的排法常见的有如下四种,见图 31、32、33、34:

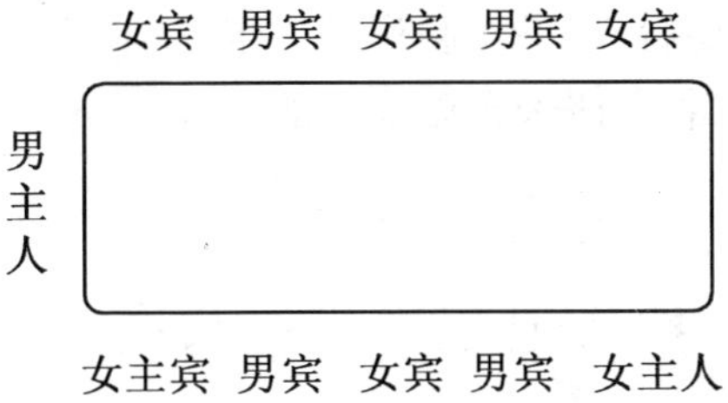

女宾　男宾　女宾　男宾　女宾

男主人　　男主宾

女主宾　男宾　女宾　男宾　女主人

图 31

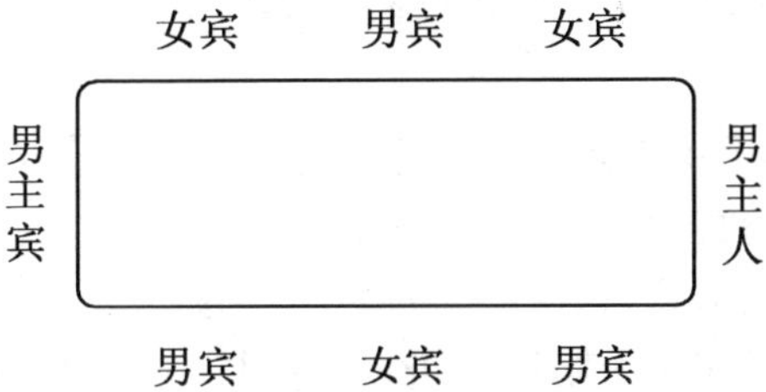

女宾　男宾　女宾

男主宾　　男主人

男宾　女宾　男宾

图 32

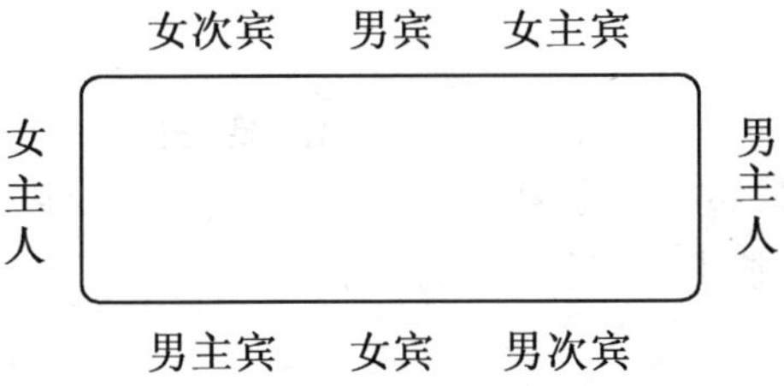

女次宾　男宾　女主宾

女主人　　男主人

男主宾　女宾　男次宾

图 33

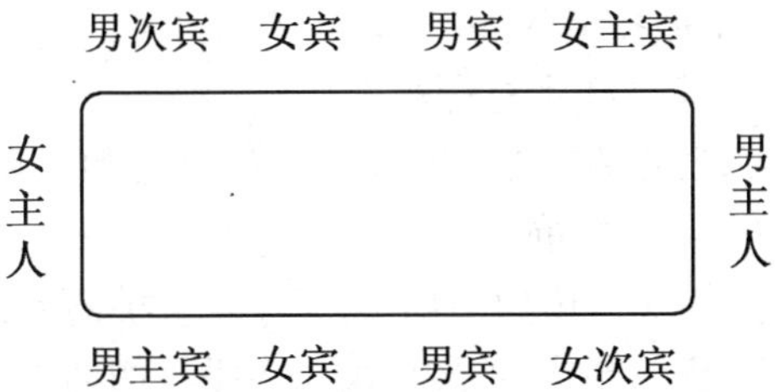

男次宾　女宾　男宾　女主宾

女主人　　男主人

男主宾　女宾　男宾　女次宾

图 34

桌次、席次排妥后，秘书应制作座位卡，包括桌次序号卡和每桌的席次卡，放置妥当，以便来宾对号入座。

五、宴请程序

正式宴会的程序包括迎宾、入席、致词、进餐、结束和送客几个环节。

1. 迎宾

正式宴会时男女主人和少数主要上司要在门口排成行迎接宾客。

主宾到来，由主人陪同进入休息室或直接入座主桌，由其他上司在门口迎接别的宾客。

2. 入席

主宾和来宾在主人陪同下进入宴会厅，一一对号入座。如果是规模大规格高的宴会，可请其他宾客先入席，再由主人陪同主宾最后入席，宴会即开始。

3. 致词

宴会开始，由主人致词，主宾答词。宴会前，秘书要落实讲稿，不但要为上司写好致词，还得双方事先交换讲稿，以便双方了解对方讲话的内容，相互协调，一般由主方先提供给客方。如果需要翻译，翻译人选一般也由双方谈妥。

4. 进餐

致词和答词完毕，开始进餐，由主人和主宾先碰杯，接着依此向各位来宾碰杯，如果来宾众多，主人可和主宾等几位重要宾客碰杯后，向全场其他来宾举杯示意即可。

凡新上的菜，要放在主宾面前，上花色冷盆和全鱼、全鸡时，应将其头部对着主宾，以示尊重。

宴会的气氛应该是热烈活跃、亲切友好的，这就需要主人的掌握。主人要不时提一些大家感兴趣的话题，如时尚、气候、文艺体育、菜肴烹调等话题，而工作等严肃的话题、庸俗琐碎的话题不宜谈。

5. 结束和送客

我国的正式宴会，在用了水果后，主人和主宾起立，宴会即告结束。

西方的正式宴会，往往是由女主人起立，率领全体女宾退出宴会厅，表示宴会结束，男宾尾随女宾进入休息室，即上咖啡或茶，坐下叙谈。

当主宾告辞时，主人须送至门口，原先迎宾的上司再次顺序排列，与其他宾客一一握别。

六、出席宴请礼节

1. 准时赴宴

收到宴会请柬后，要当即答复是否赴宴。如赴宴，迟到是失礼的，过早到也不适当，最好在宴请开始前 15 分钟到达为宜。赴宴时要服饰整洁，精神饱满，这既表示对主人的尊重，也有助于增添宴会热烈欢乐的气氛。

2. 礼貌入座

进入宴会厅后，对号入座。西方礼仪是男士应帮助旁边的女士和年长者就座，并等全桌所有女士就座后再坐下。

入座时用右手将椅子拉开，从右边入座。入座后将餐巾对折，折口朝外，平铺在双腿上。

3. 文明用餐

宴会开始，主宾双方致词、答词时，应尽可能面对讲演者倾听，以示尊重。

服务员送上的第一道湿香巾，应当用来擦手，不宜用来擦脸抹颈。吃东西时举止要文雅，声音要轻。进餐过程中不宜在席间脱去外套，放松裤带。如不小心汤水溅在邻座身上，应道歉后递上纸巾或香巾，让对方自己擦拭，不宜你直接去擦拭。如果参加的是西餐会，你还应懂得餐具的种类和用法。最后用咖啡时，应左手托碟,右手持杯,茶匙是用来搅拌杯中方糖、咖啡的,不能用它来舀咖啡喝。

4. 道谢告别

告辞时应向主人致谢。如果有事须先退席,应向主人打招呼后悄悄离去,以免惊动大家,影响气氛。

第八章　涉 外 交 际

涉外秘书作为我国秘书中的一大种类，其区别于其他秘书种类的最显著特点是“涉外”。所以，涉外秘书必须具有“涉外”意识。“涉外”意识除了前述遵守外事纪律、保守机密、维护国格和国家利益及熟悉涉外礼节以外，还得了解外国的交际礼节习俗，以便顺利地与外方人员相处、交往。本章依据有关文献，对外国的交际礼节习俗作一概要介绍。①

第一节　外国人的称呼和姓名

一、外国人的称呼

1. 对外国人的一般称呼

在涉外交往中，对男子一般称先生，对女子称女士、小姐、夫人。对未婚女子，无论其年龄大小，都称小姐，对已婚女子称夫人，对不了解其婚姻情况的女子称女士，如对方戴着结婚戒指，你就应称她为夫人。近年来，女士已逐渐成为对女子最常用的称呼。

在俄国，对空中小姐、列车上的女服务员、餐厅里的女服务员，一般称姑娘，以使她们感到亲切；而对俄国的青年男子，最好称他们为“小伙子”，他们会微笑接受，而称他们为先生，他们反而会感到拘束。

对阿拉伯国家的老人，称其为“阿蒙”(大叔)，他们会感到很高

---

① 依据文献：黄金祺《外交外事知识和技能》，世界知识出版社 1999 年版；李斌《国际礼仪与交际礼节》，世界知识出版社 1985 年版。

兴，如称他为“哈吉”（朝觐者），他会备觉亲切；如对方是知识分子，你称他为“乌斯泰兹”（教授、师长），他会乐于接受；对熟悉的阿拉伯朋友，称他为“艾霍都”（兄弟）、“艾尼”（我的眼珠），他们会觉得十分亲切友好。

美国人的称呼比较随便，相互习惯于以名字相称，但在正式场合，还是按流行的先生、小姐、女士、夫人相称。在这些称呼前面，可冠以姓名、职称、职衔等。如“史密斯先生”、“布朗夫人”、“史蒂娜女士”、“丽达小姐”、“秘书小姐”、“护士小姐”、“接线员小姐”等。

2. 对有地位人士的称呼

对国外的教授、副教授、医生、法官、律师以及有博士等学位的人士，可称其职衔，同时加上姓氏，如“罗伯特教授”、“卡特医生”、“律师先生”、“博士先生”、“马丁博士先生”等。对企业家，一般可称“先生”，如“总经理先生”、“董事长先生”等。

德国人特别看重自己的职衔，如果对方是博士，你必须称他为“某某博士”。

芬兰人也特别喜欢别人称他们的职衔，如你不知道他的职衔，可称他为“经理”。

在日本，对有身份的女子也称先生，如“上林亚美先生”。

对教会中的神职人员，一般可称教会的职称，或姓名加职称，如“福特神父”、“传教士先生”、“牧师先生”等。对主教以上的神职人员，也可称“阁下”。

3. 对外国官方人士的称呼

对外国部长以上的高级官员，可称“阁下”、官衔、“先生”，或官衔加阁下，如“总统阁下”、“总理阁下”、“部长阁下”、或官衔加先生，如“部长先生”、“议员先生”、“市长先生”，或官衔加先生阁下，如“总理先生阁下”、“大使先生阁下”等。

对女性高级官员也可称“阁下”。

但在美国、德国、墨西哥等国不称“阁下”，可称“先生”。

君主制国家，按习惯，称国王、王后为“陛下”，称王子、公主、亲王等为“殿下”。对有公、侯、伯、子、男等爵位者可称爵位，也可称“阁下”或“先生”。

对军官一般称军衔，或军衔加先生，或再加上其姓与名。如“上校先生”、“哈森中校”、“莫利中校先生”等。有些国家对将军、元帅等高级将领称“阁下”。

4. 对社会主义国家和兄弟党人士的称呼

对各社会主义国家和各国马列主义兄弟党的人士，均可称呼为“同志”，其有职衔的，可在“同志”前面加上职衔，如“主席同志”、“总书记同志”、“大使同志”、“秘书同志”、“上校同志”、“司机同志”、“部长同志”、“服务员同志”等。

二、外国人的姓名

外国人姓名的组成、排列与我国不一样，还常带有冠词、缀词等。从其排列顺序来看，大致可分为以下几种情况：

1. 先姓后名

这一类姓名的排列类似于我国汉族，主要有日本、朝鲜、越南、柬埔寨、匈牙利等国。

(1) 日本的姓名

日本人的姓名绝大部分是用汉字来表示的，但是读音不同。他们的姓氏沿袭父姓，世代相传，妻从夫姓，不得随意更改。日本人的姓80％来源于地名，如田中、三木是指村庄，山下是指山脚。还有用数字作姓的，如姓“一二三”。其姓的字数比我国要多，常见的有二三字，故姓名以四字为多。由于姓与名的字数不固定，姓名中的字是姓还是名不易区别，所以，在交往中一定要问清楚。在正式场合，为了便于识别，日本人一般在姓与名之间空一格写，如：田中　角荣、东村　雄夫、越野　博文、二阶堂　进等，前为姓，后为名。

日本人的名字都有一定的含义，如猪、熊、虎、雄表示勇武；良、喜、吉、庆、嘉表示吉庆；龟、鹤、松、千代表示长寿。他们的名字也有运用数字的，如姿三四郎、二叶亭四迷。

日本女子的名字常用“子”、“江”、“枝”、“美”等，表示秀丽优雅，读音也很柔和，如：福田知美、和合节子、藤井枝、石泽江等。日本女子一般不用真名，在户籍和家谱中常用“子”字表示，或者，按出生顺序称为“太子”（长女）、“中子”等。

日本人一般相互口头都称呼姓，正式场合称全名，姓名译成西文时，改为姓在后，名在前，并仍然按照日文的读法，以罗马字母拼写。

（2）韩国的姓名

韩国人姓名的组成、排列与我国汉族最相似，他们的姓一般是一个字，且以金、李、朴、崔、郑、康、许、尹、韩、孙、梁为多见，他们的名大多为两个字，故其姓名常见为三个字，如李希贤、朴正熙、郑在彦等，也有名字为一个字的，即我国所谓的单名，如许哲、康焕等。

韩国女子的名常以顺、玉、姬、子、贞等字结尾，如许美玉、朴吉顺、崔裕子等。

（3）匈牙利人的姓名

匈牙利人的姓名在欧洲显得与众不同，而和我国汉族相似。他们的姓名都由两节组成，姓在前，名在后，姓以两个字为多，简称时称姓而不称名，如纳吉·山多尔，简称纳吉，库恩·贝拉，简称库恩。

匈牙利女子结婚后有保留自己原先姓名的，也有改用丈夫姓名的，只是在丈夫姓名后加上“妮”（ne，夫人的意思），姓名全用时加在名字后面，只用姓时加在姓后面，如瓦什·伊斯特万的夫人，用全名时称瓦什·伊斯特万妮，只用姓时称瓦什妮。

2. 名在前姓在后

这种类型在外国人中占大多数，如欧美各国、阿拉伯人以及亚洲的印度、泰国等不少国家。

（1）英语国家人的姓名

英语国家（指以英语作为本国语言的国家），以美国、英国为代表，他们的姓在后，名在前，姓一般只有一个，而名可有一个或几个。如 John Wilson ，译为约翰·威尔逊，John 是名，Wilson 是姓，又如 Edward Adam Davis，译为爱得华·亚当·戴维斯，Edward 是教名，

Adam 是本名，Davis 是姓。也有人将母姓或与家庭关系密切者的姓作为第二个名字。还有的人沿用父名或父辈名，在名后加上 junior（小），如 John Wilson junior，译成小约翰·威尔逊。也有的在名字后面加罗马数字，以示区别，如 George Smith Ⅲ，译为乔治·史密斯第三。

英语国家的女子，在结婚前都有自己的姓名，结婚后一般是自己的名加丈夫的姓，如 Marie White（译为玛丽·怀特），她如与男子 John Davis（译作约翰·戴维斯）结婚，则改称为 Marie Davis（玛丽·戴维斯）。

英语国家的人们书写时常将名字缩写为一个字头，但是，姓不能缩写，如 G. W. Thomson。他们相互口头称呼一般称姓，如“怀特先生”、“史密斯小姐”等，但在正式场合使用全名，对关系密切者可称其本名，家人和亲友之间则除用本名以外，还用爱称。

（2）法国人的姓名

法国人的姓名也是名在前姓在后，一般由二节或三节组成，前面为名，最后一节为姓，有的姓名长达四五节，都是教名或长辈起的名字，如 Henri Rene Albert Guy de Maupassant，译为亨利·勒内·阿贝尔·居伊·德·莫伯桑，简称 Guy de Maupassant（居伊·德·莫伯桑）。

法国人名字中常有 Le La 等冠词，de 等介词，译成中文时，应与姓连译，如 La Fantaine（拉方丹），Le Goft（勒戈夫），de Gaulle（戴高乐）等。

法国女子的姓名，与英美相似，婚前用自己的姓名，婚后以自己的名加丈夫的姓，如 Jacqueline Bourgeois（雅克琳·布尔热瓦小姐），她如与弗朗索尼·马丹结婚后，就改称 jacqueline Martin（雅克琳·马丹）。

（3）西班牙、葡萄牙人的姓名

西班牙人的姓名常用三四节，前一二节为本名，倒数第二节为父姓，最后一节为母姓。他们一般以父姓为自己的姓，也有以母姓为自己的姓。如西班牙前元首的姓名是:弗朗西斯科·保利诺·埃梅内西尔多·特奥杜洛·佛朗哥·巴蒙德,姓名的前四节是他自己的名字,倒数第二节为父姓,最后一节为母姓。

西班牙人口头都称父姓,或称第一节名字加父姓,如弗朗西斯科·佛朗哥。

葡萄牙人的姓名也多数由三四节组成,前一二节是本名,倒数第二节为父姓,最后一节为母姓。简称时用本名加父姓。

葡萄牙文中男子的姓名多以“o”结尾,女子多以“a”结尾,冠词、介词与姓连译。

(4) 俄罗斯人的姓名

俄罗斯人的姓名一般由三节组成,其排列为:本名、父名、姓。如:伊万·伊万诺维奇·伊万诺夫。伊万是本人名字,伊万诺维奇为父名,意为是其之子,伊万诺夫是姓。但是,也可以将姓放在最前面,特别是在正式文件上,如上述伊万,可以写成伊万诺夫·伊万·伊万诺维奇。

俄罗斯女子的姓名多以“娃”、“娅”、“娜”、“莎”结尾。她们婚前用父姓。婚后多用丈夫的姓,但是,其本名和父姓不变。如:尼娜·伊万诺夫娜·伊万诺娃,尼娜是本名,伊万诺夫娜是父名,伊万诺娃是父姓。如果她和罗果夫结婚了,就改姓罗果娃,其全名是尼娜·伊万诺夫娜·罗果娃。

俄罗斯人一般口头上称姓,或只称名,当表示客气和尊敬时,称名字与父名。如对伊万·伊万诺维奇·伊万诺夫尊称伊万·伊万诺维奇,对尼娜·伊万诺夫娜·罗果娃尊称为尼娜·伊万诺夫娜。

如果对德高望重者或长者表示特别的崇敬,可以只称父名。如对符拉基米尔·伊里奇·列宁尊称为伊里奇。家人和亲友间则都用爱称。

(5) 阿拉伯人的姓名

阿拉伯人的姓名一般由三四节组成,也有长达八九节的。

阿拉伯人极为重视男系血统,他们的姓名中有父亲、祖父的名字，其姓名的排列顺序是：本名—父名—祖父名—姓。

如前沙特阿拉伯国王费萨尔的姓名是费萨尔·伊本·阿卜杜勒·阿奇兹·伊本·阿卜杜勒·拉赫曼·沙特。其中本名是费萨尔，阿卜杜勒·阿奇兹是父亲名，阿卜杜勒·拉赫曼是祖父名，沙特是姓。

阿拉伯人的名字中常加“伊本”、“本”、“乌尔德”，意为“某人之子”、“某人之孙”。如费萨尔·伊本·阿卜杜勒·阿奇兹·伊本·阿卜杜勒·拉赫曼·沙特，表示费萨尔是阿卜杜勒·阿奇兹的儿子，是阿卜杜勒·拉赫曼的孙子。也有加“阿布”或“乌姆”的，表示是“某人之父”或“某人之母”。如：拉赫曼·阿布·塔列布，表示塔列布是拉赫曼的父亲。经过长期演变，这些称号有的已经转为人名。

阿拉伯人在正式场合使用全名，简称时只称本人名字。但是，事实上很多阿拉伯人，尤其是有地位的上层人士都简称其姓。如：穆罕默德·阿贝德·阿鲁夫·阿拉法特，简称阿拉法特。

阿拉伯人名字前面常有一些称号，如“赛义德”（表示先生、老爷）、“谢赫”（表示长老、酋长、族长、村长）、“伊玛姆”（指清真寺领拜之人）、“苏丹”（表示是国王、君主）、“埃米尔”（表示是王子、亲王）。

阿拉伯人的姓名都有一定的含义，如：“穆罕默德”是借用伊斯兰教创始人的名字，“阿卜杜勒”是安拉的仆人，“拉赫蔓”是仁慈之意，“克里姆”是慷慨的意思，“哈桑”是良好的意思，“阿明”是忠诚的意思，“萨利赫”是正直的意思，“艾哈曼德”是值得赞扬的意思等等。

（6）泰国人的姓名

泰国人的姓名排列顺序与欧洲人相同，也是名在前姓在后。如：巴颂·乍伦篷，巴颂是名，乍伦篷是姓。

泰国女子未婚前用父姓，婚后用夫姓。

泰国人口头尊称对方，无论男女，一般只叫名字不叫姓，并在名字前面加上一个冠词“坤”（即您的意思），如尊称巴颂·乍伦篷为坤巴颂。

泰国人的姓名前面按习惯都有冠称。

平民的冠称有:成年男子为“乃”(先生),如:乃威猜·沙旺素西。已婚女子为“娘”(女士),如:娘颂西·沙旺素西。未婚女子为“娘少”(小姐),男孩为“德猜”(男童),女孩为“德英”(女童)等。

贵族的冠称按国王封赐的爵位分为五等:“昭披耶”、“披耶”、“帕”、“銮”、“昆”。贵族女子的冠称为“坤仁”(夫人、太太之意),如:坤仁玛尼·乍伦篷。王族的冠称按他们与国王血缘关系的亲疏,分为十二等:“娘”(王后),“昭华”(王子、公主),“公摩、耶”,“公摩”,“公摩銮”,“公摩昆”,“公摩蒙”,“翁昭”,“蒙昭”,“蒙、察翁”,“蒙銮”,“蒙”(平民出身的妃子)。

泰国规定,蒙昭已上的王族才算嫡族,即亲王。蒙、察翁以下都算是王族后裔。

宗教的冠称有:佛教僧侣用“拍摩哈”、“拍”,伊斯兰教神职人员用“哈吉”。

3. 有名无姓

这类情况只在少数国家存在,如缅甸、印度尼西亚的爪哇族。

(1) 缅甸人的姓名

缅甸人无论男女,都是只有名没有姓,但是,他们的名字前面都冠有称呼,以示男女、长幼、社会地位。常见的冠称有:

“吴”——对长辈或有地位的男子的称呼,意思是先生,如一男子名刚,可称为吴刚。

“哥”——意思是兄长。

“貌”——意思是“弟弟”,也常用作男子表示谦虚的自称。

“塞耶”——意思是老师。

“道达”——意为博士。

“德钦”——意为主人。

“波”——意为军官。

“耶博”——意为同志。

“杜”——是对女子的尊称,意为女士。

"玛"——意为姐妹,也常用作女子表示谦虚的自称。

缅甸人在不同的对象面前,可被加以不同的冠称,如一男子名"巴",长辈称他为"貌巴",同辈称他"哥巴",他如有一定的社会地位,别人会称他"吴巴",如他是军官,则别人又可以称他为"波巴"。又如一位女子名"丹",有一定的社会地位,被称为"杜丹",如是青年女子,则又可被称为"玛丹"。

(2) 印度尼西亚爪哇族人的姓名

印度尼西亚的爪哇族是该国的主要民族。他们有名无姓,但是,他们的名字字数并不少,多见的为三个字,如苏哈托,也有两个词组成的复合名字,如穆罕默德·沙列。

在受伊斯兰教影响的地区,人们喜欢用类似阿拉伯人的姓名,如:苏山多·宾·阿卜杜,中间的"宾"意为"某人之子",即苏山多是阿卜杜之子。女子的名字,则中间加"宾地",意为"某人之女儿"。

第二节 外国重要习俗

一、美国人的习俗

1. 美国人的性格

美国人性格开朗,举止大方,女子也一样,他们待人热情、好客,喜欢讲话,初次见面,就会和你像老朋友一样,滔滔不绝地交谈,毫不拘束,讲话时常用手势表达自己的意思,他们不喜欢沉默,一般不会中断讲话。但是,分手后,他们一般会很快忘了你。他们是结识人快,忘掉人也快。

他们追求独立,十分强调个人自由、个人价值、个人奋斗、个人权利、个人利益,看重实利,以取得个人成就为荣,所以,很崇拜强者。

他们比较浪漫,喜欢新奇,好冒险,生性好动,极少有人终生只从事一项职业或在一家公司做到退休,也很少有人在一个地方住上半辈子,喜欢搬家。不少美国人认为他们是世界上最富裕、最发达的国家，因而有一种骄气，显得傲慢。

美国人的生活习惯比较随便，讲究自由自在，不大讲究穿着打扮，睡得晚，起得也晚，在业务交往中讲究守时。

2. 见面和拜访礼节

美国人以不拘礼节著称，初次与人见面就会直呼对方的名字，不一定跟人握手，往往只是笑一笑，说声“Hi!”或“Hello!”同样，他们在社交活动结束或业务会议散会时，也常常只是向别人挥挥手，说声“Bye—bye!”作为告别。

美国人熟人见面时习惯握握手，关系密切者常拥抱贴颊。与美国女子见面可与对男子一样自在，但是，如要握手应让她先伸手，交谈中不宜问她们的婚史，更不能说挑逗性的话。

登门拜访美国人时，必须事先约好，去时先敲门，征得同意后方可入室，进屋后得脱帽。如果是男士拜访女子，未得到女士的同意，不宜脱大衣。送礼一般都交给夫人。在主人卧室不能坐在床上，未经同意，也不能随便摆弄室内物件。节假日登门拜访不宜在早上8时以前和晚上10时以后。

3. 饮食习惯

美国人大多数吃西餐，喜欢清淡、咸中带甜的口味。

他们常吃的荤菜有炸牛排、炸羊排、炸猪排、炸仔鸡、炸明虾、炸鱼、烤鸡、咕老肉等，习惯将肉类剔去骨头，将鱼去头去尾，虾蟹剥壳，不爱吃肥肉、动物内脏、红烧或清蒸食物。

他们常吃的素菜有青豆、菜心、豆苗、刀豆和蘑菇之类，并好用水果作配料，如菠萝焖火腿、苹果烤鹅鸭、紫葡萄焖野味等。

他们注重煎、炸、烤、炒，调料一般不在厨房里使用，而是放在餐桌上，让各人自行调用，常用的调料有酱油、醋、盐、胡椒粉、辣椒糊等。

他们早餐爱喝牛奶、各种水果汁和吃糖油煎饼夹火腿、煎蛋饼、椒盐小面包、烤面包等。他们平时喜欢喝的饮料有冰水、矿泉水、可口可乐、啤酒、威士忌、白兰地等。

4. 宴请和餐桌上的礼节

美国人通常在家里宴请客人，主客围坐在一张餐桌旁，食物盛在盘子中，一个个盘子依次传递给每个人，各人从中取用。每餐一般只上一道主菜和沙拉，最后上一道甜食。

用餐中，他们很注意礼节，如不能抽烟，汤匙要放在汤盘的托碟上，喝汤时不能发出大的声响，要用匙的一侧由里向外舀，不能端着盘子将汤喝光。用完餐后一般要在主人家呆上一两个小时，边喝咖啡边聊天。喝咖啡时，咖啡杯和咖啡匙应放在茶托上，就着杯子喝。

客人告别时要感谢主人的邀请，称赞饭菜做的可口。事后，客人应寄短信或发便函致谢，如随信附上一盒巧克力或一束鲜花等小礼物则更好。

二、英国习俗

英国是个岛国，有五千多万人口，多数信奉基督教。英国是个发达的资本主义国家，工业、航海技术先进。我国实行改革开放政策后，前来投资者为数不少，且越来越多。

1. 英国人的性格特征

英国人的性格大多内向、含蓄，冷静、谨慎，寡言少语，但是，富有幽默感。

英国社会的等级观念极为浓厚，不同阶层的人士有不同的礼仪，尤其是中上层人士，他们过着舒适悠闲的生活，养成了注重礼仪、讲究文明、举止彬彬有礼、一言一行不苟且的绅士风度，他们说话声音不高，发音准确，从不指手画脚，讲究谦虚，从不夸夸其谈，更不会自吹自擂，遇事也不轻易动感情或表态。

他们喜欢独处，不愿意他人干扰自己的私生活。平时十分讲究衣着，服装总是整洁、笔挺。

他们非常遵守纪律，赴约守时，讲究社会公德，在公共场所秩序井然。

2. 见面和拜访礼节

英国人与人初次见面，习惯伸出手握手，乐意别人称呼自己的荣誉头衔。交谈时常以天气开头，好谈动物、体育、时尚、文艺等话题，不涉及个人职业、收入、家庭、政治、宗教等话题，有“对男士不问财产，对女士不问年龄”的禁忌。

英国有“女士优先”的社会风气，尊重、优待女士。

去英国人家里做客，不能直接问厕所，要用委婉的说法，如“我想洗洗手。”或“请原谅几分钟。”

英国人喜欢举行舞会，或在家里，或在饭店，舞会前都发请柬，舞会一般在夜间 10 时左右开始，男女数量大致相等。参加者必须讲究服饰，男子要轮流邀请女士共舞，其中有一次必须邀请女主人共舞。参加者可随来随去，不为失礼。

3. 饮食习惯

英国人爱吃牛羊肉、鸡、鸭、野味等，喜欢清淡、鲜嫩、焦香的口味，每餐都吃水果，不爱吃带粘汁和辣味的菜，爱喝清汤。他们早餐爱吃麦片、三明治、牛奶、黄油点心、煮蛋加果汁，喝红茶；午餐、晚餐喜吃肉食加蔬菜，喝咖啡。进餐时喝酒，爱喝啤酒、葡萄酒和烈性酒，但是，不劝酒，更不灌酒，喝醉酒而失态，被认为是很无礼、缺乏教养的举动。英国人特别爱好喝茶，将它看作生活的一大乐趣，尤其喜欢喝中国的祁门红茶，习惯在茶中加牛奶或糖，但是，不喜欢喝中国的绿茶。

三、法国习俗

法国是欧洲的资本主义国家，有五千多万人口，90%的人信奉天主教，少数人信仰基督教和伊斯兰教。近一二十年来，来华投资的法国企业越来越多。

1. 法国人的性格特征

法国人性格爽朗、热情、乐观，喜欢交际，爱好音乐、舞蹈。

法国的社会科学、文化艺术、科学技术都有杰出的成就，他们的城乡都建设得很美，尤其是首都巴黎的建筑和雕塑，堪称世界一绝，艺术价值极高。法国的时装、美食也享誉世界，所以，法国人对自己的历史成就感到十分自豪，民族自豪感很强烈。

法国人很讲究吃，舍得花钱，经常相互宴请。法国人尤其爱好穿着打扮，女子特别爱美，追求时髦，好化妆，对服饰和化妆品相当看重。

2. 见面和拜访礼节

法国人相遇或告别多以握手为礼，握手时讲究由上司、长者、女士先伸手，如果有多人，握手的顺序也是先长后幼、先女后男、相互熟悉的人或地位平等者，流行见面时以挥手问好，亲朋好友见面常以拥抱、亲吻为礼，但男子间只拥抱、贴颊，而不亲吻。

女士优先也是法国的民族传统，在社会生活中男子对女子处处表现出谦恭礼貌。

3. 饮食习惯

法国人十分讲究饮食。法国菜是西餐中的佼佼者，其特点是香浓味厚，鲜嫩味美，讲究色香味和造型、营养。

法国人喜爱吃猪肉、牛羊肉、香肠、鱼、虾、禽、蛋、蜗牛、牡蛎及各种蔬菜、水果。烧菜喜欢加丁香、香草、大蒜、番茄汁等调味品。他们的早餐比较简单，晚餐则很重视。他们习惯喝葡萄酒、牛奶、红茶等饮料。席间喝酒也很讲究，一般吃肉食时喝红葡萄酒，吃海味时饮白葡萄酒。主菜过后吃奶酪，并配红葡萄酒、黄油、面包，然后吃甜食、水果，最后喝咖啡。他们忌食无鳞鱼，不吃辣味食品。

四、德国习俗

德国的国土面积 35 万多平方公里，人口八千多万，在欧洲占有优势。人口中 49%左右信奉基督教，45%左右信奉天主教。德国是资本主义强国，许多大公司已来我国投资。

1. 德国人的性格特征

德国人勤劳、奋发，不甘落后，严守纪律，富有朝气，条理性强，讲究清洁，喜爱音乐，但显得矜持。他们热情好客，家庭观念很重，尊重传统和权威。

2. 饮食习惯

德国人喜欢吃牛肉、猪肉、鸡、鸭及野味，不大吃鱼虾、海味。他们口味偏酸甜，不喜欢油腻、太辣的食物。

午餐是他们的主餐，晚餐一般吃冷食。他们常常喜欢关掉电灯，点几根蜡烛进晚餐，享受古典情调。

他们喜欢吃蛋糕、甜点和各种水果，尤其爱喝啤酒，用餐时先喝啤酒，后喝葡萄酒。

他们喝啤酒很有讲究，尤其招待客人时更为讲究。杯子很大，倒酒时，得将杯子倾斜对着瓶口，以免外溢，喝时一般不碰杯，主人只是举杯向大家礼貌地微笑点头，示意请喝。男士要先向女士祝酒，而女士不必向男士敬酒，晚辈得等长辈喝后才能动杯，祝酒时应自己先喝一口，然后再举杯示意，接受敬酒的女士应微笑致谢，端起杯子呷一小口作为应答。如果碰杯，就得一口气喝干。

喝葡萄酒时，不当着客人开瓶，得事先打开，放在桌上，主人应站在客人右侧敬酒，瓶口不能搁在杯口上，酒杯要放在桌上，倒酒至杯子的五分之四或四分之三处为好。

五、俄国习俗

俄罗斯联邦是欧洲国土最大、人口最多的国家，其人口的 30％以上信奉东正教和伊斯兰教。俄国与我国东北地区的经济交往较为密切。

俄国人性格开朗，豪爽大方，不善于掩饰自己的感情。他们的交往礼节和欧洲其他国家类似。

他们的饮食习惯以面食为主，喜欢吃带酸味的食物，如菜汤、黑面包、酸牛奶等，其口味一般较咸，油腻较多。

俄国人很讲究烹调，习惯于焖、煮、烩，也好烤、炸，菜肴丰富，俄国大菜闻名于世。

俄国人重视早餐和午餐，晚餐则较简单。他们习惯吃猪肉、牛肉、鱼、虾、鸡蛋及黄瓜、土豆、番茄、萝卜、洋葱、酸黄瓜以及生菜沙拉、奶酪、水果等。

他们大多数人爱饮烈性酒，喜欢喝红茶，并十分欣赏我国的糖醋鱼、辣子鸡、香酥鸡、烤羊肉等。

六、澳大利亚习俗

澳大利亚是澳洲最大的国家，人口 1 200 多万，99％是白人，原来的土著居民现仅存 5 万人。约有 70％的人口集中在东南沿海地区，城市人口占总人口的 75％以上，仅悉尼、墨尔本就集中了约总人口的 35％。由于澳大利亚原先是英国的殖民地，所以，以英语为国语，国民也大多数信奉天主教。由于澳大利亚近年来实施了移民新政策，放宽了境外投资者入境的条件，因此，不但该国来华投资企业不少，我国前往该国投资的公司、个人也日益增多。

1. 澳大利亚的高福利

澳大利亚是世界上著名的高福利国家，国民的生、老、病、死全由政府包揽。

孩子一出生，政府就给予津贴；国民的医药费用，连同住院时的一日三餐伙食费，全由政府承担；澳大利亚实行全民就业政策，对失业者也给予高额的失业金，还在住房、交通、娱乐等方面提供优惠。这样的高福利来源于高税收。赚钱多的人交的税越多，而失业者的生活并不比工作者差，所以，有人戏称，澳大利亚是“懒汉和穷人的天堂”。

这一制度，使澳大利亚人的生活富足而安宁，对他们的性格特征有很大影响。

2. 澳大利亚人的性格特征

(1) 随和。澳大利亚人的穿着十分随便，连企业家也不讲究时髦，穿着老式，即使是最富有的商界领袖人物，其穿着也避免炫耀，所以，从外表上很不容易判断出他们的财富和地位。

尽管澳大利亚的大多数人信奉宗教，但是，他们的信教完全自由，并且，他们认为，平等是上帝授予每个人的权利，他们不是任何人的奴仆，也不是任何人的主人。在宗教观念上也显得随和。

澳大利亚人最喜欢的娱乐活动就是在周末晚上去朋友家作客，由于本国天气总是很好，人们喜欢在花园里接待客人，那里备有烤肉架。客人来后，女主人和女客在屋里一边准备菜肴，一边聊天；男子们则在花园里一边烤牛肉，一边喝着啤酒聊天；孩子们在花园里玩耍。一切都显得轻松、休闲、随和，没有做客、待客那种讲究的礼节和拘束。

(2) 坦率诚实。澳大利亚人初次见面，就会直视着你，表示诚实，讲话坦率，直截了当，女子也如此。但是，他们缺乏耐心，业务交往中，常希望第一次见面就能达成协议，不喜欢将谈判时间拖得很长。

他们认为开会迟到太久是最不文明和不守信用的表现。如果他们希望你做的事，你不能做，只要你不强调客观原因，作出适当解释，他们仍然会很相信你。

澳大利亚人不太愿意给小费，他们认为人人都有足够的收入，不应当再收或给这种小费。在澳大利亚，行贿是少见的，谁向政府官员或公司首脑行贿，等于将自己和受贿者一起送进监狱。

(3) 喜欢体育运动和赌财运。澳大利亚人崇尚体育运动，男子们见面谈论的话题少不了体育，他们尤其喜爱足球和板球。对经常关注体育竞赛者，他们会一见如故。

澳大利亚人还爱赌运气，每个星期，都有上百万人在彩票、赌场、扑克游戏机(俗称“独臂大盗”)、赛狗、赛马、赛骆驼上赌财运。

(4) 崇洋媚外。澳大利亚是个以畜牧业为主的国家，羊毛产量占世界40%，而在工业科技方面完全没有发言权，其工业品都从国外进口。所以，澳大利亚人崇洋媚外思想很重。在那里，澳外合资企业很吃香，在那里投资的公司又大多数是美、英、日等发达国家的，很多澳大利亚人希望进入这些公司工作。

澳大利亚人又很重视外国学历，许多人在大学毕业后，希望到美、英、德等国的著名大学去镀金，或到外国著名大公司去工作几年再回国，就能找到更好的职位。

3. 澳大利亚人的饮食习惯

澳大利亚人的饮食习惯与英国差不多，喜欢口味清淡，不食辣味，有的不吃酸的食物。他们常吃的食物有猪肉、牛羊肉、鸡、鸭、鱼、虾、蛋及各种蔬菜。家常菜肴有煎蛋、炒蛋、冷盘、火腿、脆皮鸡、油爆虾、糖醋鱼、腰果肉丁、熏鱼、炸大虾、烤西红柿等。

七、日本习俗

日本是一个岛国，有一亿多人口，神道教和佛教是他们的主要宗教。中日两国的交往已有两千多年的历史，我国实行改革开放政策后，来我国投资办公司、建企业数量最多的是日本。

1. 日本的民族特性

日本是个勤劳、智慧、奋发图强的民族。他们的集体意识、凝聚力很强，日本的“团队精神”闻名世界；他们富有进取性，善于学习、汲取别国的先进技术、先进经验、先进文化，为自己所用；他们的好胜心甚强，不甘落后，勇于竞争，崇拜强者；他们的毅力、自制力也很强，严守纪律；他们办事认真仔细，工作一丝不苟；他们讲究礼节，等级观念也很重；他们性格内向，与人交往时不轻信别人。由于处于四面环海的岛国，资源缺乏，人口密集，市场有限，他们又具有忧患意识，并以发展外向型经济为国策，所以，他们经济意识很强，善于经商，善于开拓海外市场。

2. 见面和拜访礼节

日本是以注重礼仪闻名于世的国家，礼节繁多而又细密，在日常交往中都彬彬有礼。他们与人初次见面时一般不握手，以鞠躬为礼，依据恭敬程度，鞠躬礼分 30 度、45 度、90 度几种，女子一般以深鞠躬表示敬意。同时说：“初次见面，请多多关照！”亲朋好友见面，则可握手、深鞠躬或拥抱。

拜访日本人要事先约好，并避开清晨、深夜和用餐时间。去时，主人开门后，得在门口寒暄几句，然后脱下鞋，鞋尖对着门的方向摆好，如果是西式住房，则可穿鞋入室，但进屋前应脱去大衣、围巾、帽子，并行礼。告别时，一般也是出门后再穿上大衣、戴上围巾、帽子。如主人劝你在室内穿戴，则可从命。天热时，未经主人应允，不宜在室内宽衣。日本人拜访他人时常带些礼物，以工艺品或土特产为多见。

3. 饮食习惯

当代日本人的饮食主要有三大类：和食（日本料理）、洋餐（西餐）、中国菜（中华料理）。

他们喜欢清淡、油腻少、味鲜带甜的菜肴。爱吃牛肉、鸡蛋、鱼、虾、蟹、瘦猪肉、青菜、豆腐以及酱菜、酱汤、紫菜、酸梅等，他们尤其喜欢吃鱼，但要剔去鱼刺，好吃生鱼片，不喜欢肥肉、猪内脏和羊肉。

他们早餐一般习惯喝牛奶，吃面包或稀饭；午餐和晚餐吃米饭。他们在餐前和餐后往往喝一杯茶，尤其爱喝我国的绿茶。他们爱吃我国的广东菜、上海菜、北京菜和不很辣的四川菜，爱喝我国的绍兴酒。

日本人招待客人吃饭，斟酒时要右手拿酒壶，左手托着壶底，千万不能碰到酒杯。客人接酒时，要右手拿酒杯，左手托杯底，表示感谢。接受第一杯酒是礼节，客气地谢绝第二杯酒却不算失礼。

第三节　国外重要节日

节日是民族习俗的一部分，也是民族文化的组成部分。与外方人士常年相处合作的涉外秘书，了解他们的节日内容，有助于相互关系的融洽，有利于“三资”企业文化的建设。国外的节日繁多，本节兹介绍一些与涉外秘书关系密切的重要节日。

一、欧美重要节日

1. 圣诞节

也称“耶稣圣诞瞻礼”、“主降生节”，是基督教纪念耶稣诞生的节日，起源于罗马，盛行于欧美、澳洲、非洲，已成为世界性的节日。

据《圣经·新约》记载，耶稣是上帝之子，为拯救人类，降世为人。他主张平等、博爱，反对当时的奴隶主统治，被犹太教当权者和罗马统治者所仇视，后被钉死在十字架上。据说，公元336年（一说354年），罗马教堂宣布12月25日为耶稣诞生日，举行庆祝。随着基督教的传播，圣诞节迅速扩展到世界各地。

由于各国古代历法不同，多数教会定每年12月25日为圣诞节，东正教则定于1月6日或7日。

在欧美、澳洲、非洲，圣诞节已不单单是宗教节日，也是民间的重大节日。每逢节日来临，子女均从各地赶来父母家中团聚，没有子女的老人则往往到亲友家中聚会。基督教徒去教堂作弥撒。

庆祝圣诞节的传统内容有：扮演圣诞老人，扎圣诞树，送圣诞贺片，做圣诞食品，点圣诞蜡烛，烧圣诞柴，唱圣诞歌，欢度圣诞夜，等等。

2. 复活节

也称“耶稣复活瞻礼”、“主复活节”，是基督教纪念耶稣复活的节日。

据《圣经·新约》记载，耶稣是在犹太教安息日的前一天（现星期五）被钉死在十字架上的，遇难后第三天（现星期日，基督教称“主日”）复活的。公元325年，基督教尼西亚会议规定，每年3月月圆（3月21日或次日）后的第一个星期日为复活节。

在美国、欧洲等世界上很多国家和地区，过复活节时，羊肉和火腿是基督教家庭的传统食品；兔子糖则是孩子们必不可少的吃食。因为，基督教徒将羔羊看作是耶稣献身的象征，将猪看作幸运的象征，而将兔子则视为新生命的象征。

3. 感恩节

也称火鸡节，是北美独有的节日，美国定在每年11月的第四个星期四，加拿大则定在10月的第二个星期一。

此节起源于北美的普利茅斯。1620年，英国的一批清教徒，男女老少 102 人，为了摆脱宗教和政治上的迫害，于此年 9 月搭乘“五月花号”木船，飘洋过海，于 11 月 21 日抵达马萨诸塞州东南方的普利茅斯，遂登陆定居。由于缺衣少食，饥寒交迫，加上疾病，半数以上的人死去了，只剩下 50 人在死亡线上挣扎。这时候，当地淳朴的印第安人给他们送来了食物以维持生存，赠送了工具以让他们生产自救，并教他们盖房子、捕鱼、狩猎、种玉米，将他们从绝境中救助出来。

第二年秋天，移民们获得了丰收，11 月底的一天，移民们准备了丰盛的欧洲式饭菜，自制了啤酒，热情的印第安人还给他们送来了大批火鸡和五头鹿，大家一起聚餐庆祝，感谢上帝的恩赐，历时三天。事后，他们又将这一天命名为感恩节，并逐渐推广到北美各地。

1795 年，华盛顿总统曾发布命令，要全国庆祝感恩节。1863 年，林肯总统又将它定为全国性的节日。如今，感恩节已成为北美家人团圆、朋友相聚的全民性节日。

在感恩节期间，人们常邀请单身友人、外国客人或远离家乡的军人，一起欢度节日。节日的每一顿晚餐都非常丰富，其中必备的菜有烤火鸡、南瓜饼，此外，还有酸果酱、红薯、奶油洋葱、李子布丁、肉末馅饼、牛奶等。

4. 狂欢节

欧美各国的传统节日，它起源于古罗马的农神节，发展于中世纪，盛行于当代。其节期各国不一，有的开始于元旦，有的开始于圣诞节，也有的开始于其他日子。同一国家内，其节期也有不一致的，如德国的慕尼黑开始于每年的 1 月 6 日，而科隆则开始于 11 月 11 日 11 时 11 分，但多数国家在气温宜人的二三月间举行。

意大利的滨海城市维亚雷焦是举世闻名的狂欢节胜地之一，而拉美的巴西则是世界公认的“狂欢节之乡”。巴西的这一节日以里约热内卢最为壮观。节日期间，全城大街小巷装饰一新，街道两旁搭起排楼和一排排看台。在持续三天的节日中，男女老少全都穿着盛装，有的带着假面具，有的画着花脸，有的穿着古装，也有的男扮女装，穿着旱冰鞋，踩着高跷，大家以乐队为前导，在乐曲声中表演各种精彩节目，尤其是大跳旋律风快、节奏铿锵的桑巴舞，台上台下气氛交融，欢声笑语不绝于耳。

5. 啤酒节

这是德国巴伐利亚州首府慕尼黑的民间传统节日。每年从5月开始，9月进入高潮，到10月结束，所以，又称"十月节"。它源于1810年，当时，巴伐利亚国的王子举行婚礼，以大规模的赛马助兴，赛马结束后大家饮啤酒作乐，以示庆贺，以后相沿成习。

啤酒节通常在9月举行一项仪式，在十二响礼炮中，由巴伐利亚市长在黛丽丝草场打开第一桶啤酒，象征节日的开始。由于10月正是喜庆收获的节令，而巴伐利亚地区又盛产大麦和啤酒花，便于制造啤酒，所以，人们在辛勤劳动之余，载歌载舞，以表达内心的快乐。如今，这一节日正传向世界各国。

欧美有影响的节日还有很多，如母亲节、父亲节、情人节、愚人节、大斋节、美国的独立节、加拿大的枫糖节、北欧的仲夏节、法国的万灵节和体育节、意大利的主显节(儿童节)等。

二、亚洲重要节日

1. 元旦

这是日本最隆重的节日，从头年12月27日的圣诞节之后，到翌年1月3日，是全国公众假日，大多数公司、商店都关门大吉。日本人除夕前要大扫除，人人洗澡，做好过年吃的糯米糕。除夕晚上全家团聚吃年夜饭，子夜，各寺庙的钟声齐鸣，共响108下，意为驱除108个魔鬼。

原先，新年之际，日本人的家门上方要拉起一条草绳，或在正门上方中央处挂上一个草绳编的圆环，圆环上挂上橙、海带、龙虾等物，称作"注连绳"。如今，它已被松、竹、梅的画所取代。这种习俗是为了避邪，有的说是为了纪念远古神话中的英雄，也有的说是为了求取幸福临门。

元旦期间各种民间活动丰富多彩，最主要的是参拜神社，这是一种祭祀礼仪、民族信仰，信仰者占全日本人口的84%，日本有9万多个神社。参拜都在新年的头三天举行，称“初诣”，求神保佑他们万事如意。各公司企业、商店也在年终之际，在饭店款待业务联系单位，称作“忘年会”，意为忘掉一年的辛苦和烦恼。

2. 水灯节

也称佛光节，泰国传统节日，于泰历每年12月15日(公元11月间)举行。相传，在河流小溪密布的泰国，人们为了感谢水神给他们的造福，庆祝丰收，在农闲时节，选择一个天气晴朗、月明风清之夜，举行“放水灯”的盛会，将数以万计的水灯漂流于大河小溪中，以表达对水神虔诚的祈祷和对来年的美好祝愿。

那时节，男女老少身穿盛装，手持绚丽多彩的水灯和花束，从四面八方来到大河小溪两岸，跪下合十祈祷，少女们祈祷美好的心愿，老人们祈祷水神恕罪和赐福，然后漂放水灯，以放掉一切罪恶，闪烁的水灯烛光持续的越久，意味着来年的运气越好，所以，人们久久目送着水灯缓缓漂去。

节日之夜，整个泰国的大小河面上，色彩绚丽的水灯连成一片，顺流而下，蔚为大观，编织成一幅欢乐迷人的夜景。

3. 泼水节

南亚、东南亚国家的传统节日。印度称洒红节，尼泊尔称抛红节(均用红颜色的水喷射)，泰国称宋干节，缅甸称泼水节(均用清水泼洒)。

在缅甸，这是最神圣、最热闹的节日，类似我国的春节，于每年公历4月中旬举行。节日里，举国欢腾，男女老少穿上盛装，载歌载舞，用象征着和平与幸福的清水泼洒对方，表示去旧迎新，相互祝福。此时，也是青年男女寻找终身伴侣的日子，如果遇到了称心如意的人儿，就用圣水(用贝叶浸泡的水)迎头泼向对方，如果对方也乐意，便可到幽静之处绵绵长谈，订立终身。

亚洲的节日还有很多，如韩国、越南和我国一样过春节，印度有十胜节、维莎珈节，菲律宾有血盟节，等等。

三、外国人的忌讳

1. 数字的忌讳

(1) 忌讳“13”

西方人普遍认为“13”是个凶险的数字,应当尽量避开它。

相传,耶稣的十二门徒之一犹大,为了贪图三十枚银币,出卖了耶稣,并带路抓捕了耶稣,使耶稣被钉死在十字架上。意大利著名画家达·芬奇曾依此为题,创作了一幅名画《最后的晚餐》,描绘耶稣被出卖前夕和门徒们一起进晚餐,其中第十三人就是犹大。

另有一种传说源于北欧神话,据说在一次天国款待阵亡英灵的宴会上,十二位神在就餐,突然闯入不速之客凶神罗基,凑成十三人,结果使在座的最高之神奥丁的儿子(光神鲍尔得)遇难,其他天神也从此一蹶不振。

这两个故事流传很久、很广,所以,西方人谈“13”而色变,这一天不举行宴会,不举行社交活动,更忌讳十三人同席共餐。甚至门牌号码、大楼层号、旅馆房号、车队汽车的编号、宴会的桌号都避开“13”这一数字,有的人甚至对每月的“13”日这一天也感到惶惶不安。

(2) “星期五”的忌讳

西方人忌讳“星期五”。

相传,耶稣遇难的那天是“星期五”。又据说,亚当、夏娃违背上帝禁令,偷吃伊甸园的禁果,犯下原罪、被逐出天堂的那天,同时也是他们死亡的那一天,也是“星期五”。所以,西方人的社交活动一般都避开“星期五”。如果,“星期五”正巧和“13”日重合,那就更为凶险,被称为“黑色星期五”,这一天更得加倍小心翼翼,以防灾祸降临。

(3) “3”的忌讳

西方人还忌讳“3”。

据说,英布战争时,一天晚上,不少士兵因抽烟暴露目标而被击毙,其中点第三支烟而被击毙者居多。因为点前两支烟的人暴露了目标,使敌人有时间瞄准,所以,点第三支烟的人就容易挨子弹了。因此,西方人有时避免“3”这个数字,尤其在点烟时,当点到第三人时，有人会礼貌地拒绝。此外，日本人合影也忌三人，认为中间的人被左右夹着，是不幸的预兆。

（4）日本人忌讳“4”和“9”

在日本“4”和“死”同音，所以，日本的医院都没有4号病床和4号病房，谁也不愿意躺在“死”号房、“死号床”等死。海外华人和港澳同胞中的广东籍人，也忌用“4”字，在非说不可时，则用“双二”或“两个二”来替代。在日本“9”字的发音和“苦”近似，也在禁忌之列。

2. 动物图案的忌讳

美国人忌讳蝙蝠，认为它是凶神恶煞的象征。

英国人忌讳大象、孔雀，认为大象是愚笨的象征，孔雀则是淫鸟、祸鸟，孔雀开屏是自我吹嘘、夸耀的表现。

法国人忌讳仙鹤，认为它是蠢汉和淫妇的代称。

日本人对狐狸很反感，认为它是贪婪、狡诈的代表。

第九章 筹办会议

会议是指将有关人员召集来，讨论和解决问题的一种社会活动形式。“会”指会合，“议”指商议。“三资”企业和涉外单位中，会议是一种重要的管理手段，上司和管理者通过会议研究问题，决定对策，交流信息，协调关系，传达指示，布置工作，表彰先进，激励士气，等等。这些会议的筹办、管理是由涉外秘书承担的，筹办和管理的优劣，决定着会议的效果，因此，涉外秘书应了解并善于筹办、管理各种会议。

第一节 常见会议的种类

“三资”企业和涉外单位中，按参加会议人数的多少，可以将各种会议划分为大型会议、中型会议、小型会议；按会议内容的容量划分，可以分为综合性会议、专业性会议、专题会议、咨询性会议；按会议内容的性质划分，可以划分为业务性会议、行政会议、社团会议等；按时间划分，则可分为定期会议、不定期会议、临时会议等。根据“三资”企业和涉外单位的实际情况，将常见的会议划分为内部会议和外部会议较为适宜，即按参加会议人员的来源来划分。

一、*内部会议*

内部会议是指全部由本单位人员参加的会议。这类会议自然是“三资”企业和涉外单位中会议的主要部分，它们起着管理内部事务，决定重大事项，确定组织发展方向的作用。这类会议中常见的有经理例会、员工例会和特别会议三种，其他还有股东年会、董事会会议等。

1. 经理例会

经理例会指由本单位的经理们参加，研究经营管理中重大事项的办公会议。它属于定期会议，如每月一次，或每周一次，与会人员和会议地点都相对固定。

经理例会对单位的经营管理起着决策作用，因此，它是内部会议中很重要的一种，也是涉外秘书须定期筹办的会议。

2. 员工例会

员工例会是由某一部门召开，由全体部门员工参加的会议，如"三资"企业销售部召开的销售员会议，它一般是定期召开的。

员工例会起着如下作用：

第一，向全体员工通报近期业务等情况，包括部门业务进展状况，当前市场动向，部门未来一段时间的工作打算，要求员工合作的方面。

第二，听取各员工业务情况的汇报，讨论、解决他们所遇到的困难。

第三，交流其他方面信息，通过定期会面，使部门上司与员工感情融洽，使员工在工作中努力配合。

这类会议是部门中涉外秘书须定期筹办的会议。

3. 特别会议

特别会议指单位突然遇到特殊情况，为商讨或传达对策而临时召开的会议。这类会议，其内容是突然而仓促的，但会议却不能开得仓促，虽然准备的时间短促，但是，仍需要涉外秘书抓紧时间，筹办得完备、充分，以保证会议取得成效，起到应变作用。

二、外部会议

外部会议指由本单位主办，有相当数量的外单位人员参加的会议。

这类会议的作用在于使单位和外界发生联系，进行信息和物资的交流、协作，让外界了解自己，商谈贸易，介入各种社团性活动，以求使本单位提高知名度，开拓更大的发展空间。

“三资”企业和涉外单位常见的外部会议有：商务和社团会议、会见和业务谈判等。

1. 商务和社团会议

指本单位与外部人员洽谈商务或社团事务的会议。

这类会议要与外界发生联系，与会人员往往来源面广，有的来自各单位，有的来自各地区，有的来自世界各国，讨论的问题涉及范围也广，规模比内部会议一般要大，时间要长，少则几天，多则数周。因而，这类会议筹办、管理的工作量也重，秘书准备的时间也长，且其全过程要求规范，对筹办、管理的质量要求也高。秘书对这类会议要耐心、周到地筹办，并提供全面服务，这不但关系着会议的成效，也影响着主办单位的形象。

2. 会见与会谈

会见或会谈指双方或多方单位的上司、代表就共同关心的问题交换意见的会议。

会见或会谈在国际上区分为：

拜见或拜会：指客方来会晤主方，或身份低者来会晤身份高者。

召见：指主方请客方来会晤，或身份高者主动会晤身份低者。

回访或回拜：指一方主动会晤另一方后，对方出于礼节，再去会晤另一方一次。

我国习惯上将上述形式统称为会见或会谈。

会见或会谈就内容而言，可分为：

礼节性的会见或会谈：它着重于双方彼此或向外界显示相互关系及对某一问题的态度。它时间较短，一般在半小时左右，话题较广泛、自由，气氛较为轻松、宽松。

事务性的会见或会谈：它着重就双方或多方共同的业务事项进行具体、实质性的洽谈。“三资”企业和涉外单位中的会见和会谈一般都是这一类。

3. 业务谈判

业务谈判指双方或多方的上司或代表就各自利益分割的比例、承担的义务和享有的权利等进行交谈的会议。在市场经济中，业务谈判是大量、频繁的，而谈判的成败，对各方的利益、声誉关系重大。涉外秘书在谈判中扮演着重要的角色，应当协助上司或代表作好周密的准备，并往往参与谈判中的记录、翻译等工作。

三、电化会议

电化会议是指至少三个人在两个(含)以上地点通过电话、电视或计算机等电子装置举行的会议。为了减少旅行时间，降低旅行费用，越来越多的“三资”企业、涉外单位利用电话和电视召开会议，除此之外，有些公司还通过计算机进行电脑会议。

电话会议要租用当地邮电局的长途电话线路，在一个会场同时接通若干电话会议室实现远距离通话，也称电声会议。这是目前使用最广泛的电化会议。当无须进行图像传送时，可以运用这种方式。

利用电话结合传真设备或图像定格系统(也称慢步扫描系统)进行的电化会议称作声像电化会议。这种会议可以使用传真机将文件传送到不同的电话会议场地，使用图像定格系统可以将视频图像存储在计算机内，通过电话线解读出来并显示在电视会议场地的监视器上。利用另外一部传真机就可以对图像进行硬拷贝。

卫星传送可以提供全视频电化会议，使两个电视会场相互对话。视频电化会议价格非常昂贵。

直接广播图像也称为单向图像，可以由一发射地点向所有与之相连结的接收点单向传送图像。直接广播图像对于把新产品立刻通报给公司的各个部门尤为便利。

如果计算机终端与计算机网络联网，公司就能够利用计算机召集计算机会议。

电化会议的准备工作与准备其他会议一样，也要定出会议时间，通知参会者，准备、汇编需要传送的材料，作会议记录，落实会后需要完成的工作。除此之外，还要安排人员充当候补会议主席，以防会议主席对正在使用的电话设备不熟悉而无法工作。

随着通讯科学技术的不断发展，电化会议的种类还在增加，如近年又出现了手机会议等。

第二节 会前秘书工作

涉外秘书是会议的筹办者和管理者，是会议秘书工作的承担者。秘书筹办和管理会务，按时间前后，可分为会前、会间、会后三个阶段。

会前秘书工作包括拟制会议计划，准备会议文件、资料，发送通知和会场布置四项事务。

一、拟制会议计划

即根据上司的指示和有关规章制度，拟写出会议计划，计划应包括时间、地点、规模、规格、与会者、议题、议程、经费预算、生活安排、会务组的组成人员和分工等。

1. 确定会议地点

内部会议一般在本单位内部的会议室举行，也有的在单位外的场所举行；外部会议则一般在单位外的场所举行，这就需要秘书事先租借好会议场所，习惯称为定房。定房要根据会议规模、规格来确定，它包括租借召开会议的场所，如普通会议室、专用会议室，或者礼堂；如会议召开数天或数周，又是在外地或有外部人员参加的，还得为与会者事先定妥住宿的客房，需要详细了解房间的大小（单人房、套房、双人房等）和价格，并考虑到与会人员的经济承受能力，才能决定。

如果会议安排在宾馆、饭店举行，秘书则事先要与宾馆、饭店取得联系，他们会将你介绍给会议经理或宴会经理。你除了问清会议室费用、客房住宿费以外，还得问清餐费、饮料费、会议设备使用费、服务费及其他费用需多少，以便确定定房标准。

一般来说，应当在会议召开前一个月预订会场，大型会议则要更早，因此，定房的同时，在你的日历中加注，以提醒你准备、发送会议通知的时间。对于定期会议，你可一次性将全年的安排标注在你的日历上。不过，平时一定要留意有关会期的任何细小变化，及时在你的备忘系统中修正。此外，作备忘录的另一个作用是提醒你在会议召开前几天再次确认定房。

2. 制定议程

议题即会议所要讨论、解决的问题。

议程是会议为完成议题而作出的顺序计划，即对会议所要讨论、解决的问题的大体安排。会议主席（主持人）根据议程主持会议。

拟制议程是秘书的任务，有时，议程也由会议主席（主持人）制定。

如果你的上司负责准备会议议程，他会让你打出并复印分发。在实际工作中，会议议程有可能是由你拟定。由于会议议程安排及全部议题必须经过认真的核查，故你要先拟出一份草稿并请上司批准后才能复印分发。

对内部会议而言，一张为主持人打出的议程卡片或许就完全可以了。不过，会议议程通常是分发给所有与会者的，并保证他们能在会议召开前及时收到。

请会议成员提交议程议题是一种通行的方法。采取这种方法时，要不断地落实回复的议题。因此向参会者征询议程议题时，要留有充足的时间以便收到回复，所有成员的回复收齐后才能起草最终的议程。

一次完整的大型会议的议程一般安排如下：

开幕式，上司和来宾致词；

上司作报告；

分组讨论；

大会发言；

参观或其他活动；

会议总结、宣读决议；

闭幕式。

会议的议程比较简略，它通过会议日程显示出来。

会议日程是根据议程所作的具体安排，以天为单位，它是会议全程各项活动和与会者安排个人时间的依据。

会议日程的安排要注意科学性，即：

第一，如有几个议题，应按其重要程度排列，最重要的排列在最前面；

第二，上午 8 时至 11 时半，下午 3 时至 5 时半一般是人们精力旺盛、思维能力、记忆力最佳的时间，所以，全体会议宜安排在上午，分组讨论、参观、活动则可安排于下午，晚上则安排娱乐活动和自由活动；

第三，开长会时，一个半小时左右后，人们会产生疲劳感，注意力会有所分散，宜中间休息，使与会者调节一下。

会议日程格式如下：

××会议日程

日　期	时　间	内　容	主持人	备　注
5 日全天		报　到		
6 日上午 下午	9:00～11:30 2:00～5:00	1. 开幕式 2. 李总经理作报告 讨　论	×××	
7 日上午 下午	9:00～11:30 2:00～5:00	会议发言 参　观	××× ×××	每人限 15 分钟
8 日上午 下午	8:30～12:00 2:00～5:00	会议发言 1. 宣读会议决议 2. 闭幕式	×××	

3. 编制会议预算

编制会议预算包括会议经费总额、来源和开支两部分，要根据经费总额量入为出，合理安排。

会议经费来源包括：

上级部门拨款；

本单位拨款；

外单位赞助；

与会者交纳的会务费。

会议开支包括：

租借会场和会议设备费用；

交通工具费用；

会务人员的报酬；

参观、活动的费用；

印制资料费用；

补贴与会者伙食、住宿费用；

其他费用（如邀请特殊人物的车旅费等）。

会议计划拟成后，要送交上司审批，上司同意后，即可作为实施的依据。

二、准备文件资料

会前秘书要做好会议文件资料的准备，这是保证会议取得成效的一个重要环节。会议文件资料的准备主要包括如下方面：

1. 为上司撰写会议文稿

秘书要根据上司的指示，为其拟写开幕词、讲话稿、工作报告和决议草案送上司审阅，并根据上司的要求修改、定稿，打印成文。

2. 为上司准备资料

会议日期确定后，即要着手搜集上司在会议期间需要使用的资料。在会议召开前，把它们整理妥当并按上司需要的顺序排放在文件夹内。通常上司需要一份会议议程，一份会议主席团名单，最新的会议成员名单，上次会议的会议记录，其他尚未通过的记录、信件、备忘录、有关议程议题的报告、上司准备分发的资料拷贝，以及其他参会者提供的与会议议题直接相关的资料。

你要意识到在会议期间某些有说服力的材料可能会赢得广泛的欢迎，你应当把这些资料汇编起来。如果会议是在上司的办公室进行，则把它们放在你的桌子上。如果你也参加会议，则要带上装有这些资料的文件夹。但是，不要把这些资料与上司要带去参加会议的文件混在一起。这样做不仅会扰乱上司的思路，而且也会分散整个会议的注意力。

如果会议在外地召开，要把那些具有说服力的资料装入信封内，在信封上仔细贴上标签，以便上司能迅速找到这些文件，并且，你要把这些资料亲手交给上司，由他放入自己的手提箱内。

有一点需要引起注意的是，决不能把你的档案拷贝放入要带走的资料中，只可将其再次拷贝并将原件留在档案中。

3. 组织好发言人的文稿

凡在会上要代表单位、部门或个人作重点发言的文稿，秘书要事先同发言人联系、落实，会前收集，请发言者本人或会议秘书处代为打印，分发给与会者人手一份，并作为会议档案之一收存。

4. 准备资料袋

为了使参加会议的人员在会议期间使用方便，通常应为他们准备一个包罗万象的资料袋。为此，秘书人员需要做好会议的各种资料的收集工作，并且按照所需的规格、款式和数量打印好，这些资料通常包括赴会须知、会议日程、会议文献、入会证件和宴会及一些特别活动的入场票等。在与会者报到时，秘书将资料袋一一分发给他们。

三、发送会议通知

当有关会议的基本问题，如议题、议程、时间、地点、参加对象确定了，会议计划经上司批准后，就可发送会议通知。

1. 会议通知的形式

会议通知的发送有多种形式，如口头通知、电话通知、计算机传送（即将通知发送至与会者对象的电子邮箱）和书面通知（也可用传真）。前三种形式一般运用于内部会议，书面通知则主要运用于外部会议，以示正规和庄重，在规模很大的“三资”企业和涉外单位的会议中，也运用书面通知。

会议通知以书面的形式发给计划参加会议的人员，不光可以使与会议有关的基本要素在通知的过程当中准确无误，还可以使收件人在会议之前起到一种备忘作用。另外，如参加会议的人员在进入会场时没有其他特别的凭证，书面的会议通知还可作为会议入场的凭证。

2. 会议通知的发送

外部会议通知的时间，发送过早，容易被人忘记，发送太晚，则使人仓促，应视与会者至会议召开所在地的远近，路途需花时间等因素来确定，一般要在让对方在会议召开前能从容作好准备而赴会的时候发送到对方，如需要回复的会议通知或预备通知，则更需早些发送到对方，以便对方考虑后回复。如以邮寄发送，信封上最好注明“会议通知”字样及送到日期，以免延误。重要会议的通知发出后，还要及时用电话与对方联系，询问对方是否收到和是否赴会。会议通知的样本要存档备查。

3. 书面会议通知的内容

书面会议通知的内容，一般包括标题与正文两部分。标题应说明召开会议的单位或部门、会议名称、发文号。通知的正文包括会名、会期、时间、地点及联系方式等。会议时间要写明日期、星期及具体时间。其他重要事项如食宿安排、携带的文件和其他要求（如车旅费自理、需递交论文、交纳多少会务费等）也可包括在内。有的大型会议还随会议通知一起附寄《赴会须知》。《赴会须知》的内容通常有会议所在地的交通、气候情况、会议正式语言、入会凭证、会议重要活动的安排及办理有关会务的手续等，它是所有参加会议的人员必须了解的基本情况，是保证会议正常进行的基本条件，并须得到全体与会人的有效合作。《赴会须知》也可以装入资料袋，在与会者报到时一并发给。

会议通知拟好后交上司审阅批准，然后再复制。会议通知的复制份数根据与会者的人数、会议的规格，选用最有效的方法，复印、印刷或打印来制作。大型会议的通知，每次都要完整印出。

4. 会议通知格式

会议通知没有法定的格式，各单位不一，兹介绍常见的几种格式。

(1) 外资企业中常见的会议通知格式

外资企业中，凡内部会议一般都事先印好统一的会议通知格式，届时只需将参加人姓名、会议内容、时间、地点等栏目用打字机补打进去，即可发送。这类会议通知常见的有便函式和卡片式两种。

便函式如下例：

会 议 通 知

致：各部门经理

发自：总经理秘书×××

定于7月20日（星期四）下午2:30，在公司会议室召开会议。讨论招收新员工问题。

如你无法出席，请于7月18日前打电话告知×××，电话号码：×××××××××。

卡片式例一如下：

邀 请 卡

××会议

______年____月____日

议题：

出席者：

主席：
地点：
时间：

卡片式例二如下：

部门经理会议

目的：
时间：
地点：
如您无法出席，请于____月____日前电话告知×××。

外资企业主办的外部会议，其会议通知要比内部通知详细、正规，除了写明会议议题、地点、时间、主席（主持人）等外，还得写明目的、联系地址、电话、联系人等，如下例：

××××讨论会

为了……………………………，本公司特邀请同行举行此讨论会，旨在交流经验，研究对策。特邀请×××先生参加。

议题：××××××
举办者：××××公司
专门小组成员：×××　×××　×××　×××　×××
主席：×××　×××
地点：×××××××××
时间：××××××××
交纳会务费：每位××××元
联系地址：××××××××
邮编：××××××

电话：××××××××

联系人：×××

在发出会议通知时，一般还应夹入一张明信片，上面注明本公司地址、邮编、电话、发信人姓名，以便对方收到会议通知后，就是否赴会等问题迅速答复。明信片格式如下：

最迟至____年____月____日，请将此明信片寄送达总经理秘书×××。

________是的，我将参加这次会议。

________届时赴会，并带________位宾客来，宾客姓名为________、________、________。

________很遗憾，我不能参加此会。

署名________

公司________

当秘书收到这些明信片后，就可以将它作为预订会议室、客房、餐饮的依据，并可以将每个参加会议人员的姓名、头衔、所代表的公司、电话及其他一些基本的情况打印在卡片上，会议的各项费用的支付情况也记在卡片上，以便结账核算。

在会议开始接受“预约明信片”以后，在不同的阶段，秘书人员要定期将计划参加会议人员预先登记的情况向本次会议的主管人员作出报告，以便根据登记的情况调整原有的计划。

(2) 合资企业、涉外单位会议通知格式

中外合资、中外合作企业中的管理模式如果倾向于国际化，涉外单位召开国际性会议，其内部会议、外部会议的通知类同于外资企业。如果其管理模式倾向于国内模式，则其会议通知也运用国内通用的格式。它们内部会议通知常见的有便函式和表格式两种。便函式如下例：

会 议 通 知

________先生：

兹定于×月×日(星期×)下午1:30在公司会议室召开部门经理会议，讨论下半年的工作，请准时出席。

××公司总经理办公室

×年×月×日

表格式即将本单位一定时间内(如一周、一月)的各种会议安排以表格形式罗列、印发，提前分送各部门，使各与会对象按表格上的时间、地点参加会议，一般不再另发通知。表格式如下例：

一周会议安排

(2007年11月26日——11月30日)

日期	星期	时　间	地　点	内　容	参加者	主持人
11.26	一	上午9:00～11:00	会议室	部门经理会议	各部门经理	总经理
11.27	二	下午13:30～3:30	××宾馆	销售会议	各销售员	李副总经理
11.28	三	下午1:30～3:00	会议室	安全会议	各部门安全员	李副总经理
11.29	四	上午9:00～11:30	会议室	采购会议	各采购员	李副总经理
11.30	五	下午1:30～3:00	会议室	奖金分配	各分管经理	总经理

这些单位举办的国内外部会议，有的先发预备通知，让对方作好准备，再发正式通知。但是，多数情况是发一次会议通知，后面附上回执(相当于外资企业会议通知中所附的预定明信片)，根据回执来

统计与会人数，并据此安排会场、食宿等事项。如下例：

×××会议通知

先生(同志)：

兹定于 2007 年 12 月下旬在××省××市，召开×××会议，特请您出席会议。

一、会议内容

1. ……

2. ……

二、会期与时间

四天，自 2007 年 12 月 21 日至 12 月 24 日。

三、会议地点

××省××市。

四、与会人员

1. ……

2. ……

3. ……

五、报到时间、地点

2007 年 12 月 20 日；××市××路××号××宾馆。

六、与会人员每人缴纳会务费××元。食宿由大会统一安排，住宿费每人每天××元。

七、与会人员请事先将抵达本市的车次、航班和时间通知会务秘书处，以便接站。

八、接到本通知后，请填妥回执，于 11 月 30 日前寄达会务组。

会务组地址：

××省××市××路××号

联系人：×××

邮编：××××××

电话：××××××××

特此通知

×××公司(公章)
二〇〇七年十月十二日

回　　执

姓名	性别	民族	年龄	职务(称)	单位及电话号码	回程安排	交通工具及时间

此回执请务必于 2007 年 11 月 30 日前寄达会务组。

对于个别作用重要、地位很高、影响很大的与会对象,光发通知还不够郑重,如他们居住于本地,秘书应陪同上司登门邀请,开会时派小车接送,如居住于外地,则应附上邀请函或上司的亲笔信,以示尊重。

5. 会见或会谈的商定、通知

会见或会谈一般人数不多,其商定、通知的程序如下:

第一,如本方作为提出会见或会谈要求的一方时,应通过电话、电报、传真或直接派人面谈的形式,将要求会见人的姓名、本方出面会见的人员、会见的目的等告知对方,请对方在约定的时间内予以回复,并在可能的情况下进一步商定会见或会谈的时间。如果是他方要求与本方负责人会见,则本方负责联络的人员应及时将对方所表示出的会见或会谈的意向向本方主管作出报告,报告的内容包括:提出会见(会谈)方的基本情况,对方要求会见的本方人员;对方在会见中所关心的问题及希望通过会见(会谈)所达到的目的等。如本方主管同意会见,则可将初步决定的会见时间、地点、本方出席人及有关的事项通知对方。如对方提出会见的要求后，本方因故不能会见，应向对方讲明情况，并希望对方予以谅解，如果有可能，还可商量采取其他变通的办法。

第二，在同意会见之后，紧接着就是双方计划参加会见的人员分别就会见（会谈）中可能涉及的有关问题，本方对这些问题的基本立场和态度、谈话的基调、节奏的掌握和应变的措施等进行周密地商议，以保证在会见中，本方在表达意见时能够做到明确和得体。

四、会场布置

会场布置总的要求是庄重、美观、舒适。它们的具体要求则要根据会议的性质、规模、规格而定。

1. 内部会议的会场布置

内部会议，如经理例会、员工例会等，参加人数不多，且一般“三资”企业和涉外单位均设有专门的会议室，长期固定格局，秘书布置这类会场难度不大，通常只需要整理一番，放置妥花卉、茶具就可以了。

内部会议的会场，除了环绕四周设置一圈沙发的布局外，常见的还有：

圆桌式　主持人和与会者围桌而坐，能方便地交换意见，但容纳人数有限，一般以 10 人左右为宜，如图 35：

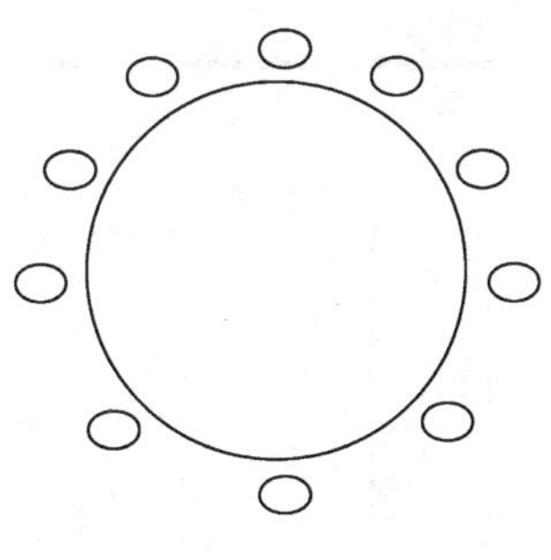

图 35

椭圆式　类似于圆桌，但容纳人数比圆桌多，一般适宜于 20 人左右的内部会议，如图 36：

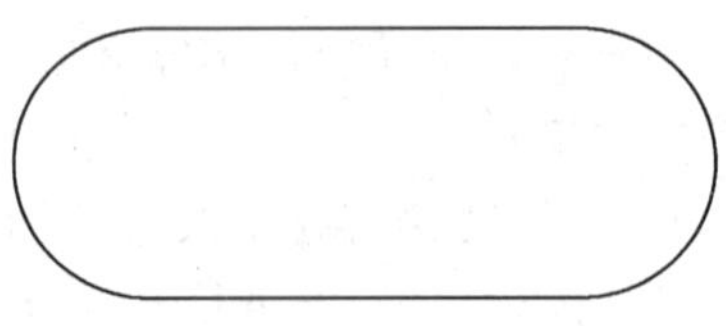

图 36

方桌式　主持人和与会者也能围桌而坐，交谈方便，适宜于10多人的内部会议，如图37：

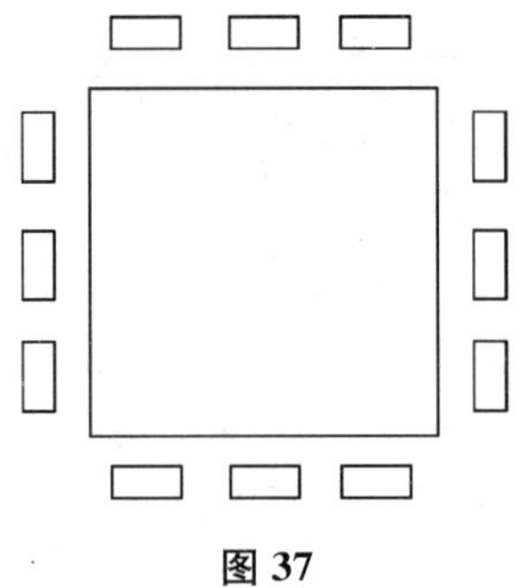

图 37

U字型　这种布局使与会者便于看到主持人和投影屏，适宜于举办需显示幻灯片、投影和录像片的会议，如研讨会等，如图38：

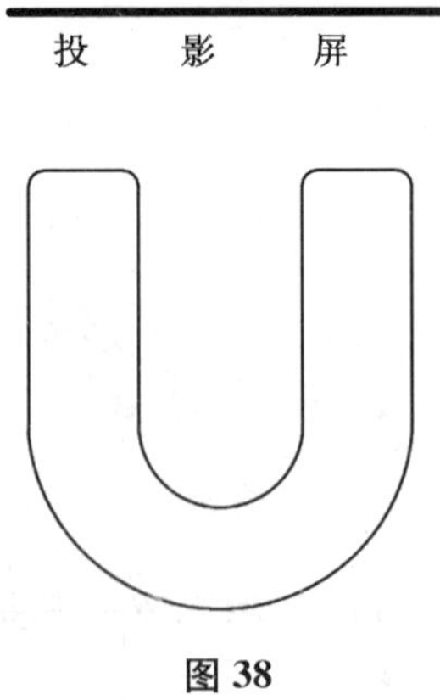

图 38

2. 会见或会谈的会场布置

会见或会谈的地点确定之后，要对会见或会谈的场所做好与会见或会谈相适应的布置。首先要安排足够的座位，并根据会见或会谈的性质、人数和主谈人的身份，对会见或会谈的坐席进行合理的布局。常见的格局有：

半月型　如与会者人数不多，双方人员均在沙发就座、不设会议桌，主方和客方人员各坐一侧，按照惯例，以主方和客方身份最高者就座的朝向而论，客方坐于右侧，主方坐于左侧，各依身份高低就座，译员和记录者坐于主人和主宾身后，如图 39：

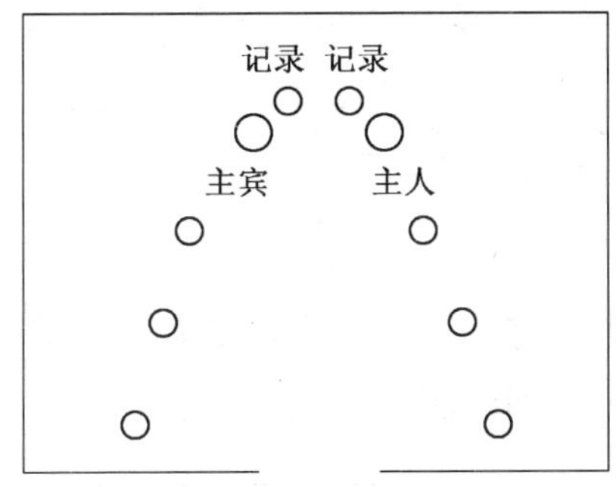

图 39

如与会人数较多，可在前排后面加第二排座位，如图 40：

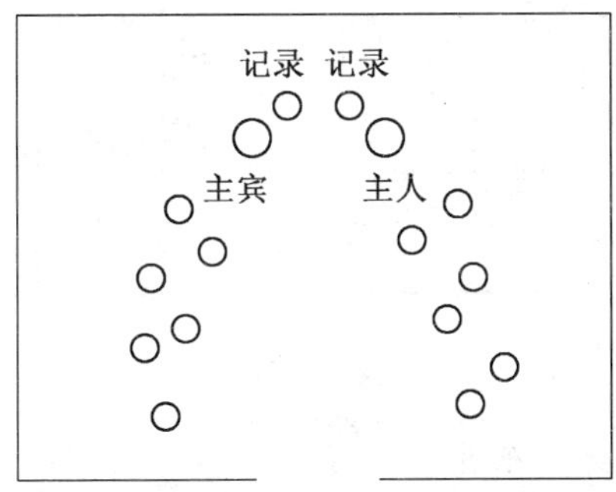

图 40

如双方关系良好，为了表示亲密，显示会见和会谈的融洽气氛，主客双方还可以交叉而坐，但两侧末端必须坐主方人员，以示尊重，如图 41：

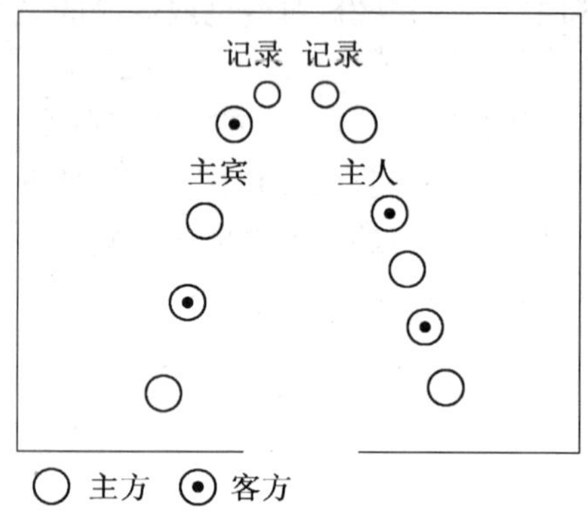

图 41

门字型　主方和客方最高身份者专坐上方，其余客方人员坐右边，主方人员坐左边，如图 42：

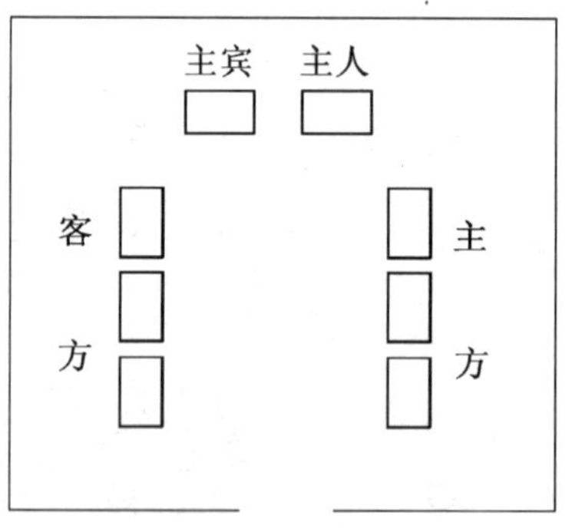

图 42

3. 大型会议会场布置

大型会议，包括内部员工大会和人数众多的外部会议，其布置要复杂于小型会议，一般采用教室式，其布置重点在主席台上。

主席台大多设于礼堂的台上，如是没有台的大厅，可以垫高后作为主席台。这类会议要有会标，有的还加上会徽、标语、旗帜。会标要挂在主席台正前上方，一般为红底黄字或红底白字，字体以美术字为好。主席台上根据人数多少放置桌椅，台前和会场四周可放置花卉，以调节会场气氛，给人以隆重、振奋的感觉。

在一些重要的内部会议和外部会议上，秘书要事先准备好座位卡（如双方使用的是不同语种，座位卡的两面应用不同的语种书写，以便双方识别），放置于各人座位前的桌面上，以便各人对号入座。

除此之外，各种会议应按要求，准备、检查妥灯光照明、摄影设备、麦克风等音响设备及录像、幻灯等投影设备和文具，并有专人负责。

会议准备工作中，还要安排妥当接待、交通、食宿、医疗和参观访问等事宜。

第三节　会间服务

内部会议规模小，时间短，一般进行几小时或一天，它的会间服务从开始至会议结束止。外部会议由于与会者是跨单位、跨地区、跨国别的，规模大，时间长，一般进行几天或几周，它的会间服务则应从迎接客人开始至会议结束止，较为全面，兹以此为对象，介绍会间服务的各项内容。

一、迎接客人

迎接外地、外国前来赴会的客人，包括接站、简介情况、签到、安排领导看望、编制到会者名册并分发等环节。

1. 接站

发出会议通知后，根据寄回的回执，掌握与会者的人数、身份、级别、性别、年龄、单位等背景资料，做到心中初步有数。要弄清楚与会者所乘飞机、车船班次、抵达日期和具体时间。然后，秘书人员须在与会者抵达之前赶到预定地点，切勿迟到，迟到是一种失礼的行为。如果秘书人员不认识与会者，应事先准备一块小牌子，标明接待单位和会议的名称，高举于醒目之处，客人找来后，应热情地招呼、寒暄，说些“一路辛苦了，欢迎！”之类的话，主动作自我介绍，并提取客人的行李，陪同客人至下榻处。

2. 简短介绍情况

秘书礼送来客进入下榻房间后，要简短地向客人介绍住处的服务设施，如用餐、洗澡、邮电通讯情况及作息时间，送上会议日程安排表，提供本地的一些地理、交通、气象等情况。秘书不宜逗留太久，以让客人及时梳洗、整理行李和休息。告别时要向客人交代清楚与自己联系的方法，如电话号码，到哪个房间找自己等。热情周到的接站，能使客人很快消除陌生感，产生宾至如归之感，对组织产生好感。

3. 签到

客人稍事休息后，秘书可上门或礼请客人至会议秘书处签到，也可以客人一到住处先签到再休息。签到的方法有如下两种：

第一，簿式签到。即请与会客人在秘书事先准备好的、印有单位、姓名、职务、职称、年龄、性别、联系地址、到会后所住房间号码、备注等栏目的签到簿一一填写清楚。

第二，秘书代签。即由秘书在与会人员初步名单上打“√”或画圈，表示已到会。这一方法适用于小型会议。它要求秘书事先已认识全部或大部分与会者，对个别不认识的可以有礼貌地问明。签到后即可将准备好的资料袋分发给与会者。

4. 安排领导看望

来客签到、登记后，秘书应迅速作出统计，并向领导汇报，简要介绍来者的情况，并安排适当的时间，请领导去看望客人，以示欢迎。

5. 编发名册

根据签到的资料，秘书在会议开始前夕，将实际到会人员编制成表或册，印制后，一一分发给与会者，作为相互认识、联系的材料。

名册要包括与会者的姓名、性别、年龄、单位、职务、职称、单位地址、邮编、电话号码、会间住所房间号等。

格式如下：

××会议名册

姓名	性别	年龄	单　位	职务职称	单位地址	邮编	电话号码	房间号

二、会场签到

会议正式开始，与会者进入会场要再次签到，以便正确统计出与会人数，在决定某项议题是否能表决的会议中，会场签到关系着法定人数是否达到，因此，这一环节必须注意。会场签到目前在大中型会议中一般采用证件签到法，即在客人到会签到登记后，秘书就应发给客人一张印有会议名称、日期、编号(有的还有座次号)和签上客人姓名的签到证，客人入会场时，将此证交给秘书，秘书即在签到表上画圈或打“√ ”，表示到会。

有条件的组织还可以采用电子自动签到机签到，即与会者入场时，只需将特制的签到卡塞入签到机，两秒钟内即可完成签到手续，并即刻将签到卡退回本人。与会者入场完毕，签到机能准确、迅速地统计出到会人数，并当即打印出来。

三、合影

会议在开幕式后，会见、会谈在见面后或交谈结束后要合影，既作留念，也作为档案保存。举办会议单位的秘书要事先安排好摄影人员。如与会人数多，还要准备立架。合影时，由主人居中，主宾位于主人右边，第二位宾客位于主人左边，其他主方和客方人员可相间排列，一排排不下，可站立多排，但不管排几排，每排两端者应是主方人员，如图 43：

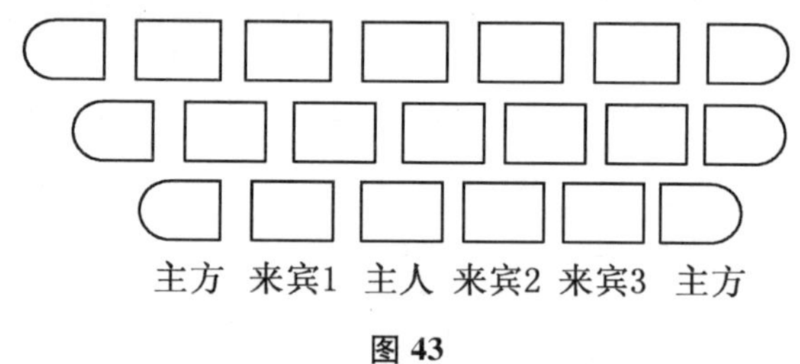

图 43

四、会议记录

会议记录是会议情况的真实反映，也是落实会议议题的依据。它包括两部分内容：(1)会议组织情况，写明会议名称、时间、地点、出席者、缺席者、列席者、主持人姓名与职务。这些项目要在会议主持人发言之前写好。(2)会议内容，要把会议议题、讨论发言、形成的决议及主持人总结性发言记录下来。

会议记录的方法有两种：一种是摘要记录，适用于一般会议通用的记录要求，不必有言必录，而只记发言要点、结论和会议讨论的问题、通过的决定等。另一种是详细记录，要求有言必录，不能只记结论，尽量记录原话，不改变原意。多用于业务谈判及高层会议。

摘要记录的关键在于迅速分析发言的内容，把握整体、突出重点、取舍得当、适当归纳，不要歪曲发言者的原意，不可遗漏发言者的主要观点。

作详细记录，要求秘书认真倾听，精力集中，掌握速记技巧，不放过发言者的每一句话，可采用二人记录或录音记录，会后对比核校，综合整理，修订出最终的会议记录。会议结束后，秘书要全面检查记录，及时补写错字、漏字、字迹不清的地方。对会上未弄清或发言人表达不清的地方，及时找有关人员核对。

秘书对记录的内容负有责任，在会议记录的最后要署上自己的姓名，并且要遵守公司的保密规定，不得泄露会议内容。会议记录要妥善保管，不得外传或遗失，并使用专用记录本，按规定时间归档。

1. 笔录技巧

一般的会议记录将摘要记录与详细记录结合起来，该摘要的就简明扼要，该详细的就事无巨细。那么怎样才能作好会议记录呢？

会前研究类似会议的会议记录，熟悉所使用的格式，并预想你要写的会议记录应包括哪些内容。

秘书应坐在大会主席附近，以便能顺利记录。

请大会主席核对全部供会议代表阅读或讨论的材料。这些材料是会议记录的一部分并应附在会议记录上。不要等到会议结束后才收集它们。

如果没有用录音机作现场录音，秘书则要和会议主席商定好一个信号，诸如略微抬起你的手，使他知道你正在逐字逐句地详细记录，以便得到他的帮助。

需要修改记录时，用钢笔在你的记录上修改。如果修改的句子不长，在删去的词语上画删除线，并写上替换或加进的词语。同时，在你的笔记本上注上会议记录已经修改的备注，为正在举行的会议作记录时，必须要采取上述措施。如果删除的内容太长或很复杂，则在你的会议记录上把所有要删除的词语画上删除线，或将这个段落画叉删掉，并在你的笔记本上逐字写出需要替换的词句以及需要插入词句的地方。

在你的笔记里注明提出动议的代表姓名。

准确地记下任何要求将他们的观点写入会议记录的代表的发言。

一项主要动议通过后，随之而来的是非正式讨论，主要围绕着措施的执行以及有关负责人、时间、如何实施等细节问题展开。记录所提出的每项建议的详细内容。通过后，在每一个细节旁写上诸如“同意”或“通过”等词语。

记录下次会议的地点、日期、时间。

记下休会时间。

休会后，立即核实有疑问的地方。或许你需要问清某人的职务，产品名称、地名、你不熟悉的技术条款及任何为完成记录所需要的细小细节。

2. 录音记录

使用录音机可以将整个会议内容逐字记录下来，用于以下目的：(1)准备完整的直译译文；(2)帮助秘书完成会议记录；(3)记录对有争议议题的现场讨论情形。记录时秘书必须负责操作录音机。专业录音使用盒式磁带录音机，而一般会议使用袖珍录音机就可以了。录音带的时间长度有多种，一般来讲，选用60分钟高密度盒带将减少出现问题的几率。60分钟的盒式带单向工作三十分钟。你只需将盒带取出，翻转并重新插入带舱即可。目前，高级录音机已具有自动翻面功能，使录音效率进一步提高。

磁带转动时，你就可以知道录音机正在工作。不过要想知道是否把声音录上则要监听录音，并观察录音频率指针或指示灯，然后把录音频率确定在录音效果最佳的区域。如果录音频率显示太低，则有些词语听不见；太高，则出现失真。作会议现场录音时，必须注意那些没有被录进的地方，并要作必要的笔录。例如：自由辩论时，未必所有发言人都报出姓名，集体讨论也不会由一个人发言，中间经常被其他发言者打断，因此，要用笔录对会议录音进行适当的补充。

在笔记本上记下会议的时间、日期、地点、出席情况以及有关会议记录更改和补充的情况，发言人的姓名，正在讨论的材料的名称、段落和页数，负责会后落实工作的人员姓名，休会时间，及其他任何有助于你整理会议记录的内容。如果你在笔记本上记载了每次提出的动议内容，你就可以在听录音时很快地组织整理出会议记录。

根据公司保留现场录音磁带的规定，每盒音带应当保存到会议记录通过的时候，遇到有争议的或有可能成为有争议的议题时，现场录音带保留要长久一些，有些公司永久保留现场录音。总之，在上司同意你抹掉录音之前，你要将会议录音保存好。

每盒录音带要注明录音的时间和内容并放置在磁带储存盒内，存放在人们无法无意中拿到的地方，因为如果有人把有会议录音的磁带拿去录音的话，则在录音的同时，将原来的会议录音抹去了。盒式带具有防抹保险功能，在带盒的底部有两个极易抠掉的防抹片。去掉防抹片，即使磁带放在录音机的带舱内，也无法按下录音键。如果你想用去掉了防抹片的录音带录音时，只需在原来装有防抹片的地方贴上胶带即可。

五、编写会议简报

会议简报是反映会议进程、动态和主要问题的简要报道。它有两方面作用：第一，帮助上司掌握会议全局和主要信息，以便他主持会议，引导会议健康进行；第二，让与会者及时了解会议进程、全貌，有利于沟通信息，开好会议。会议简报适用于人数多、时间较长的大型会议。

1. 会议简报的写法

会议简报是在会议记录的基础上写成的，它有如下写法：

摘要式　即摘要大会或分组小会的发言情况。

概括式　即秘书根据自己的理解、分析综合，概括地介绍讨论情况。

重点式　即将一个或几个与会者、小组的发言编成一期，这些发言应当具有代表性、典型性，或对与会人员有启示作用的。

综合式　即除了选用与会者发言外，还可以加上未与会者的书面发言，对会议的贺信贺电，上级对开好会议的指示，会间轶事、花絮等。

2. 会议简报的格式

会议简报分报头、正文、结尾三部分。

报头位于简报第一页上方，占全页三分之一位置，内容包括：

简报名称，如《×××会议简报》，位于中央，字体大而醒目，一般套红。

简报期数，位于简报名称正下方。

编印单位，位于期数正下方。

编印日期，位于期数右下方。

报头下画一条粗横线，与下面的正文分开。

正文列有标题，每期可刊登数篇短文，也可只选一则消息、发言。

报尾　正文结束后，靠底部画两条横线，两线中间写明发送单位和印发份数。试见下例：

×××会议简报

第×期

×××会议秘书处编　　　　　　　　　　年　　月　　日

×××××××××

………

送：

发：　　　　　　　　　　　　　　　　　　［共印　　份］

---

3. 会议简报写作注意事项

会议简报要能起到及时反映会议进程、交流信息的作用，写作时要注意如下问题：

第一，真实。即编写的内容务必可靠、准确，对发言人姓名，其中数字、事实要核对清楚，避免差错。

第二，简洁。即编写要简明扼要，选择材料要围绕会议主题，文字简洁，文风朴实，行文要言不烦，一份简报以千字左右为宜，简报要简。

第三，迅速。即编印要及时，上午的会议，下午即编出简报，下午的会议，晚上即出简报，在快字上下功夫。

六、生活服务

会议期间，秘书要关心、安排好与会者的住宿、改进膳食，组织好业余文娱活动和参观及保健事宜。为此，秘书经精心编排，并征得主管上司批准后，可向具体承担各项服务的部门提前下达《会议安排清单》。在各种宾馆、饭店之内，具体服务的部门就必须忠实地执行。因此，清楚准确地填写《会议安排清单》，是与会人员能够享受到准确无误的服务的重要保证，见下表：

会议安排清单

送交：后勤处负责人　　会议名称：××××××会议

来自：××××××（秘书处）　会议日期：2000年10月18日至21日

会议地点：××××宾馆

日期	时间	会议室	活动名称	室内布置	人数	菜单/助听设备
10·19	上午9:00～12:00	第一会议室	销售安全会议	安排U形座位	30	一架讲稿架一台高架放映机
	10:30～10:45	休息室	休息	自助餐桌	30	咖啡、饮料
	12:15～1:15	餐厅	午餐	桌子5张	30	法国套餐
	下午1:30～4:30	第一会议室	售货训练	桌子6张	30	同9时～12时
	3:00～3:15	休息室	休息	自助餐桌	30	咖啡、饮料

5:30～6:30	餐　厅	晚餐	30	中式套餐
晚上 8:00～9:30	六楼舞厅	舞会	30	饮料、口香糖

在有些会议活动中，有些与会人员的夫人（或其他随员）也陪同前来参加会议，这样，在会议期间，会议主办者也应为她们安排一些活动（如观光、游览或有关的社交活动）。最好印制一本介绍这些活动和观光点的小册子发给那些夫人，如有必要，还可成立一个女士接待组，并组织一些熟悉该城市的女服务生，以尽量使这些夫人感受到更多、更有趣的东西，使她们玩得开心，并以好情绪去影响她们的丈夫。

由于我国交通现状的原因，会间，秘书要为外地或国外与会者预订车、船、机票，以便他们能顺利返程。

第四节　会后服务

会后的秘书工作是体现会议成果，安排与会者返程，为执行会议决策提供依据、备忘，并予以落实措施的阶段。它的主要事务包括撰写会议纪要、清理会议文件、送别与会人员、落实执行会议决策等项。

一、撰写会议纪要

会议纪要是扼要记述会议情况，重点阐述会议精神、主要议程和决定事项的文件。

1. 会议纪要的作用

会议纪要的作用有如下几方面：

第一，向所属单位传达、贯彻会议精神，指导工作；

第二，要求与会单位或人员共同遵守、执行会议商定的决议；

第三，向上级报告会议情况；

第四，用于报道、传播。

2. 会议纪要的格式

会议纪要通常有两种写法：

第一种，以记述会议议程为主，综合反映会议基本精神，传达会议决定事项。

第二种，以与会者的发言要点为主，将类似的言论归纳成类，以此反映出会议的基本精神。

这两种写法的格式基本一致，全篇会议纪要都可以分成三部分：

第一部分是开头，主要介绍会议概况，要写出参加会议的单位、人员、时间、地点、会议宗旨、讨论的主题、主持人的姓名和职务。

第二部分是正文，它是全文的核心，应将会议讨论了哪些问题，解决了哪些问题，形成了什么决议，理由何在，还存在哪些问题以及努力方向分条阐述清楚。

第三部分是结尾，着重写一些贯彻会议精神的措施、要求，一般可用主持人或与会上司的讲话内容来结束全文。

3. 撰写会议纪要的技巧

会议纪要有时在会议将近结束时即需写成，以便在最后向全体与会者宣读，并通过。但是，多数是在会议结束后才撰写。

会议纪要大多数由秘书撰写，有时也由上司口授，秘书录写。为了保证会议纪要的质量和尽快完稿，秘书要掌握如下技巧：

第一，要整理好会议记录。会议记录是撰写会议纪要的基本材料。如果秘书参加了会议，并担任记录，事后要仔细整理，力求内容详尽，能客观地反映出会议的全部情况。

如果秘书未参加会议，上司会将他作的记录交给你，作为材料，这时，你应当仔细阅读，如有不清楚的地方，要向上问清，补充进去，询问上司最好在会议结束不久，上司对会议印象尚深刻之时。

如果对会议作了现场录音，你要认真收听并作简要的笔记。在听录音写会议记录时，不要因拘泥于个别字、句的精确而浪费时间。

会议进展顺利的时候，可以听完一部分，写出该部分的会议记录，然后再听下一个部分，再做下部分的记录，直至听完记完。当记录难以跟上录音的速度或难以听清录音内容时，在完整地收听录音的同时作出记录。然后分段重复收听录音机以核对你记录的内容。

使用耳机收听会议录音可以避免整个办公室听到放音，单、双耳机都可使用，单耳机可以双耳调换，其优点在于未戴耳机的耳朵可以听到周围的声音。

会议记录整理完后，就可以参照其他会议资料撰写纪要了。

第二，列好标题。会议纪要的大标题要与内容完全贴切，并用大写字母打出，有时还可以使用副标题。如不用副标题，在外资企业中，常在大标题下两行的地方打出会议日期作为副标题。要使读者一眼能够看出日期而无需在文中第一段里寻找。在每一页上都要重复标出日期。

文中的单项议题，一般都列出小标题，以便于阅读者查找。

第三，罗列各份报告。在纪要中按照报告提交顺序列出会议中作出的全部报告及其内容。会议成员通常要求通过他的报告，该举动亦应记入会议纪要。

会议上散发的每份报告都要成为记录的一部分，并在会议纪要的相应章节中提及。所有会议上宣读的报告内容要逐字打出，把它们作为引用的材料，左起文字向右缩进五个字母的空间，该格式就可以反映引用材料的原文形式。如果某报告读起来很长，可将其复印，即拷贝散发。如果发言人没有为出席会议的成员提供拷贝的话，至少应向大会秘书递交一份。如果他没有这样做，则要向他索要。

第四，反映出各项动议。会议纪要中要写入所有会上书面提交或形成决议的动议，未形成决议的动议要写明被搁置的原因。

各项动议要按照它们提交的先后顺序来写，开头语常用："×××提出并经×××支持的决议，内容是……"

会议纪要中要写清修正动议的背景。首先，要陈述动议内容，提议人及支持者姓名，其次，按其提出顺序逐条讨论其修正案。逐句陈述每项修正案，修正案提议者和支持者的姓名，以及投票赞成与反对的情况。如果所有修正案均遭否决，并按原动议肯定要在会议纪要中再次重述，因此在修改时，需要经过投票，故要逐字陈述动议修正内容，并说明最终采用了哪些，否决了哪些，以及投票赞成与反对的结果。

如果讨论了要采取行动的实施方案，则要在陈述完行动内容后，写出实施方案细则，并注明责任人、时间、地点，以及相应的措施。

第五，打印和签字。会议纪要的草稿拟就后，要打印，如果是使用英文，应运用过去时态，打印时每行之间留出二至三行行距，然后送交上司批阅，并根据上司的指示予以修改，最后打印成文，打印时宜用单行行距或双行行距，以节省纸张、存档空间和邮资。

将要宣读的会议纪要交由秘书长签字。需要散发的话由大会主席和秘书长共同签署。如果会议设有联络秘书与记录秘书，则由后者负责会议记录。当一个秘书肩负上述双重责任时，所用名衔应为秘书长。

第六，存档和编排索引。会议纪要写成后，要按编年体方式存档，其中涉及的附件也要按它们在纪要中出现的先后次序排列存档。

“三资”企业和涉外单位会议纪要日积月累，需要编排索引。由于会后可能要经常查用会议记录，所以，索引最好按会议各项决议的标题进行排列。如果已建有索引系统，每次进行索引排列时，要保证该索引的编排是最新的。以前没有索引的题目要使用新卡片建立索引。

首张索引卡片使用没有格式化的卡片。其后就会议纪要所涉及的每项议题分别建卡，并按议题标题的字母顺序编排索引卡。索引顺序按会议日期由近向远排列，可以用会议纪要中的副标题和小标题作为索引卡的议题标题。

会议纪要索引应永久保存，当把会议纪要移交给一位新手时，也要把纪要索引一并移交。

二、善后工作

1. 清理文件

有些在会议期间散发的文件资料，根据保密规则，只限于在会间使用，会议结束时，秘书要一一收回。

会议过程中形成的一整套文件，包括通知、上司的报告、各项动议、决议、简报、报刊上对它的有关报道等，秘书都要收集齐全，整理后归档。

2. 送别与会者

凡外部会议，会议结束前后，秘书要将返程车、船、机票及时送给各与会者，并按照前述接待礼节将与会者一一送至车站、码头或机场，向他们告别。

3. 总结和报道

会议结束后，如果必要，秘书还须以小组会等形式，总结经验，以利于今后将这类会议办得更好。

对一些影响大的会议，秘书事先要邀请新闻记者到场采访，或会后由秘书起草新闻稿，经上司审阅后，送交报社、电台、电视台等新闻媒介单位报道，以扩大影响。

第十章 文件处理和档案管理

涉外机构每天都在产生文件，需要秘书处理，文件处理完后，将其中有利用和参考价值的保存起来，就转化为档案。所以，文件是档案的前身，档案是文件的归宿。文件处理和档案管理的知识和技能是涉外秘书必须掌握的。

第一节 涉外机构文件工作概述

一、*涉外机构文件的涵义*

涉外文件是涉外机构活动中形成和使用，用于及时处理涉外事务中发生的各种业务关系的文件材料。可以从广义和狭义两方面来理解。

从广义理解，文件也被称为资料（Documentation），指单位和个人在其为公司利益而工作或活动的过程中，为了记载或解决问题而专门产生或收集的各种文献材料。包括参考性资料和记录性资料。

参考性资料（Informational Materials）是指单位或个人为公司各项工作和活动作参考而搜集的各种资料。通常通过订购、交换、赠予和复制等途径获得。

从狭义理解，记录性资料（Records）即文件，指单位和个人为进行公司各项工作和活动，根据合同、协议或工作指令而专门产生的各种资料，不论其形式和载体，诸如通用文件，专用文件中的财会报表凭证、人事资料、工程设计资料、施工记录、竣工记录和生产记录等。

它们都具有现行价值，是当前各项工作和活动的依据或记录。

本章主要涉及狭义的文件，而且以通用文件为主要对象。

涉外文件是实现管理职能的必要条件，是联系上下左右的纽带，是管理活动的依据和凭证。

二、涉外机构文件处理的涵义

涉外机构文件处理工作，指涉外机构对文件的撰制、传递处理和管理，使文件得以形成并产生实际效用的全部活动，是涉外机构实现其职能的重要形式。

因为我国对外开放的重点始终是经济领域，在加入 WTO 以后更是如此，所以涉外事务管理的主要载体是经济类社会组织，而其中以企业（工厂、商店、宾馆酒店、银行等）数量最多，分布最广，资金最雄厚，渗透力最强。由于文件的广泛利用是现代信息社会的特征，一个机构的管理效率可以通过其文件管理效率即文件处理工作情况加以衡量。文件管理的每一步改善，都对机构职能的运行产生影响；所有涉外机构的人员，从最高层到普通员工，都同文件管理有着直接的利害关系，所以文件的有效管理对于涉外机构的工作和活动有着重要意义。鉴于上述原因，我们将重点探讨涉外企业的文件处理和档案管理，兼顾其他。涉外企业的文件处理的具体任务为：

（1）制发文件（草拟、会商、审核、签发、复核、缮印、用印或签署）。

（2）传递文件（按文件性质与时限要求按多种方式传递给收文者）。

（3）办理文件（对收文予以执行、办理或撰拟新的文件作出答复、批转或转发的处理、处置办毕文件）。

（4）管理文件（指对文件的平时分类保管和提供查阅）。

（5）对文件拟制办理的组织管理与监督控制。

第二节　涉外机构文件处理程序

一、收文处理程序

收文处理程序指对收到文件的办理过程，是涉外机构履行其法定职能，使文件产生实际效用的过程。其基本流程：[签收]——[收文登记]——[收文审核]——[分办]——[拟办]——[批办]——[承办(组织传阅)]——[催办]——[注办]等

1. 签收

即涉外机构专兼职文秘人员或指定的专门人员在履行规定手续后，分别通过专门渠道收取外单位发来文件的活动。签收是文件进入涉外机构内运转的入口，事关文件是否能够迅速进入并及时生效。

收文渠道包括：专人传递，邮局投递，涉外机构自身的通讯设备(电话、电传、传真、计算机网络)。

签收方式有两种：一是核查投递单或送文登记簿登录的内容是否属实无误，并在相应栏目内签署收件人姓名或盖收件人的专用章及日期，快件与急件要注明收文确切时间；二是出具收条。

2. 收文登记

是对收文完整数据进行登录的活动。包括外收文登记、启封和内收发登记等环节。严格的登记制度，一方面有利于管理者掌握文件运转的原始情况，为查阅、催办、交接、统计文件提供线索和凭证；另一方面，有利于明确责任。

(1) 外收文登记。指外收发人员在完成签收后对收文情况做简要记载的活动。

(2) 启封。亦称拆封，指由文秘部门或专兼职文件人员按规定将收文统一拆阅的活动。

(3) 内收文登记。即由专兼职文秘人员对启封后的收文情况进

行详细记载的活动。登记项目包括收到日期、发出日期、收到时间、发文单位(人)、收件部门(人)、来件种类(标题)、密级、份数、承办单位和分送范围等。登记的主要形式有簿册式以及电脑登录等。

3. 收文审核

即对不同方向的来文,尤其是需要答复办理的文件进行认真检查核实。收文中有不符合有关规定和规范的文件,势必直接影响文件办理效率和质量以及文件现行效用的顺利实现。

确定收文审核的重点。对下级上报的办件,主要检查是否属于本单位职权范围内应处理的文件;内容是否符合法律法规及其他有关规定,是否与上报单位的职权范围相符合;是否符合行文规则;涉及其他部门或职权范围的事项是否已协商会签;文种使用、文件格式、文件内容表达等是否规范等。对上级、平行或不相隶属单位来文:主要检查来文内容是否属于本机关职权范围内应办理的文件。

4. 分办

亦称分发,即文件部门(人员)对收文筛选分类后,根据规定和常规,将文件分送各有关部门或人员阅知办理。准确分办,一是确定文件运转方向(呈交上司或是分转其他部门或人员);二是具体规定每份文件的运行过程。对文件运转秩序能够起到控制作用。操作要领:

(1) 确定分办依据。应主要依据文件性质、重要程度、涉密程度、紧急程度、内容所涉及的职责范围、各职能部门或上司的职责分工及其他人员分工、有关办文办事的程序、规定或惯例进行。分办依据的多样化不便于掌握,缺乏可操作性,因此各机构有必要使分办依据高度明晰化,使分办真正有规可循。

(2) 区分轻重缓急。即应分清主件与次件、急件与平件、阅件与办件,其原则是优先处理主要的、重要的、紧急的、需要直接办理的文件,如电报、急件、挂号信或专递文件,将这些文件置于其他文件前面处理。最重要件放在最上面。

(3) 分办程序。涉外机构应总结本机构文件的分办规律,使之程序化和规范化，保证分办迅速准确。具体分工是："亲启件"径送领导人本人；责任分工明确的业务性文件径送各业务部门；综合性文件径送综合办公部门；回复性文件径送原承办部门或主办人员；已注明具体阅知对象和要求的阅件，直接组织传阅；不能或不便直接确定分送对象的、重要的、非常规性的以及综合性强、内容涉及多部门的业务文件，应直接呈上司或综合办公部门负责人批办或拟办，再据此分送。文件内容涉及几个部门，可将有关部门列表附于文上，送各部门传阅，或由持有文件原件的主办部门将主要问题转告其他有关部门处理；或复印若干副本分发各有关部门同时处理。

5. 拟办

拟办又称"办文预案"，即由综合办公部门、业务部门负责人、秘书对收文提出请示性、建议性处理意见，呈交上司决策审批时参考选择。拟办意见，如切实可行，可为上司节省时间和精力，起到辅助决策和参谋助手的作用。在实际工作中，上司一般比较重视拟办意见，多数是同意的，因此拟办应十分慎重。并非所有文件都需要拟办，拟办范围一是上司明确指示代其提供决策方案（初步处置意见）的文件；二是涉及问题应由上司处理，而自己对它较熟悉且具有发言权的文件等。

拟办意见要准确具体，所提预案应提出解决问题的方法措施、理由依据、承办部门（人员）及时限等；如有两种以上方案，应一并提出，突出自己倾向性意见及理由；对难以提出具体拟办意见的可当面向上司汇报。

6. 批办

即上司或部门负责人对需要办理文件的处理，给有关承办部门或承办人批示意见。一般是通过对拟办意见的审阅、认可和修正而完成。操作要领：

（1）控制批办范围。一是无既定办理方案的业务性文件；二是确需上司行使决断权、处置权的重要文件和非常规性文件。

（2）明确批办意见。批办意见应明确表达领导意图，切实可行，应明确承办原则、要求、程序和方法，尤其是对需要贯彻执行的上级文件和需要答复办理的办件，要提出贯彻执行的具体措施或思路，承办部门、办理要求和时限。

7. 承办

即通过对文件的阅读、贯彻执行与办理（回复），具体办理和解决其内容所针对的事务和问题。承办关系着发文质量和文件处理效率，是文件处理工作的中心环节和核心部分。操作要领：

（1）根据不同内容和批办要求选择以下三种承办方式

一是领导明确批示要办公室自办的由该部门直接承担办理。其中不需要回复的文件，承办方式包括：发文贯彻、开会传达、当面协商、电话联系、实地调研、现场办公、督促检查等。需回复文件采用发文回复（涉及重要决策、人事任免、案件处理等，一律用书面形式批转或批复、函复，以便有据可查）；原件批回（属于征求意见或一般工作请示可在原件上批注领导机关审批意见，并复印后盖章发出，原件存档）；电话答复。

二是上司批示不再办理的文件，由文秘部门注明办结情况，作为办毕文件处置。

三是需要有关部门办理的，要及时转出，转分为原文附转办意见转出、面告转办、电话转办。办公室可以在标准型自动粘贴、可移动的提示条或机构自行设计的文件处理单上印出处理意见：

（　　）为你提供信息。

（　　）要你采取措施。

（　　）征求你的意见。

（　　）阅后请交回。

……

（2）承办工作应注意的问题

按照承办原则办理。即批办过的按批办意见办理；毋须批办直接承办的公文应遵循有关法规、惯例、领导口头指示等酌情办理；需要会商的文件，主办部门应主动与各方协商、会签，协办部门和单位应积极配合办理。

合理安排承办次序。急件和请示性文件应按规定的时限办理；区别文件的主次缓急，坚持先主后次、先急后缓、急文急办、特事特办；对承办文件分类排列，分设“急要件待办”、“一般件待办”、“办结”等文件夹，来文随到随归并按时检查，以免积压延误。在征询上司意见取得同意后，可以使用不同颜色文件夹存放不同类别文件以方便分类处理。

8．组织传阅

即由办公室及专（兼）职文秘人员将文件在多部门或多位上司之间传递，使之得到迅速有效处理。当文件较少又不便复印的情况下，可采用传阅形式，使文件最大限度地发挥作用。操作要领：

（1）传阅文件分为阅件和办件。阅件的传阅，仅要求阅文者了解、知悉文件内容；办件的传阅亦称传批、阅批，要求阅文者批阅指示性意见。

（2）传阅应以秘书为中心点。除少数急件外，一般阅件应由秘书依次在阅文对象之间传递，避免因阅文者自行“横传”而发生文件失控、丢失、积压、泄密现象。

（3）合理规划传阅顺序。常见顺序是：一般文件本着“有关者必阅，无关者不阅”原则，按照参办者先阅，知晓者后阅的顺序；紧急文件、专递文件、参考性文件和需分管领导直接阅处的事项，需分清主次缓急，急用者先阅。

传阅方式，一是同时传阅，适于内容重要、时限性强、保密要求不高、阅文范围较广的文件，可采用公布栏公布，应用传真机、本单位局域网络等同步传阅，会议传达，复印副本传阅等方式；二是随时传阅，适于急件要件密件，可专人送阅，以保密；三是循序传阅，适于决定贯彻、组织落实、答复承办的文件，这是最常用、最基本的传阅方式。

阅文者不能将传阅文件随意滞留；阅后应在传阅单上有关栏目签上姓名和日期。

9．催办

即根据承办时限和内容要求对部分文件的承办情况进行督促检

查，以防积压。

催办分为：对内催办，是对收文的催办，即由秘书对各承办部门（人员）文件办理情况的督促检查；对外催办，是对发文的催办，即由秘书对于所发文件在收文单位的办理情况进行了解、催询和督促检查。

催办要突出重点，一般情况下，催办范围主要限于有承办时限规定的文件。如请示性文件、上级或本机构领导交办的或需要办复的文件、同级或不相隶属机关要求答复或办理的文件、会议决议中需要办理落实的公务文件以及重要事故、事件、人物等专案的处理等。

催办方式有电话催办、文字催办、登门催办、会议催办、领导亲自催办、建立催办登记报告制度、内部公布催办情况等。

10. 注办

即由承办人在办理完毕的文件上或文件处理签的“办理结果”栏中简要注明办理经过和办理结果以备忘待查。注办有利于避免办文的责任不清和结果不明，标志着收文程序的结束，注办后收文即归入办毕文件。

二、发文处理的具体操作

发文处理是文件形成的重要阶段，指涉外机构为制发文件所进行的创制、处置和管理活动。

其基本流程包括[撰拟文稿]——[会商]——[审核]——[签发]——[复核]——[缮印]——[用印(签署)]——[发文登记]——[对外发出]等。

1. 撰拟文稿

即撰写文件文稿的活动。

2. 会商

即撰拟文过程中，对涉及其他机构（部门）的职权范围的事项，主办部门需要得其同意和配合时所进行的协商活动。行文要协商一致，以免出现“文件打架”，削弱文件权威和效力的现象。会商方式有：书面协商，即将印好的文件草稿清样送交有关部门，就其中涉及该部门工作的问题征求意见，力求统一；电话协商，适用于对简单的、紧急的问题的协商；会面协商，即发文机关主动到有关部门或把协商对象请到本单位征求意见，或召开有关部门人员参加的协商会，进行讨论。如果各方未能就有关问题协商一致，应将各自方案向上级机构反映请求裁决，未获准许不得按自己意见单独向外行文。

3. 审核

亦称核稿，指文件草稿呈上司签发之前应由综合办公部门或秘书对文稿所进行的全面审查与修正的活动。一般是以什么名义对外行文就由什么部门核稿。核稿为上司审阅批改文件奠定基础，以节约其时间和精力。审核内容应把好“三关”，即：

行文关：行文是否确有必要，发文规格、行文方式是否妥当。

内容关：内容是否符合法律、法规及上级机构的指示精神，是否完整、准确地体现发文机构的意图，涉及有关部门业务的事项是否经过协调并取得一致意见；所提措施和办法是否切实可行；是否符合行文规则和拟制公文的有关规定。

形式关：报批程序及公文格式等是否符合规范，包括文件草稿中的人名、地名、时间、数字、引文、文字表述、密级、印发传达范围、主题词是否准确、恰当，标点符号、计量单位、数字用法及文种使用、格式是否符合有关规范。

4. 签发

即由上司对发文稿批注核准意见并签署姓名及日期。是公务文件法定的生效程序，也是发文的决策程序。文件草稿一经签发即成定稿，具备正式文件效力，成为缮印复制文件的标准稿本。操作要领：

(1) 分清签发类型。正签指签发人在自身法定职权范围内签发文件；代签指根据授权代他人签发文件；加签或核签，指部门或下级单位的重要发文请上级机关领导人签发；(为避免各位上司签发意见不一致，应尽量减少核签)草签指草案、代拟稿的签发；会签指联合行文的各机构负责人共同签发，或指由一个部门起草，内容涉及其他单位部门的文稿，送到有关部门去协商、签批意见；会签是为了取得文稿内容涉及的各方的一致意见，避免出现矛盾；应由主办方先签，之前应组织好会商、会稿和协调工作。

(2) 签发权限。签发不能越权，各涉外机构应根据机构内各层级负责人的权限范围明确规定其签发权限，建立起分层签发制。即以涉外机构名义发出的文件由机构领导人签发，其中内容重要或涉及面广的文件由正职或主持日常工作的副职签发，部分文件可授权综合办公部门负责人代签；以内设机构名义的非正式发文可由该内设机构负责人签发，其中重要文件可请单位有关领导人核签；会议纪要由主持人签发；联合行文各方签发人应该是级别对等的负责人。

签发要遵循“先核后签”原则，既为确保文件有效，一般应先核稿，后签发，签发后的定稿未经原签发人同意，一般不能再改动。

签发位置应在“发文稿纸”相应栏目内，批注同意发出的意见(如“发”、“急发”、“经×××、×××……阅后发”等)并签上签发人姓名和日期。

(3) 注发。即在定稿形成后批注制发要求的活动。

5. 复核。即文稿经领导人签发后、缮印前，对文稿各方面作全面系统的复查。

6. 缮印。即文稿的缮写与印刷。

7. 用印或签署。用印即在文件上加盖发文机构印章证实其法定效力的活动。签署即由签发文件的领导人在文件正本落款处签署其职务、姓名以证实其法定效力的活动。二者均为文件法定的生效标志。用印要求一是原则上应与发文名义相符合；必要时可为下级单位或临时机构的文件代章；除会议纪要以及签署生效的文件外，涉外机构的正式文件一般要用印才能生效。二是印章须由专人保管，用印前应履行批准签发和登记手续。

签署一般适用于以机构负责人法定代表人名义的行文，在涉外机构由于以领导人个人名义行文多于以机构名义行文，故以签署作为生效标识的文件居多。签署权一般由正职负责人专有，副职不必联署。

8. 发文登记

即按照拟定的发文范围，对发文逐份登记，填写《发文登记簿》，用于发文机关留底备查。发文登记的项目包括：发文编号、发文日期、发往机关、文件标题、份数、密级等。

登记完毕即可将发文装入封套；填写发送地址和收文机构、回执单（部分文件需要）；检查核对；封口。密件、急件应与平件分装，并在封套上加盖有关标记和加保密封条。

当前在一些涉外机构，繁琐的手工操作的发文处理已为现代化通讯设备和办公技术取代，被网络传输文件取代，所处理的就不再是纸质文件而是电子文件了。

9. 对外发出

即以各种方式、多种渠道将机构文件传递给受文者的活动。主要工作步骤包括：交接文件封件、清点数量、检查装封质量、发出。

有些文件需要给规定的受文者，大多数文件则通过间接传递渠道转投。主要渠道包括：普通邮寄、专人直送、电信传输、网络传递、公布（张贴、登报）等。

以下情况下的发文需要注意：

(1) 上级公文除绝密件和注明不准翻印的外，下一级机构经负责人或办公室主任批准可翻印，并应注明翻印机关、日期、份数和印发范围。

(2) 经批准公开发布的文件，同正式印发文件具有同等效力。

(3) 文件复印件作为正式公文使用时应加盖复印机关证明章。

三、办毕文件的处置

1. 办毕文件概述

办毕文件，亦称办结文件，指经过收发文处理程序，业经发出或承办完毕的文件。

办毕文件的处置，指根据有关规定和实际工作情况，对办毕文件予以定期清理检查，确定价值，分门别类，决定并实现其去留存亡的活动。

办毕文件的范围一般应当这样划分：

单向文件，即不必办复的各类周知性、执行性文件，在发文机关印发行文后，或收文机关收到分送有关上司阅知后无批示的，有关部门传阅办理后无其他意见的就算办理完毕。

复向文件，即问复性文件，如请示与批复、问函与复函、请求批转转发文件与被批转转发原件、办理需要得出结论或需要结案的事项的文件等，只有当发文单位发出或收文单位收到复文（或结论性文件）之后，才分别算办理完毕。

一些需要长期贯彻执行的文件，如规范性文件、长期规划等，作为发文已在本单位定稿并印发行文，作为收文在收文单位已经过有关上司阅知阅办，完成了其特定处理程序的文件也算办理完毕。

2. 办毕文件的归档。详见本章第五节“二、归档文件的整理”。

3. 办毕文件的销毁

办毕文件的销毁，指对业经清理鉴定确认已不具备留存价值或留存条件的文件材料所实施的毁灭性处置。

销毁文件的范围为临时性、事务性文件与机构内部一般抄送件；外机构抄送本机构参考的文件；机构员工外出参加会议带回的无留存价值的文件；一般文件的草稿、校样、与其他已经使用过的征求意见稿、会议讨论稿等；本机构的重份文件，复印、翻印的一般文件材料副本；无保留价值的信封；一般的来信来访记录；因情况特殊，不销毁即会失密或泄密造成严重损失的各种文件材料和会议文件副本；失去保留价值的统计表、登记簿册、简报等；其他失去留存价值的文件材料。

销毁方式和手续有：规模较小的涉外机构可将待销文件使用碎纸机自行销毁；规模较大的涉外机构可待销文件送造纸厂制作纸浆或采取其他方式销毁；销毁文件经办公室主任批准；销毁秘密文件应

监销；销毁绝密件应逐件登记；销毁计算机储存的文件材料可经有关部门或领导人审查批准后定期进行；未经审查批准，任何部门和个人均不得私自销毁文件。

4. 办毕文件的暂存

暂存文件，是指对既不应立卷归档或清退，又暂不宜销毁，需要再留存一定时期以方便日常工作中的查阅参考的文件。

（1）暂存文件的范围

上级机关普发的与本机构主管业务或主要职能无直接针对性的领导指导性文件；短期内需要频繁查阅的归档文件的重份文本与复印本；不相隶属机关发来的具有短期参考价值的文件、简报等；下级机关反映一般情况的文件报表及其报送的备案性文件；其他仅在较短时期（如 5 年以内）具有参考利用价值的文件材料；受多种因素影响一时难以准确判断是否留存或销毁的文件材料。

（2）暂存文件的管理方式

整理：暂存文件应根据立卷归档的原则与方法进行系统整理并组成案卷，编制简便的暂存文件目录。如不便或不能装订成册，需置于文件夹内妥善存放，防止散失。

保管：应由各机构的文秘部门统一负责，集中保管，防止泄密和丢失。

利用：可以通过借阅、汇编和公布等方式提供利用。

第三节　涉外机构档案管理工作概述

一、涉外机构档案的特点

我国《外商投资企业档案管理暂行规定》中规定的外商投资企业（包括中外合资、合作经营企业、外资企业）的档案是指“外商投资企业筹建以来的各项活动中形成的对本企业以及对国家、社会具有利用、保存价值的各种文件材料（包括不同载体形式）”。

档案管理是以档案为对象而开展的业务工作，一般由档案收集、整理、鉴定、保管、统计、检索、编研、利用等环节所构成。

涉外机构档案具有如下的特点：

1. 形成体现分散性

其一，来源分散。涉外机构档案材料制发渠道多，分布面广，利用者众。即源于中方和外方，面及企业、对外经济贸易主管部门、地方政府以及有关单位；多数文件在中外双方本国（地区）所在地形成，散存在形成者各自手中。如普发性文件暂存于涉外机构各内设部门中，而引进的国外资金、技术和管理经验这部分蕴含着极大价值的经济情报和科技情报，却大多散存在定向机构和专人手中。

其二，载体种类复杂。涉外机构文件档案通过多种传输渠道、运用多国文字，形成载体材料形式、处理程序以及文件语种复杂的局面。

档案管理本应集中统一管理、综合开发利用，但是形成具有分散性的特点，使集中统一管理涉外机构档案面临障碍。

2. 管理具有两重性

涉外机构在导入外来资金、技术的同时，其投资母公司独特的管理方法和理念也被成功移入。所以涉外机构的档案工作，一方面需要参照国内企业档案管理方法；另一方面又要受到外方投资者所在国档案管理体制的影响，接受中外双方的双重领导，同时适从双方的管理方式，管理有难度。如20世纪末我国最大的中外合资项目大亚湾核电站工程文件管理采用的就是该合同承包商法国电力公司的标准和程序，而后起的该工程档案部分由国内企业自主管理，并置于行业和国家、地方档案行政部门的指导下，中外双方的衔接和融合问题就格外突出。加之各涉外机构的条件和组织者的努力不同，导致其档案工作的开展存在较大差异，发展并不平衡，技术密集型企业好于非技术密集型企业，生产企业好于非生产企业的现象较为普遍。

3. 利用要求系统性

涉外档案与其他档案一样，整理注重具有成套性，利用要求系统性。但由于受以上因素的制约，这个要求很难实现。加之投资方有的人员对于自己经手的档案收集不齐全、不系统，有的只顾自己工作方便将档案占为己有，有的甚至故意封锁，从而给实现档案利用的系统性要求造成了困难。

二、涉外机构档案工作的管理方针

按照《档案法》的规定，我国档案工作的基本原则是："档案工作实行统一领导，分级管理的原则，维护档案的完整与安全，便于社会各方面的利用。"依据这一原则的基本思想，涉外机构档案工作的管理方针确定为：分段管理、统一指导、安全保密、便于利用。

"分段管理"是指根据文件档案的生命周期理论，将文件档案工作全过程分为文件工作和档案工作两个阶段施行管理。文件是当前工作的依据或记录，故文件由其承办部门（接收、使用或产生文件的部门）的文秘机构或有关人员直接管理（如董事会秘书管理董事会文件）。档案是今后工作查考的历史凭证，为保证其完整、准确、系统，由涉外机构档案部门或人员集中管理。

"统一指导"包括两方面内容：一是涉外机构各立档单位的档案工作接受本企业档案机构的统一指导，接受本级档案行政主管部门的指导。二是在文件档案管理整个生命周期中，涉外机构档案工作机构或人员有责任对于文件材料的形成、积累、整理、归档进行统一的指导和协调。

"安全保密"包括两方面内容：一是维护档案的完整，在数量上要求将具有保存价值的档案收集齐全，能反映涉外机构全部工作面貌；在质量上要求将收集起来的档案按照它们的内在联系，经过系统科学的整理，组成有机整体，在查找利用中具有规律。二是维护档案的安全，对于档案实体，安全即力求在档案管理过程中延长档案寿命，在物质形态上不受损坏；对于档案信息内容，安全即要求采取保密措施，切实加强对知识产权档案、涉及企业商业秘密的档案、信用档案、本企业专门技术档案、与客户签订的合同协议档案的管理，以维护涉外机构合作双方的合法权益。

“便于利用”是检验档案工作质量的主要标准，体现了涉外机构档案工作的根本目的，这一要求支配着涉外机构档案工作的全过程。

为加强对外商投资企业档案管理工作，根据《中华人民共和国档案法》和国家有关法律法规，对外贸易部、经贸委、国家档案局 1994 年 12 月 29 日印发了《外商投资企业档案管理暂行规定》。同时，各地根据本地区情况对此进行了摸索试点，积累了一些经验，也陆续制发了一些法规性文件，使涉外机构尤其是外商投资企业的档案管理有规可循，有法可依，逐渐纳入法制轨道。如广州市人民政府颁布《广州市中外合资合作经营企业档案管理试行办法 》；上海市档案局制定《上海市中外合资经营企业档案管理办法（试行）》；天津市人民政府颁布《天津市外商投资企业档案管理规定》；大连市人民政府公布《大连经济技术开发区涉外经济合同管理办法》；南京市人民政府颁布《南京市中外合资合作经营企业档案管理暂行办法 》，等等。

第四节　涉外机构文件材料的归档制度

一、档案的收集与归档

档案收集，指按照有关规定通过例行接收制度把分散的档案集中到档案部门。

归档，指文件处理部门或承办部门对归档范围中的文件进行整理，定期向机关档案室移交的活动。通过归档，文件转化为档案保存，一方面具有了法律所赋予的更权威的档案原始凭据作用，另一方面它要受到法律的保护。

由于涉外机构档案收集工作主要是通过文件归档来进行，所以归档是涉外机构文件处理程序的终结和档案管理程序的启动的重要环节。涉外机构在档案收集工作中应将文件归档作为重点，建立和健全归档制度。同时，也要作好其他收集工作。

二、归档制度的具体内容

1. 归档范围

凡是涉外机构工作中形成、办理完毕的具有一定保存价值的各种内容、各种形式和载体的文件，均应归档。

《外商投资企业档案管理暂行规定》规定的归档范围为：

企业设立和变更的申请、审批、登记以及终止、解散后清算等方面的文件材料（包括企业章程及投资各方签订的合同）；董事会或联合管理机构形成的文件材料；财务、会计及其管理方面的文件材料；劳动工资、人事、法律等事务管理方面的文件材料；经营管理方面的文件材料；生产技术方面的文件材料；产品生产方面的文件材料；仪器、设备方面的文件材料；基本建设方面的文件材料；科学技术研究、技术引进、技术转让方面的文件材料；教育培训方面的文件材料；情报信息方面的文件材料；中共党组织和工会组织的文件材料；其他具有利用和保存价值的文件材料。

2. 归档时间

涉外机构档案材料的构成比较复杂，按照归档制度中对于归档时间的有关规定，针对不同情况有以下具体要求：

(1) 以年度立卷的企业管理类（行政类、经营类、生产技术类、党群类）文件材料，应在次年 6 月底以前归档；

(2) 以专题立卷的文件材料，如检修技改、课题研究、学术考察、会议以及其他专项活动或工作应在任务完成或告一段落后半年内归档；

(3) 基建工程项目所形成的文件材料应在项目验收后归档；

(4) 自制设备的文件材料应在设备鉴定验收后归档，外购设备的文件材料应在开箱验收后及时归档；

(5) 财务会计档案应参照财政部和国家档案局印发的《会计档案管理办法》（财会字〔1998〕32 号）的规定在会计年度终了一年后归档；

(6) 契约性文件在双方签字后的三日内归档；

(7) 单位建制撤销、员工调离公司时,他们所保管的档案材料在撤销或调离之前一个月归档。

3. 归档文件的质量要求

总的要求是:收集齐全,分类清楚,期限准确,装订美观,排列有序,检索科学。具体应做到以下几点:

(1) 归档文件材料应是原件,应当完整、准确、系统。字迹工整、图像清晰。有保存价值的信函、电传、电报、谈话备忘录等,加盖公章或经办人签名后归档。

(2) 文件书写和载体材料应能耐久保存,符合档案保护要求。不得有铅笔、圆珠笔、红墨水、纯蓝墨水、复写纸、热敏纸等书写材料和载体。已被破损的文件应予修整,字迹模糊或易退变的文件应予复制并与原件放在一起。归档的电子文件应有相应的纸质文件材料一并归档保存。

(3) 文件材料整理符合规范。每件文件的主件与附件、定稿与存本(印本)、请示与批复、转发件与被转发件、多种文字形成的同一文件,应放在一起,不得分开。文件电报合一归档整理。

(4) 不同年度的文件应分开整理。跨年度文件处理方法:

跨年度的请示与批复,放在复文年立卷;无复文的放在请示年立卷;

计划、规划、总结、预决算、统计报表以及法规性文件等内容涉及不同年度的文件,统一规定为按文件签发日期(即落款日期)判定文件所属年度。例:

1995年形成的《1996—2000年工作规划》归入1995年;

1997年形成的《1996年××机关工作总结》应归入1997年;

2004年8月28日通过,2005年4月1日起实行的《电子签名法》的定稿、存本应归入2004年;

会议文件、案件材料、项目材料等跨年度形成文件归入办结年度;

几份文件作为一件时,“件”的日期应以装订时排在最前面的文件的日期为准；

文件没有标注日期的内部文件（白头文件），需要分析文件制成材料、格式、字体以及各种标识，通过对照等手段考证和推断其准确或近似日期，并据以按年度合理归类；

有专门年度的文件按专门年度分类。

(5) 按照有关规定确定档案保管期限，划定档案密级。

(6) 编制案卷目录、卷内文件目录、归档文件目录等必要的检索工具。

(7) 音像档案应有完整的文字说明。

(8) 当前国家有关部门颁发的一系列关于档案工作的技术性法规和标准以及国际先进方法是涉外机构归档案卷整理时应该参照的规范。如文书档案要符合档案行业标准 DA/T22-2000《归档文件整理规则》；科技档案要符合国家标准 GB/T11822-2000《科学技术档案案卷构成的一般要求》；一些特殊载体档案要符合国家标准 GB/T11821-2002《照片档案管理规范》、《磁性载体档案管理与保护》和国家标准 GB/T18894-2002《电子文件归档与管理规范》。

各涉外机构可根据总要求制定详尽的归档文件的质量要求。

4. 确定档案保管期限

涉外机构应当根据档案的实际价值和国家有关规定，确定档案保管期限。档案保管期限分为永久、长期（16—50 年）和短期（1—15 年）三种。具有长远查考利用及研究价值的永久保存；在一定时期内有查考利用价值的长期或短期保存；凡介于两种保管期限之间的档案，其保管期限从长。

第五节　涉外机构档案的整理

一、档案整理工作原则

档案整理工作指对零乱的和需要进一步条理化的档案进行基本

的分类、组合、排列和编目，将其组成有序体系。

鉴于涉外机构档案管理与其前序工程文件管理工作的衔接与融合，根据不少涉外机构有关工作经验，在档案整理中必须强调以下原则。

1. 保持文件之间的历史联系

即保持文件在产生和处理过程中形成的固有联系，如来源联系、时间联系、内容联系、形式联系，实现档案的条理化和系统化，便于科学地整理档案。

2. 充分利用文件原有整理基础

即在档案整理中要尊重历史和继承前人的劳动，充分利用原来文件的整理基础。即对于原有文件的管理办法和基础，除会严重影响日后整个档案工作顺利开展者外，一律不作变动。其好处一是减少工作难度；二是提高了文件形成者、利用者和管理者对档案部门的信任感和合作程度。

3. 便于保管和利用

在一般情况下保持文件之间的历史联系和便于保管和利用是一致的，但在特殊情况下，当二者出现矛盾时，应正确处理好两者关系。

4. 充分吸纳国外文件管理中的先进经验

一个国家的文件档案管理水平必定是它整个经济文化发展水平的反映。涉外机构在管理中充分学习和吸收外方的先进经验，作为管理组成部分的文件和档案管理也负有吸纳国外先进经验并加以传播的责任。因此在对待国家、行业和地方档案行政部门颁布的工作规则和办法上，凡属法规性质的应该遵守，但属于技术性、业务性的，在具体操作时涉外机构可以实施更适合具体情况的规矩和办法。

二、归档文件的整理

归档文件即作为立档单位的涉外机构在其职能活动中形成的、办理完毕、应作为文书档案保存的各种纸质文件材料。

归档文件整理，即将归档文件以件为单位进行装订、分类、排列、编号、编目、装盒，使之有序化的过程。

归档文件的整理一般以每份文件为一件；特殊情况，同份文件的不同稿本、正文与附件、正文与文件处理单、原件与复制件、转发性文件与被转发件为一件，报表名册图册一册为一件，来文与复文可为一件。

按照《归档文件整理规则》的规范，归档文件的整理步骤和方法为：

装订——分类——排列——编号——编目——装盒

1. 装订

归档文件应按件装订。装订时，先拆除金属物，对于非标准规格尺寸的材料尽量做到左齐、下齐和牢固。印本在前，定稿在后；正文在前，附件在后；原件在前，复印件在后；转发文在前，被转发文在后；来文复文作为一件时，复文在前，来文在后 ；不同文字的文本，中文本在前，外文本在后；同一合同译文与原文，原文在前，译文附在后。

装订方式：线装，粘接式，穿孔式，变形材料（钢夹、塑料夹），铆接式（热压胶管），无酸封套（增加厚度，用于永久档案）。

2. 分类

归档文件可采用以下方法：

按年度分类：将文件按其形成年度分类；

按保管期限分类：将文件按划定的保管期限分类；

按机构（问题）分类：将文件按其形成或承办机构（问题）分类（本项可视情况予以取舍）。

3. 排列

按事由原则排列。即将属于同一事由的相关文件按一定顺序排列在一起。各份文件按它们形成时间先后顺序或按重要程度排列。

排列不同事由间文件，可按事由结合办结时间、事由结合重要程度、责任者（承办部门）等。

4. 编号

归档文件应依分类方案和排列顺序逐件编号。即将归档文件在全宗中的位置标识为符号，并以归档章的形式在归档文件首页上端空白位置上注明。归档章的必备项目包括全宗号、年度、保管期限和件号。选择项目包括机构(问题)等。其规格 45 mm × 16 mm。

全宗号：档案馆给立档单位编制的代号(涉外机构可暂不填)。

年度：文件形成年度，以四位阿拉伯数字标注公元纪年，如 1998。

保管期限：归档文件保管期限的简称永、长、短或代码“Y”、“C”、“D”。

件号：文件排列顺序号。涉外机构在归档文件整理时编的“室编件号”。即在分类方案的最低一级类目内按文件顺序从“1”开始标注。

机构(问题)：作为分类方案类目的机构(问题)名称或规范化简称。如“总经理办公室”或“综合类”。

全宗号	年度号	室编件号
机构或问题	保管期限	馆编件号

5. 编目

编件号顺序以“件”为单位编制《归档文件目录》。包括件号、责任者、文号、题名、日期、页数、备注。来文与复文为一件时，只对复文编目。该目录应装订成册并编制封面，可以根据需要设置全宗名称(立档单位名称)、年度、保管期限、机构(问题)等项目。

件号：填写室编件号。

责任者：文件的发文机关或署名者。

文号：文件的发文字号。

题名：文件标题，无标题或标题不规范的，可自拟标题，外加“[　]”。

日期：文件形成日期，如 2005 年 5 月 8 日标为 20050508

页数：每一页归档文件的页数。凡有图文的页面为一页。

注释：注释文件需说明的情况。

归档文件目录：

件号	责任者	文号	题　　名	日期	页数	备注
1	××公司	×交函建〔1999〕832号	关于××市滨河路改扩建工程施工严重影响××大件码头投入使用的函	19990824	10	
2	××公司	×交函建〔1999〕413号	转发省建委关于申报1997—1998年度××省建筑施工企业二级(省级)工法的通知的通知	19990518	5	

6. 装盒

将归档文件按件号顺序装入档案盒，填写备考表，编制档案盒封面及盒脊项目。

档案盒应用防潮无酸纸制作。标准档案盒一般由地方档案部门监制或订做。档案盒方面应标明全宗名称。盒的外形尺寸为310毫米×220毫米(长×宽)，盒脊厚度根据需要设置为20、30、40毫米。

根据摆放方式的不同，在盒脊或底边设置全宗号、年度、保管期限、起止件号、盒号等必备项，可设置机构(问题)等选择项。起止件号填写盒内第一件文件和最后一件文件的件号，用"—"连接；盒号即档案盒的排列顺序号。

备考表放盒内文件之后，其项目包括盒内文件情况说明(文件缺损、修改、补充、移出、销毁等)、整理人、检查人和日期。

三、档案分类排序方法

除了以上方法和步骤外，涉外机构的归档文件的整理还可以按照投资方要求按照他国惯例和有关国际惯例的通行做法操作。如涉外机构从利用的需要出发，选择文件的共同特征分类整理。根据剑桥秘书证书考试用书《办公室管理》中介绍采用的方法还有：

1. 字母分类法

即按每一通讯部门的名称或人的姓名立一个案卷，严格按照字母顺序排列。部门名称或人的姓的第一个字母就是指示该卷在档案柜中存放位置最初步的索引，而部门名称或姓氏第一个字母以后的字母是确定该卷准确位置的决定因素。例如 Collin Thomas 应该排在 Cryton Philip 之后。

尤其是数量较少的，无须一一分别立卷的文件资料归放在一起组成杂类卷，这类卷也可用字母表中的字母来标分。每一杂类卷的封面上应写有该卷内装放的文件资料的目录。

本法优点方便实用，整理归档直接迅速，材料费用低；缺点：查找常用名字可能会遇到困难；当需要查找某一专题案卷时位置难以确定，扩充不容易估算所需空间。

2. 主题分类法

某些文件与收发文单位关系不大，可根据最主要的主题作为归档的首要因素，次要的主题作为第二个因素，依次类推。很多单位都有一定数量文件资料适合按主题分类如广告、运输、独家代理商、购置、管理等。这些主题还往往与行文机构的职能或某项业务有关，如人事部门文件的主题，大多是任命、分配、调动等；因此按主题分类也可以解释为按机构职能分类归档。各主题之间的排列可以根据字母顺序进行，其优点是所有有关一个主题的文件资料集中存放，可以迅速方便地查阅。

3. 地区分类法

即按档案文件产生的国家、地区、省份、城市等分类，其基本原理与按主题分类的基本原理相同，文件按照所在地区名称的字母顺序排列。可使有关地区所有文件集中存放，然后再按其他问题分别立卷。运输和进出口业务部门、计划部门和销售部门最适合用此法整理保存文件。

4. 数字分类法

案卷以数码排列，每一份文件给一个数码。用索引卡或索引条可以查出某一数码所代表的名字。索引卡按所标名字的字母顺序排列，集中放在一起。当需要查找某份文件时，先从索引卡抽屉中相应的字头下找出与文件相关的信息，在其指引下在档案柜中找到标有该数码的案卷。其优点是比字母法排列的案卷更易查找，文件放错位置的可能性较小，标上数字方便查询，可以无限扩充案卷数量。缺点是建立相应的索引卡或索引条并据此查找文件比较费时间，系统的建立和保持比较费时费钱。

(1) 按十进位制数码编排分类

此法常与按专题分类相结合，操作简单，主要专题分别用某个整数表示，例如：宣传部门可以使用下列数字表示其基本项目的标题：

50　　广告
120　　宣传品
200　　展览

可以在用小数点后的数字表示分目，依序下分：

50　　广告
50.1　　直接邮寄
50.2　　报刊
　50.21　　中国青年报
　50.22　　新民晚报
50.3　　电视
50.4　　电影院
50.5　　展览厅

(2) 按日期排列分类

此法操作简单，文件按照用数字表示的文件日期先后次序整理归档。一般作为卷(盒)内文件顺序的标准方法。

5. 字母法和数字法的综合运用

在字母顺序排列法中套编上数字索引，用数字分别表示每一个字母或字母的一部分，立卷时每个案卷再分别编号。例如假定 A 用 1 表示，该组有 5 个案卷，第四个案卷的编号就是 1/4，此法中案卷按字母顺序排列，数字只起辅助作用，只作为查文编号以供通讯时引用。

还可以把两种方法相结合而又不另外建立索引卡的方法，即案卷按字母顺序排列，而在分组内部按数字排列，每个字母或字母的一部分分别立一个导卡，标明该字母组内部按数字排列的案卷索引。

例 某涉外企业文件分类表（部分内容）

B 人事

B00 总记

B01 聘任

……

B07 测评

B07.0 职务分析

B07.1 能力评定

……

第六节 涉外机构档案的管理与利用

涉外机构在制定企业章程时，应有档案管理的内容和要求，要建立健全本企业各类文件材料归档和档案管理的保管、保密、利用、鉴定、统计等各项管理制度。

一、编制档案检索工具

涉外机构的档案部门，应编制档案、资料、信息等分类目录、专题目录等检索工具，提高档案的服务质量。

1. 分类卡片目录

是按照档案内容的逻辑体系，按所采用的档案分类法而形成的目录。特点是系统性、集中性强，便于从不同的问题、专业查找利用档案，便于利用者获得有关某个专题的系统、全面的档案材料；灵活性、适用性强，能根据不同的利用要求，变换组合成多种性质的专题卡片。

2. 专题卡片目录

是按照一定的题目，把同一主题内容、属性的文献两次组合在一起，以卡片的形式系统揭示某一专题档案内容和成分的一种卡片目录。

二、档案保管措施

应根据需要设置符合规范的档案库房和装具，必须采取具备防光、防潮、防霉、防尘、防虫、防火、防有害气体、防污染等措施。防止档案的破损、褪色、霉变和散失。

在管理档案过程中形成的电子文件材料，在提供利用时应制定防病毒、防删改、防伪造的措施，并封存电子文件副本，定期将正本与副本相对照来检查档案。

涉外机构应采用计算机、网络、光盘技术和现代化管理方法管理档案，以提高本机构档案管理水平。

三、档案的鉴定和利用

1. 档案的鉴定

对保管到期的档案应当进行鉴定，应建立由企业负责人或档案部门负责人、专业人员和档案人员组成的鉴定小组负责此项工作。对失去保存价值的档案造具销毁清册，提交销毁报告，报董事会审批。销毁档案时要严格执行保密规定，派出人员监销，并在销毁清册上签字，销毁清单作永久保存。

2. 档案的利用

涉外机构的档案部门，应开展多种形式的档案利用工作，及时提供档案信息，为企业的发展服务。档案提供利用的基本途径有：

提供档案原件。例如在档案室查阅所需档案原件；根据工作特殊需要，暂时出借档案原件。

提供档案复制品。例如向用户提供文件汇编、文件选编等。

提供档案信息加工品。例如，将利用档案编写的机构大事记、组织沿革、基础数字汇集、会议简介、专题概要、企业年鉴、图册、图集、科技成果简介等提供给用户。

涉外机构档案提供利用的主要方式有开辟档案阅览室，接待用户，解答用户提出的相关问题；档案外借服务，满足某些需要档案原件或副本做证据等特殊利用需求。

此外，档案还可供展览与陈列，即按照一定的主题，以展出档案原件或其复制件的方式，系统地揭示和介绍档案室藏中有关的档案内容或成分的一种服务方式。如某些涉外企业的厂史展览、荣誉室等多有重要档案展出。

四、涉外机构档案管理的特殊情况

1. 外商投资企业终止、解散等情况的档案处置

(1) 外商投资企业的档案是该企业的历史真迹，对于我国经济发展有极大参考价值。当外商投资企业合同期满、终止、解散时，其档案不得分割，即合同终止，档案续存。其档案应当移交原中方合资、合作者保存或向所属市、区、县档案馆移交。

(2) 外资企业如延长期限、分立、合并等变更的，该企业的档案向变更后企业移交；如期满或依法宣告破产的，其档案应当履行鉴定手续，按上段鉴定销毁办法执行，仍有保存价值的档案，移交上级主管部门或市、区、县档案馆；如因违反法律、行政规章被依法责令关闭的，按照有关机关的决定处理。原企业根据需要可保存有关档案的复制件。

2. 涉外机构文件档案工作中的一些有效经验

在涉外机构文件档案管理实践中曾出现过一些按照国内档案管理标准和方法难以处理的问题。本着既要充分吸纳国外先进经验，又要尽量遵守国内规章制度的精神，尽力融合、勇于实践。虽有异于常规，但却发挥了作用，值得借鉴。

(1) 引入“紧要文件”概念。“紧要文件”是当发生非常情况时，为确保本单位的活动得以延续，正当权益不受侵犯；或当遭受灾祸或

发生事故时，为确保本单位安全运行或抢修仍可进行，而所必需的至关重要的文件材料。由两类文件组成。

第一类：紧要凭证。主要包括授权书、正式协议、房契、土地使用红线图，营业执照、许可证、豁免证、财产转让证、财务契约之类。一旦定为紧要凭证的文件都予专门登记造册，原件以件为单位，包装后存放在耐火保险柜中，平时不轻易示人，欲利用需要遵守专门的程序。同时其复制件组入相应案卷（卷盒）中，供日常一般利用。

第二类：应急文件。主要包括一批数量有限的技术文件和图纸，专门预备发生事故，人们不能进入现场文档部门利用馆藏文件图纸时使用，选择标准限于抢救事故需用部分，放在应急办公室。

（2）从文件档案保密到文件档案流通控制。与一般机关单位文档保密的出发点主要是政治性的不同，在涉外机构，尤其是从国外引进技术和资金的外商投资企业里，要保守的政治秘密极少。而为了公司的权益，为了履行合同义务，一般需要保守商业秘密和对一些不属秘密的知识产权进行保护，涉外文件档案就是这些商业秘密和知识的载体，因此需要对这部分文件档案的扩散进行限制。这种主要从保守公司秘密和保护知识产权为出发点的、对文件档案流通的限制与保密性质不同，称为“流通控制”，并为之制定相应的公司档案程序。如某中外合资企业在本公司档案程序中，区分了国家秘密和公司秘密的涵义，引入知识产权概念，从开放、流通的前提下谈对文件档案的控制。代替“密级”，提出了文件的“开放等级”和开放流通中的控制规定。开放等级定为“公开”（F，Free）、“内部”（I，Internal）、“限制”（R，Restricted）、“秘密”（S，Secret）、“机密”（M，More secret）五级。并在档案程序中规定了各级组织和员工在文件档案利用方面享受的权利和应尽的义务。

第十一章　办理出入境事宜

“三资”企业和涉外单位的上司为了洽谈业务、访问考察，有时需出国，秘书有时随同上司出国。外资企业的上司和秘书，出国办事的次数更多，其中出入境事务由秘书办理，所以，秘书应熟悉这方面知识和手续，以便顺利地办妥这类事宜。

第一节　出 国 手 续

因公出国（申请办理因公普通护照）的手续主要有五项：递呈出国申请书、办理护照、申请签证、备妥健康证书、办理出境登记卡。

一、*递呈出国申请书*

出国申请由秘书撰写，内容包括：

出访的依据（邀请方单位全称，邀请人的姓名、职务）；

组团领队姓名、职务，出访人员姓名与职务；

拟定出访日期的起止时限及国（境）停留时间（含出访或途经国家及地区停留时间）；

出访国家或地区（顺访或途经的国家及地区）；

出访的目的和任务；

经费的来源；

出访人员组成的基本情况（姓名、性别、民族、出生年月日、出生地、政治面貌、文化程度、工作单位、现任职务和专业技术职务、身份证号码、办公电话、住宅电话）。

申请书经上司审阅同意后，再加上外国公司所发的邀请函（副单）、出访人员身份证复印件一起递呈给当地人民政府的外事办公室审批，如获同意，再交公安局的出入境管理处审批。

根据 2007 年 1 月 1 日起施行的《中华人民共和国护照法》，规定有下列情形者，为不准出境人员，即护照签发机关不予签发护照：

一为不具有中华人民共和国国籍的；

二为无法证明身份的；

三为在申请过程中弄虚作假的；

四为被判处刑罚正在服刑的；

五为人民法院通知有未了结的民事案件不能出境的；

六为属于刑事案件被告人或者犯罪嫌疑人的；

七为国务院有关主管部门认为出境后将对国家安全造成危害或者对国家利益造成重大损失的。

申请人有下列情形之一的，护照签发机关自其刑罚执行完毕或者被遣返回国之日起六个月至三年以内不予签发护照：

一为因妨害国（边）境管理受到刑事处罚的；

二为因非法出境、非法居留、非法就业被遣返回国的。

所以，单位内的人员出国，秘书应告诉他们须履行“单位意见”这道手续，即由单位人事部门依据申请者的实际情况，出具同意或不同意的意见。

2003 年 8 月起，我国公安部实施出入境便民措施，规定在实行按需申领护照的大中城市，除规定的国家公务员外，居民申领《往来港澳通行证》、《大陆居民往来台湾通行证》，免交工作单位或公安部派出所意见。

组织人事部门出具单位意见时除了考虑国家的法律规定、地方政府颁布的有关政策以及单位的实际利益外，还应注意几个问题：

第一，保障公民出入境的正当权益，防止侵权行为。公民只要申请理由正当，符合法律规定的，就应该出具同意出国的意见；

第二，防止上述各种法定不准出境人员蒙混出境；

第三，不可弄虚作假，为非本单位人员出具单位意见，目前此类作假案件有所上升，因此规定国家机关、企事业单位的一般工作人员申请出国，由其工作单位的组织人事部门出具单位意见；机关、企事业单位的领导干部申请出国，则由上一级主管单位组织人事部门出具单位意见。

比如上海“三资”企业、外商机构中的中方员工要出国，由市人事局人才服务中心或市劳动局劳动服务公司（或其他授权单位）出具单位意见，他们的人事关系不挂在市人才服务中心、劳动服务公司（或其他授权单位）的，可委托上述机构与申请人的档案所在单位和现工作单位（合资、合作企业系中方管理部门）出具单位意见。

合资、合作企业的中方管理人员（系指工商营业执照中署名的人员）申请出国，由上一级中方单位的组织人事部门出具单位意见。市人才服务中心、劳动服务公司在为这部分人出具单位意见时也须按上述程序办理。市人才服务中心、劳动服务公司（或其他授权单位）在必要时，还应向申请人户口所在地公安派出所征求意见后再出具单位意见。

外地“三资企业”、外商机构中具有上海市户口的中方员工申请出国，由市人才服务中心或劳动服务公司联系申请人户口所在地工作内派出所后出具单位意见。

二、办理护照

1. 护照的作用

护照是主权国家发给本国公民出入境及到国外办事旅行居留的合法身份证件和国籍证明。凡出国人员均应持有护照。进入任何国家都须出示护照，在国外，须凭护照住旅馆、办理银行账号、医疗卡等，当有关当局检验时须出示护照以证明自己的合法身份。任何国家都不允许没有护照的人进入其国境，对护照的检验很严格，以防止持过期、失效或伪造护照的人进入其国境。

如果持照人在国外旅行、居留期间发生意外，所在国首先必须依照其所持护照，判明身份和国籍，然后再决定如何处理。同样，护照颁发国的驻外机构也要根据护照来决定如何提供帮助或外交保护等。

在国内，出国前要凭护照办理所去国家和中途经停国家的签证，凭护照购买国际航班机票（车、船票），凭护照通过边防检查和海关检查后，才允许登机或上国际列车、海轮。

近年，我国有关部门还宣布，护照在国内还可有其他用途，如：

乘国内航班的旅客，登机时如未带身份证，出具在有效期内的中华人民共和国普通护照，也可予以检查放行。

实名制私人存款的首次存款，出具在有效期内的中华人民共和国普通护照也可办理，以后凭护照也可取款。

出具在有效期内的中华人民共和国普通护照，可以办理宾馆、旅馆、招待所的入住手续。

2. 护照的种类

目前，多数国家颁发外交、公务和普通三种护照，也有一些国家颁发三种以上或根本不分类的护照，或颁发代替护照的证件。

我国政府现在颁发的护照有外交护照、公务护照和普通护照（包括因公普通护照和因私普通护照）三种。

外交护照　大红烫金封面，系发给外交官员、领事官员及其随行配偶、未成年子女和外交信使。其他出国执行公务者，由其工作单位依照《中华人民共和国护照法》的规定向外交部门提出申请，由外交部门根据需要签发外交护照。

公务护照　墨绿色封面，系发给我国驻外使馆、领馆或者联合国、联合国专门机构以及其他政府间国际组织中工作的中国政府派出的职员及其随行配偶、未成年子女。其他出国执行公务者，由其工作单位依照《中华人民共和国护照法》的规定向外交部门提出申请，由外交部门根据需要签发公务护照。

外交护照、公务护照的签发范围、签发办法、有效期以及公务护照的具体类别，由外交部规定。

因公普通护照　深棕色封面，由公安部出入境管理机构或者公安部委托的县级以上地方人民政府公安机关出入境管理机构以及我国驻外使馆、领馆和外交部委托的其他驻外机构签发，系发给我国政府派遣出国的援外工程技术人员、访问学者、研究生、留学生等。

因私普通护照　原为浅棕色封面，根据公安部《中华人民共和国普通护照审批、签发管理规范》的规定，自 2000 年 6 月 1 日起，陆续在全国颁发封面为玫瑰紫色的普通因私护照，由公安部出入境管理机构或者公安部委托的县级以上地方人民政府公安机关出入境管理机构以及我国驻外使馆、领馆和外交部委托的其他驻外机构签发，系发给公民前往外国定居、探亲、学习、就业、旅行、从事商务活动等非公务原因的公民。

不同种类的护照享受的待遇不同。

3. 外交护照、公务护照的办理

外交护照由外交部签发。公务护照由外交部、我国驻外使馆、领馆或者外交部委托的其他驻外机构以及外交部委托的省、自治区、直辖市和设区的市人民政府外事部门签发。

秘书在办理这几类护照时要注意几个事项：

第一，携带有关证件，如主管部门的出国任务批件，出国人员政审批件，所去国有关公司的邀请书等文件。

第二，认真填写有关卡片和申请表。

第三，外交护照、公务护照的登记项目包括：护照持有人的姓名、性别、出生日期、出生地、护照的签发日期、有效期和签发机关。拿到护照后，要仔细检查核对每位出国人员的上述各项内容，若是组团出国，则要检查护照上的照片是否与姓名一致，有无授权发照人的签字和发照机关的盖章；发照日期和有效期有无问题，使用旧护照再次出国者更应注意其有效期，若已过期，必须申请延长。

护照上另一容易被忽视的是持照人签名。根据国际规定，护照必须由持照人签名，否则该护照被视为无效，出境、入境、银行开户、法律交涉等都将难以进行，有的国家甚至要对未签名的持照人进行拘留审查。持照人应在“持照人签名”栏内用正楷签上自己的姓名，签名时必须用毛笔、钢笔或专用签字笔，不得用圆珠笔或铅笔，不得涂改。

护照是出国人员在外被惟一认可的身份证件和国籍证明，持照人在国外将凭此受到国家的外交保护。因此，护照全部内容必须准确无误，检查核对时一旦发现差错，应立即向发照机关提出更正。

4. 普通护照的办理

因公事出国的公民由单位代为向地方人民政府的外事办公室申请普通护照。

因私事出国的公民由本人向户籍所在地的县级以上地方人民政府公安机关出入境管理机构申请普通护照。

普通护照的具体签发办法，由公安部规定。普通护照的有效期为：护照持有人未满十六周岁的五年，十六周岁以上的十年。

随着改革开放政策的进一步实施，我国对公民出国的条件、受理、审批正在逐步放宽。我国因私事出国的公民，如探亲、旅游、出国定居、自费留学、劳务输出者大幅度增加。秘书应当了解这方面情况，掌握最新的普通护照的办理方法，以便顺利办理这方面的手续。

(1) 因私普通护照的申领手续

如今，全国 200 多个城市已实行“按需申领护照”的政策，什么是“按需申领护照”的政策呢？以试点城市上海市为例，上海自 2002 年 9 月 1 日起申领护照的具体方法为：

第一，去市公安局出入境管理处或指定的邮政网点领取《中华人民共和国普通护照申领表》，按要求填妥。填写时须用蓝色或黑色的钢笔或水笔，不能涂改，也不能用繁体字。复制的申领表无效。

第二，如申领者属于“特定身份人员”，填妥申领表后，还须单位在表上签署同意出国的意见，并加盖公章。单位党政正职干部须由上级主管单位人事部门签署意见并盖章，局级干部则须递交市委组织部的批件。

“特定身份人员”指：在职或离退休的市管干部；各级机关包括

工、青、妇等人民团体和各民主党派机关中的处级干部;其他需要报送备案的人员,如涉及国家政治、经济、安全、商业秘密的金融、财税、科研、教学等机关、国有企事业单位的重点岗位工作人员。

第三,用 16 开复印纸将本人的身份证、户口簿各复印一份,如用 A4 复印纸,则要将它裁剪得和申领表一样大小。户口簿要复印两页,一页是签发页,说明户口所在地警署的名称,另一页是本人情况页。如有登记事项变更页,也需复印递交。

第四,按要求拍妥护照照片,一式四张,一张贴在申领表上。

第五,将填妥的申领表、身份证、户口簿复印件等申请资料递交出入境管理申办。如申请人持有失效的护照,交表时必须将失效护照一起交上,如失效护照上有出入境记录、需要交还的,要当场向受理人员说明。如失效护照遗失,需递交报失证明和登报作废声明。申办完了应领取办照回执,上有约定的取护照日。

如申请人因故不能亲自前去递交者,或不能亲自为监护 16 岁以下儿童递交申请表的,可以到附近指定的邮政网点,用邮政特快专递的形式,向出入境管理处递送申请资料。出入境管理处在收到申请资料的几日中,会寄来回执。

第六,到了约定的取护照日,申请人持回执前往出入境管理处领取护照。

申请人递交了申请资料后,出入境管理处在 10 个工作日内办毕。如有急事还可申请急办,急事急办的范围为:

奔丧、探病者需提供亲属死亡或对方的住院证明;

开学在即的需提供开学日期在一个月之内的国外接受学校出具的正式入学通知书;

国外有效入境证明即将过期的,需提供相关证件;

公安机关认为确属紧急的其他情况。

(2) 新的因私普通护照的变化及注意事项

自 2000 年 6 月 1 日起,陆续在全国颁发的封面为玫瑰紫色的普通因私护照,其封二资料页中,取消了“身份”、“婚姻状况”两栏,并对申请护照时提供的照片提出了详细新要求，不少申请人由于照片不合要求而遭到拒绝受理，为此，涉外秘书应注意此问题，以免耽误。

照片须是持证人近期直边正面免冠彩色半身证件照（光面相纸），国家公职人员不着制式服装，儿童不系红领巾，服装不能为浅色，照片只限一人，照片的背景必须是白色或淡蓝色，不得提交一次性快照、经翻拍的或用各种彩色打印机打印的照片，照片上不得有镜片反光和脸部（尤其是双颊与额头）反光，影像不得有叠影或外廓、背景阴影、半明半暗，不配戴项链、耳环等首饰和任何有色、变色眼镜，照片人像尺寸要求是：48 毫米 × 33 毫米，头部宽度 21—24 毫米，头部长度 28—33 毫米，俗称"大头小二寸"，照片上不能有污点，反面不能书写任何文字或数字。凡不符合上述要求的照片，各地公安局出入境管理处一律不予受理。

5. 护照的报失和补办

护照如果遗失，应当立即向当地公安局挂失查找，若查找不到，可申请补办。

如单位中的外籍人员不慎遗失了护照，秘书应尽快帮助他去公安局出入境管理处报失。丢失护照者须报姓名、性别、国籍、来华身份或事由、护照号码、签证种类、入境口岸及时间、国外地址等，如有护照复印件最好附上，经出入境管理处核查后发给护照报失证明。外国人可持证明到护照国驻我国使、领馆申请补发护照或有效证件，然后再持证件到出入境管理处办理相应的签证方可出境。如在我国领不到新护照的，会发给专供出境使用的证件。

三、申请签证

1. 签证的作用和种类

护照办理好后，再申请所去国家（地区）和中途经过停留的国家的签证。

签证是一国官方机构对本国和外国公民出入国境或在本国停留、居住的许可证明。签证一般是在护照上签注、盖印，也有的做在其他身份证上。如果前往未曾建交的国家,则用单独的签证与护照同时使用。

我国的签证一般做在护照上。

持有有效护照的我国公民,不论因公或因私出国,除了前往同我国签订有互免签证协议的国家外,事先均须获得前往国家的签证。

我国政府规定,中国公民出入我国国境凭有效护照,可不办理签证。

签证的种类很多。世界各国签发给外国人的入境签证,一般可分为外交签证、公务签证和普通签证。有的国家还有礼遇、旅游、非移民及移民签证。根据入出境情况还分别发给入境签证、入出境签证、出入境签证或过境签证。出境签证,只许出境;入境签证即准许持证入境,如需出境,须再申办出境签证;出入境签证,可以出境,也可以再入境;入出境签证,可以入境,也可以出境;多次入出境签证,在证件有效期内可多次入出境;过境签证,只许在限定时间内在指定的入出境口岸经过国境,一般不得前往其他地区。有的国家还根据入境事由把签证分为探亲签证、留学生签证、定居签证、工作签证、旅游签证等。

2. 签证的有效期、有效次数

签证的有效期　各国颁发护照和签证的机关,对不同的签证,规定不同的有效期限。签证的有效期不得超过护照的有效期。签证的有效期一般为 1 个月、3 个月、半年或 1 年以上,也有的签证有效期不足 1 个月;过境签证的有效期一般较短,大多在 1 周以内。持证人必须在签证规定的期间内入、出或过境。签证过期,必须重新申办。

签证的有效次数　签证除了有一定的有效期限外,还规定有效次数。有的签证一次有效,即这个签证使用一次后就失效;有的签证两次有效,有的签证多次有效。

各国的签证内容格式大体相同,主要包括:签证有效期,有效次数,停留期,入出境口岸和偕行儿童(即不满 16 岁的儿童和成人合办一本护照的。如果成人和儿童分别办理护照的,这个儿童不能称为偕行儿童)等。

3. 签证的办理

办理前往国的签证应持国外邀请书，或有关国家移民局的允许证等，到该国驻华使领馆的签证代办处办理。

如果时间紧迫，在国内来不及办理签证，可与我有关驻外使、领馆联系，请其代向驻在国申请签证，办妥的签证，可在你抵达该国时，由机场移民局发给你。这称为倒签证。

近年来，泰国、缅甸、越南等国家和韩国济洲岛，为了吸引中国游客以兴盛其旅游业，对前去的我国公民，只要参加有经营出国旅游业务资格的旅行社组织的旅游团，就允许倒签证或免签证。

签证时应注意：

第一，去外国驻华使、领馆面试，一定要做到仪表端庄，衣着整齐、干净，头发洗理梳齐，胡须刮净修好，面试前不要吃有怪味的食品、饮料。

第二，言谈举止要彬彬有礼，自始至终都要十分注重礼节礼貌。

第三，面试时切勿精神紧张，听不懂的外文，可请求再说一遍，自己回答问题表达不清楚的，可请示允许再说一遍，切忌不懂装懂，回答问题牛头不对马嘴。

取得签证后，秘书要注意几点：

第一，注意签证的有效期及证明机关是否签字盖章。

第二，若由于种种原因签证已过期失效，在国内重新申办延长，在国外应通过我驻外使领馆或自行向驻在国有关当局办理延长手续。

第三，注意签证上持有人的姓名的拼音、签证种类是否正确。

如果出国者需一次出访两个或两个以上国家，应当在国内全部办妥。有人由于时间紧迫，特别是有的签证一时很难获准，就在国内只办较容易获得的签证，而将其他难办的签证放到国外去办。结果，事与愿违，这些签证在国外更难办出。在此情况下，这些人中，有的因时间不允许，只得提前回国；有的为取得签证，在外白白浪费了宝贵的时间、费用和精力。出国人员在申办出国签证时，需注意与本人的出国身份和目的相一致,不然,在国外就会受到种种限制,遇到更大麻烦。

2000 年 3 月起,我国教育部所属的中国留学服务中心开通了网上签证申请系统——留学信息网(网址为:http:\\www. cscse. edu. cn),申请人只需上网就可查询、填写、修改签证表单,委托办理有关事宜,简化了手续,减少了申请人的往返奔波,省时省力省钱,方便了申请人。

“三资”企业和涉外单位有时邀请外商、技术专家等前来洽谈业务,交流技术,他们入境签证中的一些问题,秘书应协助办理。我国对应邀来华访问、经商、交流等活动的外国人发给标有“F”字头的访问签证,该签证分一次、二次及多次有效。持有多次有效访问签证的外国人每次入境后应按签证内注明的停留天数停留。如需要延长在华停留期限,可向当地公安机关出入境管理部门提出申请,获准后按延期的日期停留。不要将上次的延期误作为每次入境后停留期的延长。

有时,单位中外方员工、上司的家属来华,他们对入境签证如有不熟悉的,秘书也宜作些介绍、指导。如我国使用的标有“L”字头的旅游签证是发给来华旅游、探亲的外国人的,该签证内注明的有效期是指入境的有效期,持证人可以在标明的有效期前任何一天入境;停留期是指允许持证人从入境之日起在华停留的期限。所谓入境之日是以边防检查站盖在持证人证件上的入境查验章日期为准。请持证人务必不要混淆该签证所注明的两个不同的期限,不要误将入境有效期当作允许停留期限而导致逾期停留。

上海市根据形势发展的需要,规定从 2000 年 1 月 1 日起,所有在 24 小时内经上海浦东国际机场和虹桥国际机场的外国旅客均可免办过境手续,其中,对美国、德国、法国、加拿大、澳大利亚、日本等 17 个和我国签有互免签证协议的国家的公民,允许过境停留 48 小时而免于签证。

4. 我国居住证的作用

改革开放后,我国一些城市的公安局向一些外籍来华人员签发了居住证，如《北京市居住证》、《上海市居住证》等，这些居住证具有下列主要功能：

第一，持有人在本市居住、工作的证明；

第二，用于办理社会保险、住房公积金等个人相关事务，查询相关信息；

第三，记录持有人基本情况、居住地变动情况等人口管理所需的相关信息，持有居住证的外国籍人员，可以申请办理长期居留手续和与居留期限相同的多次出入境签证手续。因此，外国籍来华人员可以此办理居留手续和出入境签证手续，但不能以此代替来华签证。

四、办理黄皮书

1. 什么是黄皮书

黄皮书即《国际预防接种证书》(INTERNATIONAL CERTIFICATE OF VACCINATION)，因为它的封面通常是黄色的，所以惯称“黄皮书”。为防止国际间某些传染病的流行，世界卫生组织正式通过的《国际卫生准则》规定，入境者在进入一个接纳国的国境前，要接种牛痘、霍乱、黄热病的疫苗。如果出入国境者没有携带黄皮书，国境卫生检疫人员则有权拒绝其入出境，甚至采取强制检疫措施。

我国的卫生检疫机关规定：

各类出国人员，如留学生、进修生，从事商务、技术合作、探亲、劳务出口、援外及到国外定居的人员，均须到卫生检疫机关接受健康检查，预防接种，领取《健康证明书》和《国际预防接种证书》，出境时须向卫生检疫机关出示后，方能出境；

在国外居住3个月的国内公民回国及经批准回国定居或工作的华侨、港澳台同胞，入境一个月内须到就近的卫生检疫机关进行健康检查；

我国黄皮书一般印有英文和本国文字两种文字，封面印有《国际预防接种证书》和“中华人民共和国卫生部”字样；第一页印有《说明》,介绍有关使用黄皮书的注意事项;第二页和第三页是《黄热病国际预防接种或接种证书》;第四页为《霍乱国际预防接种或复种证书》;第五页为《其他预防接种证书》(包括卡介苗,小儿麻痹,麻疹,流脑,乙脑等);第六页为《旅行者须知》;第七页为《预防疟疾》说明;最后一页为《医生须知》。

世界卫生组织已经宣布自 1980 年 5 月起,天花病菌在世界范围内已基本得到控制,所以现在一般不要求预防天花的证书(有的国家仍要这项证书)。关于预防霍乱和黄热病两种接种证书,不同地区的国家在不同时期对来自不同国家入境者要求不一样。对来自非洲和亚洲的入境者,都严格检验黄皮书,因为非洲是黄热病、霍乱和疟疾流行地区,亚洲某些国家也是霍乱和疟疾传染区。中国人去欧洲、亚洲、北美洲、大洋洲一般有预防霍乱接种证明即可,而去非洲、拉美及个别亚洲国家,通常需要预防霍乱和黄热病两种接种证明。此外,一些国家和地区,还要求对疟疾、马来热、鼠疫等疾病进行预防注射或服用药物。近年来,随着中国人民生活水平、健康水平的提高,不少国家对入境的中国公民不查验黄皮书,但是,有些国家有时仍要查验或体检。究竟所去的接纳国需要哪些"预防接种书",秘书在办理黄皮书时,可向检疫站了解清楚。

黄皮书的有效期是按疾病种类划分的。对于预防霍乱,黄皮书的有效期为:自接种后 6 天起,6 个月内有效,如前次接种不满 6 个月又经复种,自复种的当天起,10 年内有效。

2. 怎样办理黄皮书

我国的黄皮书由各省市卫生检疫站负责注射疫苗和签发,初次出国者申请办理黄皮书,须向卫生检疫机关提供的证件材料有:

本人护照、出境登记卡、身份证、工作证;

所在单位或街道办事处(乡政府)等开具的介绍信;

身体患病者,须提供医院的诊断证明,以作为能否接种的参考;

本人照片两张。

已有黄皮书的复种者可凭黄皮书复种。证书必须有医生签字,并盖有检疫站公章。

在出国护照、前往国家的签证和符合要求的黄皮书都已齐备后，再办理出境登记卡。

五、办理出境登记卡

1. 出境登记卡的作用

出境登记卡是公民出境登记的一种卡片，是护照的重要组成部分，发照机关发照时同时将出境登记卡加订在护照备注页上。持照人初次出境，必须同时凭护照和出境登记卡，才能办理与前往国家（地区）相一致的入境签证和途经国的过境签证手续。持照人进入外国驻华使领馆申办入境或过境签证时，必须将二者同时出示给警卫人员。在办妥前往国入境或过境签证手续后，须到户口所在地的公安派出所办理户口注销或登记手续，方能凭有效护照，有效签证和出境登记卡顺利离境。离境时边防检查人员除查验前往国签证外，还须查验出境登记卡并将其收回。持照人离境后，出境登记卡的作用即告结束。

2. 出境登记卡的内容

出境登记卡的内容包括：姓名，性别，出生日期，护照号码，发照日期，出境事由，目的地（国家或地区），偕行人数，发照机关（印章）和发照地。上述内容和持照人护照内的内容是完全一致的。如果发现有不一致的地方，持照人则必须在领取护照时当即向发照机关提出，以便迅速更正。

3. 出境登记卡的种类

出境登记卡有两种：一种是一式两份的“A”字头相同编号的出境登记卡；另一种是“B”字头编号的出境登记卡。“A”类出境登记卡，在办妥前往国的入境签证后，则无须再换领出境登记卡，只要在离境前到户口所在地的派出所办理户口登记手续即可。“B”类出境登记卡，在办妥前往国的入境签证后 ，则必须持护照和“B”类出境登记卡到原发照机关换领“A”类出境登记卡并办理户口注销或短期出国登记手续(凡出国时间超过半年的,一般都要办理户口注销手续,其余的一般只办理户口登记手续)。

"A"字头编号的出境登记卡一式两份,蓝色一份在上,粉色一份在下。粉色一份背面有说明文字:

(1) 初次出境,凭护照和出境登记卡,向前往国驻中国大使馆或领事馆申办入境签证和途经国过境签证手续;

(2) 在取得外国签证之前,不要急于办理退学退职手续,以免得不到签证,使生活,工作发生困难;

(3) 获得外国签证后,在离境前应按我国公民出境、入境管理法的规定到户口所在地派出所办理有关户口手续。

"B"字头编号的出境登记卡一式一份为黄色,正面的内容与护照中的内容完全一致。背面印有说明文字:

(1) 初次出境,凭护照和出境登记卡,向前往国驻中国大使馆或领事馆申办入境签证和途经国过境签证手续;

(2) 在取得外国签证之前,不要急于办理退学退职手续,以免得不到签证,使生活、工作发生困难;

(3) 获得外国签证后,在离境前应按我国公民出境、入境管理法的规定到户口所在地派出所办理有关户口手续,并到原发照机关或受委托的发照机关更换新的出境登记卡,方能出境。

2003 年 8 月起,我国公安部实施出入境便民措施,取消了出国、出境一年以上人员得注销户口的决定。但是,出国、出境定居者,须到当地派出所或户籍办公室注销户口。

第二节　出国准备事宜

出国准备事宜主要包括订购机、船、车票和物质准备等,秘书应负责订购机、船、车票。

一、订购机票

1. 机票的种类

我国公民出国，以乘飞机为多，所以，秘书首先要了解机票种类。机票一般分为正式、优待、特殊三种。

正式票是世界范围内的通用票，有效期为一年。票价按国际民用航空组织统一的计算方法和结算单位 FCU(Fare Construction Unit)。各航空公司之间只要有结算关系，所开机票都彼此接受。

优待票主要指航空公司对幼儿(2 岁以内)、儿童(2—12 岁)、学生、盲人等以及团体所开的折扣票。团体折扣票各航空公司要求的人数不等，所打的折扣也不等。

特殊票是指某些地区和路线并附带特殊规定和条件的廉价机票。这种票有指定季节、时间、路线、停留点、停留天数和有效期等限制，但不拘人数(头等舱没有特殊票)。

机票按等级分为：一等票、经济票、公务票。

机票按旅行路线的状况一般可划分为几种：

(1) 单程　旅行路线从甲地到乙地，一次性机票价。

(2) 来回程　旅行路线从甲地到乙地，然后从乙地回甲地。往返票价一般都较正常票便宜。国际机票现在一般均用人民币购买。

(3) 环行　从某地出发，绕圈旅行，最后回到原地。

(4) 环球　从某地出发，经东西半球(太平洋、大西洋)环行，最后回到原地。

(5) 分支旅行　旅行路线中有某几点，单独构成一个单程或来回程。

(6) 断路旅行　旅行路线中，某两点之间改用其他交通工具，机票上注有 Surface(陆面或水面)字样。

另外还有缺口旅行，张口旅行等。

秘书了解机票的各种种类，便于经济地确定旅行路线，买机票时还可以尽量做到少花钱多办事。

秘书在国内购买机票时，须在中国民航所属的售票处先填写旅客订座单，待所需航班的机票订妥后，开票，然后按约定时间，持护照和票款（国际机票用外汇）取票。

秘书在填订座单时，如果上司（或其他出国人员）已选好航班、等级，并确定了出发日期，那就按计划好的填写，如果事先没有计划好，秘书先填写出国人员姓名、职称、年龄、性别、国籍、护照号码、航程、等级，其余项目可讲明要求，请售票处人员参谋帮助填写。

2. 核对机票

秘书取得机票后，应仔细核对。核对机票要注意以下几点：

（1）各本票本上的每张乘机联上的姓名、外文拼音要正确，要与护照、签证和黄皮书一致。

（2）每张乘机联的右上角都应有出票航空公司印章和开票人签字及出票日期。

（3）整个行程中所需各段机票应齐全，即乘机联上的黑粗线框是否把旅途中各点都包括进去，每个黑粗线框内的“预定”栏各项是否和自己的计划一致、正确。

（4）在“订座情况”一项中，“OK”字样表示机座已订妥，“RQ”则表示不被确认，遇此情况，秘书或更换航班，或继续争取。

（5）核对票价，看计算是否有高低之错。高了多花钱，低了到国外还要补钱，一旦换票，就很费周折，应予杜绝。

（6）如果机座是国外有关机构代为订妥，在国内购票时要向售票处说明，请求开票时把座位一项空出不填，以免在需要改变航班时麻烦。

（7）机票上各项不能涂改，如果售票处开票时写错，应请其重开，否则应在涂改处盖公章，并注说明。

如果上司或其他人员需乘坐国际列车，秘书携带出国人员的护照、签证、黄皮书等证件到中国国际旅行社办理购票手续。票买好后便可按票上指定的日期、车次、车厢号上车。

如果上司或其他人员需坐船出国，秘书可携带出国人员的护照、签证、黄皮书等证件到中国外轮代理公司所属分公司办理船票。出国人员凭有效船票乘船。船票只适用于本船票上所注明的船名、航次日期的班轮。无论什么原因，一旦误船，船票作废，不退票款，所以秘书要提醒上司或其他人员不要发生误船事故。

二、了解航空交通知识

为了替上司订购合适的飞机机票，秘书需要了解些飞机种类、航空公司等知识。秘书要选择的应当是性能优异、安全系数较高的飞机；信誉良好、善于经营的航空公司；直飞或中途很少停降、经济方便的飞行路线。

目前国际航线上所使用的飞机，主要有两大类：涡轮喷气式运输机和涡轮螺旋桨式运输机。而喷气式飞机较螺旋桨式飞机有更多的优点：巡航速度快，飞行速度大，航程远，机舱密封好，舱内宽敞舒适，安全平稳，噪音小等。喷气式飞机性能较好的有美国波音公司生产的波音747、757、737等；麦克唐纳·道格拉斯公司生产的DC，英制子爵号等。

目前世界上的民用航空公司，据不完全统计，近500家之多，既有国营的，也有私营的，规模大小不一，资本多少不等，经营管理也有好坏之分。一般来说，一些大的航空公司由于资金雄厚，经营管理科学，可供周转的飞机较多，安全措施严格，驾驶员经验丰富，机组训练有素，服务热情周到，飞行正点准时，所以是秘书为上司或其他出国人员选择航班的理想对象。

三、其他准备事宜

人们出国，总希望顺顺当当。但由于不少人在出国前忽视了一些必要的准备，因而在国外常常会遇到意想不到的麻烦。因此，在出国前作好充分的准备，显得十分重要。

出国前，不少人都十分注意物质方面的准备，诸如选择合适的衣服，带好一定的钱款等等，却往往忽视精神方面的准备，如出国旅行须知、了解前往国的概况，包括政治、历史、地理、文化和风俗习惯等。

对于我国驻前往国大使馆、领事馆的地址、电话，以及国外邀请人所发给的邀请信等，在出国前均应准备好，出国时随身带上，因为在国外入境口岸，有关官员很有可能要求与你的邀请人再进行联系，以证明访问的真实性。在国外期间，一旦遇到诸如入境受阻、钱物被抢、护照丢失等情况时，可立即与我国驻该国使、领馆联系，取得他们的帮助。

第三节　办理出境检查

任何国家(地区)对入出境人员均实行严格的检查手续，无论在机场、海港或车站都设有边防和海关，出国人员必须办妥边防、海关等手续，方能获许出入境。

一、边防检查

各国代表边防的机构称呼不一样，有的称移民局，有的称警察局，我国称边防站。在国际机场标明“PASSPORT CONTROL”或“POLICE”字样的柜台或窗口，就是边防设立的护照检验处。

边防检查，无论是出境还是入境，持照人要填写出入境登记卡，交验护照(有的国家还要登机卡)，检查签证。边防人员确认无误，在护照内页盖上注明出入境口岸和日期的验讫章。有的国家入境时就填好一式两份的出入境卡，入境时收走一份，另一份夹在护照内，等办理出境手续时再收走。有的国家免办过境签证，允许入境者出机场到市内参观，只是将护照留在边防站领取过境卡片，返回时再换回。

二、海关检查

海关是政府的监督、税收部门。每个国家的海关，对哪些是违禁品，哪些物品免税，哪些物品上税都有明文规定，海关人员对出入境人员及其行李进行检查，目的是为了确认出入境人员所带物品是否符合海关规定；对上税物品实行纳税；禁止国家法律所不准的物品入境和出境；证实出入境者所带物品确系本人所有。

入境者的海关检查手续是：如实填写海关申报表（简单的只需填写姓名、性别、职业、国籍、护照号和发照日期、入境口岸、入境日期、逗留地址、行李件数，详细的要列出电视机、录音机、手表、照相机、烟酒、金银首饰等物品数量，大多数申报表还要填写携带的外币、旅行支票、信用卡的数量），然后将自己携带的全部行李连同申报表一起到海关处结关。海关人员根据申报表进行口头询问后，再视情况或免验放行，或开箱检查。

各国国际机场出境者的检查一般较松，手续也简便，但对入境者则实行严格检查。

我国海关规定，出境者必须先办完海关手续后方能允许去办理机票手续。

海关和边境手续大多数情况下在同一机场办理，但也有例外，比如国际航班进入一国后，先后要在两个不同机场停留，前往第二个停留点的入境者，一般在第一个停留机场先办边防手续，到第二个停留机场办海关手续。

三、安全检查

安全检查是保障旅客人身安全和飞行器安全的重要预防措施。

国际上为了有效地防止劫持飞机事件的发生，为了禁止携带武器、凶器、爆炸物、剧毒物等，在国际机场设安全检查。安全检查通常是在办妥机票、边防、海关手续后在即将登机之前进行。

安全检查不存在任何特殊的免检对象，所有外交人员和普通旅客，不分男女、国籍和等级，都必须经过安全检查。每个出入境者，按照顺序，逐个接受检查。

安全检查一般有四种检查方法：一是电视监测机，主要用于检查旅客的行李物品。通过检查后，工作人员在行李上贴有“××机场行李安检”的不干胶条，然后方可办理托运手续或随身携带登机；二是探测检查门，用于对旅客的身体检查，主要检查旅客是否携带禁带物品；三是磁性探测器，也叫手提式探测器，主要用于对旅客进行近身检查；四是人工检查，即由安检工作人员对旅客行李手工翻查和男女检查员分别进行搜身检查等。

近年来，国际恐怖活动猖獗，飞机成为恐怖分子实施恐怖活动的重要目标，各国据此都加强了对机场的安全保卫和登机前的安全检查。尤其在美国发生“9·11”事件后，美国和其他国家对登机前的安全检查尤为严格，日益细密，除传统的常规检查外，还增加了脱鞋检查，饮料检查以防携带液体炸弹等。对旅客随身携带的电子物品，如手机、收音机、照相机、剃须刀、手提电脑等也要检查。

目前，我国机场规定禁止旅客随身携带或者托运的物品是：

枪支、军用或警用械具类（含主要部件）；

爆炸类物品；

管制刀具；

易燃易爆物品；

毒害品；

腐蚀性物品；

放射性物品；

其他危害飞行器安全的物品；

国家法律法规规定禁止携带、运输的物品。

禁止旅客随身携带但可以作为行李托运的物品有：

菜刀、剪刀、水果刀、剃刀等生活用刀；

手术刀、屠宰刀、雕刻刀等专业刀具；

文艺单位表演用的刀、矛、剑、戟等；

斧、凿、锤、锥、加重或者有尖钉的手杖、铁头登山杖；

其他可用来危害飞行器安全的利器、钝器等等。机场根据形势的需要，会调整禁止随身携带或托运物品的种类。

对于入境者，还需接受检疫。交验黄皮书一般是入境者应办理的第一道手续，尤其对发生疫情地方的入境者检疫特别严格。对未进行必要接种的入境者，责令采取隔离、强制接种措施，对合格者才允许入境。

第十二章　协助上司谈判

“三资”企业和涉外单位为了维护自身的利益，寻求和他方的合作，开拓业务，时常要进行谈判。

涉外秘书在谈判中一般不属谈判成员，但是，她作为上司的助手，也要在谈判中发挥助手作用。在谈判前，秘书要收集和向上司提供准确、详尽的谈判资料，拟定计划；在谈判中，秘书要担任记录或翻译，协助起草协议文本；谈判结束后，秘书要整理材料。此外，秘书还负有布置会场，组织迎送，准备用品，提供各种工作、生活服务等事宜。秘书的工作，对谈判的成效有很大影响。因此，秘书必须熟悉谈判的全过程和自己应承担的工作，并努力干好，以保证谈判的成功。

第一节　谈判概述

谈判是一门艰深的学问，是双方知识、信息、修养、口才、风度的综合较量。在当今社会上，谈判的意义和作用越来越受到人们的重视；研究谈判的理论和技巧，也使越来越多的人产生兴趣。谈判作为一门学问，已获得了它应有的社会地位。以下对谈判的基本情况作一概述。

一、何谓谈判

1. 谈判的定义

谈判是指对方或多方在谋求合作的基础上，就各自利益分割的比例、承担的义务、享有的权利，通过说服对方，争取实现利益均沾目标而交流观点的会议。

可见，谈判是单位之间双向沟通的交往形式，是通过反复协商，缓和冲突，以求达成协议的过程。

2. 谈判的原则

谈判，对双方来说，其基本原则都是合作互利、利益均沾。这既是谈判的出发点，也是谈判的归宿。

谈判不是为了打击对方，而是和对方在某一共同问题上取得一致的观点和态度。因此，谈判的结果应该是双方都获得自己所需要的，达成利益均沾的协议，即我们通常所说的“双赢”，从这一意义上理解，谈判双方都是胜者，或者都是败者。一方全胜、一方皆输的成功谈判是不存在的。因此，要取得成功的谈判，没有信任和合作的诚意，便不可能实现。

谈判中，双方的利益冲突不可避免，各自想方设法维护自身利益也是情理中事。但是，双方必定存在共同利益，否则也就失去谈判的意义。谈判是为了共同利益的实现而进行的协商对话，如果把对手视作“敌人”，务必使对手一败涂地才肯收兵，谈判自然不会成功。然而，只把对手看成合作的朋友，毫不顾及自身利益，一味迁就达成的“协议”，自然也是不可取的。正确的态度应是寻求双方共同利益所在，权衡利弊得失，使双方都有所得。即使有一方须作出较大的让步，也是为了必得利益而作的牺牲，这样，谈判才有可能获得圆满的成功，双方的合作才能实现。

二、谈判的程序

一次正规谈判可分为六个阶段，即导入阶段、概说阶段、明示阶段、交锋阶段、妥协阶段和协议阶段。

1. 导入阶段

这是双方熟悉的阶段，要求有轻松愉快的气氛，为时不宜过久，以免冲淡谈判心理准备。

2. 概说阶段

这是让对方了解自己的目的、态度，也无须时间太长，言语要简洁明了。

3. 明示阶段

这是在双方分歧问题上表明自己的态度、立场，也不妨明确自己让步的条件范围。

4. 交锋阶段

这是谈判中的关键阶段，双方的不同意见在此时明显展开，大家列举事实，谋求对方理解和协作，寻求统一的途径。

5. 妥协阶段

这是谈判中必不可少的一个阶段，任何一方都不可能获得全部利益，作出某些妥协让步，是合作诚意的表示。当然有所失必有所得，否则谈判无法进行下去。

6. 协议阶段

这是谈判的最后阶段，此刻，实质性问题都已解决，只存在形式上的问题需解决了。

在日常的谈判中，也许并不需要这种按部就班的六个阶段，但是，说明自己意图，点出分歧所在，并且在双方不同意见问题上进行商讨，决定进退，这是不可缺少的。当然，协议阶段也必定存在，只是有口头协议、书面协议之分。

谈判有成功也有失败。谈判成功以后，双方为谋求共同利益的合作渠道已经畅通，以后的工作是巩固加强双方的联系和感情，使这种合作长期地持续下去；谈判失败以后，也不等于双方永远不再有握手言和的机会。因此双方关心事态发展变化，等待再次谈判的合适时机到来，继续双方信息的交流沟通也应进行下去。那种谈判以后各奔东西，等一旦需要时重建联系的做法是不明智的。

三、谈判的模式和对手类型

1. 谈判的模式

谈判的模式不外于竞争型谈判和合作型谈判两种。竞争型谈判指双方都对相同目标有共同的需要，都希望能满足这一需要而不惜作出其他方面的牺牲。这种模式的谈判，要么处于僵持阶段；要么一方以其他方面的代价来换取这一方面的需求。否则，谈判常常不能取得成功。合作型谈判指双方都愿为对方的利益作出必要让步，以达到相互合作，谋求共同利益的协议。这种模式的谈判，通常可以获得圆满结局。

无论是哪一种谈判模式，双方都必有所得才可能达成协议。竞争型谈判看上去是一方获“胜”，达到了预期目标，而另一方“败”了，放弃了原来的追求。但实质上，放弃原来追求的一方已从其他方面获得补偿，达到追求目标的一方在其他方面付出了代价。双方依然各有所得，各有所失。如果一方坚持自己的要求，无视对方的需要，不肯作丝毫让步，谈判本身就显得毫无意义，也决不会有成效。

2. 谈判对手的类型

谈判对手通常是两种：当事人和代理人。代理人中有完全处于客观立场上的“第三者”，也有与当事人有共同利益的“同盟者”。

谈判应当尽量同当事人进行，因为当事人对谈判中提出的问题和条件有处理的全权，可以避免谈判的拖延或对实质问题的推托、回避。但是，委派适当的代理人出面谈判，赋予代理人一定的权力，或按特定指令办事，也可以取得良好的效果。因为代理人可以代当事人提出任何要求，而无须向对方作出任何承诺，在谈判中掌握主动。因此，如果在谈判中亲自出马，注意抓住对方当事人，要尽量避开与代理人打交道。如果知道对方委派代理人出面，那么自己最好回避，也让代理人出面。借助代理人出面时，必须注意根据谈判内容和要求，选择适当的人担任代理人。

第二节 谈判谋略

在谈判中选择巧妙的方法、掌握必要的技巧，使谈判向双方合作的轨道上顺利进展，这就是谈判中的谋略。

一般说来，谈判前双方都会作好充分准备，对谈判中可能出现的情况都作了充分估计和设想。但是，谈判进行过程中，必然还会产生意料之外的情况。如果善于熟练运用各种谈判的技巧和方法，驾驭谈判的进程，无疑对取得谈判成功具有显著作用。

一、善于倾听和问答

谈判中，应当仔细倾听对方的陈述。一般来说，对方不会直接将用意陈述出来，而是用婉转的言词暗示、试探。所以，你边听边得思索，善于从弦外之音里去领会对方的意思。

在谈判中，谈判双方离不开提问和回答，提问和回答都要有利于谈判的进行。该问的不问，会影响合理的决断；不该问的问了，又会破坏谈判气氛。因此，带有尊重对方的诚意提问，引起对方兴趣和注意的提问，带有建设性的提问或启发性的反问，是有益于谈判进行的。在回答问题时，也应注意技巧，不能信口开河。关键是要让对方感到诚实可信，有理有节。如果在谈判中发生争执，要随机应变、适可而止，留有回旋余地，切不可咄咄逼人，以避免陷于僵局。同时，要善于权衡利弊，在一些无伤大局的问题上要善于退让，或在关键时刻作出重大让步，促成谈判取得理想结果。在签订协议时，要抛开单方面考虑自己利益的狭隘思想，善于从对方利益考虑，提出足以使对方动心的方案，使对方易于接受。总而言之，谈判中应机敏灵活，察言观色，千方百计使双方在共同利益的基础上取得一致。

1. 如何提问

谈判中的提问是为了理解对方的观点、明白对方的要求。提问要注意以下问题：

第一，时机，即要在适当时间、对方最适宜回答之际发问。

第二，腹稿，即提问要作好酝酿、准备，考虑成熟，不能贸然、草率。

第三，深入，即应根据谈判的进程，逐步深入提问，渐渐接近目标。

第四，语速，要把握提问的语速，一般以平缓适中为宜，避免过快过慢。

第五，语气，以商讨性的口气为宜，避免审问式的发问。

第六，观察，即边提问边观察对方的眼神、表情，洞察对方对提问的承受能力和反应，以便调整自己的发问角度。

第七，尊重，即发问中要考虑尊重对方的人格，不使用侮辱性的言词。

2. 提问的形式

谈判中根据需要，可运用多种形式的提问，如：

第一，证实性提问，即对对方的回答或陈述中的要点予以引用、补充，以引起大家对此要点的重视。

第二，坦诚性提问，即对对方怀着友好、体谅、同情的感情发问，以创造一种和谐的气氛。

第三，引导性提问，指暗示出答案的提问，它会使对方按发问者设计的答案回答。

第四，封闭性提问，即要求对方的回答明确不二，非此即彼，它具有一定的压力。

3. 如何回答

谈判中对方提问，我方作答时，要根据不同情况，以不同方式回答。比如：

对答案明确的提问，也就是自己完全有把握的，应当详尽回答，以示诚意；

对所提问题，自己局部明白的，可作此局部范围的回答；不要随意扩大范围，言多必失，以免暴露自己的缺点；

对自己无把握的问题，宜作原则性回答，不展开；

对未摸清对方用意的提问，可问明后酌情作答，不能信口开河，乱答一通；

对不便回答的问题，可以用转移话头、反问等方法避开，或找出理由拒绝应答；

要利用回答的机会，争取将对方的思路引入自己设计的轨道中，以争取主动。

二、常用的谈判谋略

谈判的谋略众多，需要谈判者按实际情况灵活运用。常见的谈判谋略有：

1. 联络感情

指在整个谈判过程中，注意与对方进行感情交流，力争融洽关系，为谈判营造一种较为宽松、合作的气氛。如当客方来了，主方以礼相迎，以礼相待，生活中照顾周到，还可以赠送一些对方喜欢的，价廉物美、有纪念意义的小礼品。在谈判的业余时间，可以安排对方一起跳舞、游览、参观，让对方有更多的接触机会等。但是，联络感情的方法不能表现出过分的热情，过分的热情会使对方警惕，认为你是在讨好、收买他们，引他们入我彀中，所以，应当注意：

第一，要避免首次见面就邀请对方到豪华宾馆、酒家进餐，以免有拉拢之嫌。

第二，如果与对方共同进餐，一般只谈家常，不宜涉及业务，实在有急事，宜在餐后喝咖啡或茶时才谈。

第三，首次见面时不宜急着赠礼，以免有行贿之嫌。适当的方法是在此后见面、双方比较熟悉时赠礼，礼品价值不能过高，并要考虑对方的习俗、爱好，使赠礼成为表示友情的举动。

2. 树立自我形象

主谈的自我形象在谈判中很重要，要在客方心目中树立起一定的权威性，即让对方明白，你是受到上级信任的首席谈判代表，有权在谈判中作出决定，这种决定对谈判会产生举足轻重的影响。但是，又不能让对方感到你具有绝对的决策权，以便遇到棘手问题时，可以以“需要请示上级”为理由而回旋。

主谈在客方面前，既要让对方觉得你专业知识丰富，富有谈判经验，以赢得尊重，又不能过分自我标榜，给人以肤浅自夸的感受。

3. 争取主动

谈判中争取主动权是至关重要的，掌握了主动权，就容易使谈判沿着你所制订的计划、设计的方案进展，达到预期目的。比如，对方在初次会谈时，一开始就宣布：“今天只是初步接触，只谈半小时就行了。”其目的是取得居高临下的心理优势。这时，你就可以提出异议，避免我方处于心理劣势，不能让对方牵着鼻子走。争取主动的策略在导入阶段一直到最后都要注意运用。

4. 求上取中

谈判前准备的方案，一般可分为上、中、下三策。谈判中，可先提出上策，争取获得最佳成果。如果对方的反对态度相当强烈，无法达到上策，就可以退一步提出中策。采取这一策略，关键是要掌握对方的心理，看对方是否急于求成，如是，可以全盘提出上策；如果对方采取稳重、从容的策略，并不急于求成，则宜提出上策中的部分内容，而不宜提太苛刻的条件，否则，会被对方认为缺乏诚意，容易进入僵局。

5. 声东击西

在谈判的交锋阶段，我方将对方的注意力引导至我方不太重要的问题上，以保证重要问题的解决。对付对方声东击西的策略，最好的方法是让自己的注意力瞄准重要问题，避免在小问题上争论，必要时可放弃小问题。

6. 暂停

当谈判交锋阶段出现僵持，比如观点尖锐对立，一方内部产生分歧等，可采取休会暂停的策略，以商定对策，协调内部意见，以利再谈。要求暂停由一方提出，并由另一方同意才能实现。因此，要求暂停一方应当委婉地向对方提出。暂停策略说明，谈判中总会出现曲折，不可能是一帆风顺的，它要求参加谈判者必须具有韧性，面对曲折，僵持不灰心，也不降低或放弃条件去急于求成，而应坚韧不拔地研讨对策，争取达到预期结果。

7. 假设条件

谈判的妥协阶段，双方都在窥测对方的意图，寻求妥协的方法，这时运用假设条件的策略，容易使谈判进展，导致达成协议。因为，提出假设条件的口气是征询性的，如被否定，还可以再提出其他假设条件，回旋余地大。

8. 坦诚

坦诚策略是指以坦诚的态度向对方陈述自己的意见，营造一种相互信任的气氛，以利于双方达成协议。这是一种开放策略，一般在妥协阶段将告结束时运用。当然，运用这一策略应视对方的态度而决定。

9. 催促

指针对对方迟疑不决的态度，用适当的压力催促其下决心的策略。比如，主谈人可以说："很抱歉，上级突然通知我后天赴外地参加重要会议，如果明天仍达不成共识，谈判只能暂停。"对方如有诚意，当会下决心尽快达成协议，结束谈判。

10. 马拉松式

这是针对急于求成，或者过于自负、盛气凌人的对手采取的一种策略。它是指巧妙地拖延时间，避其锋芒，削弱其锐气，令对方不耐烦而最后达到我方预期的目的。

第三节　谈判中秘书的工作

谈判中秘书的工作，除了迎宾、布置会场、准备用品等一般事务外，主要包括谈判前的准备、谈判中的记录、翻译和谈判结束后的整理、上报材料三部分。

一、谈判的准备

这里的准备主要指收集信息、提供资料、参与拟定谈判计划和设定谈判方案等工作。

1. 收集信息、提供资料

谈判前详尽了解双方形式、目标意图和双方退让的幅度，是必不可少的准备工作。

古语说“知己知彼，百战不殆”。谈判前不做必要的准备，就有可能被对方左右，弄得一败涂地。只有做好了充分的准备，才能胸有成竹地坐在谈判桌旁，与对方进行协商讨论。

因此，收集谈判彼此双方的信息，提供给谈判班子是秘书的首项工作。

关于“己”方面，要掌握我方经济实力、技术实力、竞争实力等资料，比较客观地了解自己的长处（优势）与不足（弱点），在谈判中就可以取得主动权。

关于“彼”方面，主要掌握：

谈判对手的基本情况，即了解对方的法人资格、资信状况、法定地址、本人身份和经营范围，这是谈判的基础。对这些基本情况应予审查或取得旁证。外商必须出示法人资格、本人身份证明，出示经中国银行认可的外国银行的资本和信誉证明。

谈判对手的经营情况及历史沿革。如果对方是外商，这些信息资料最好由我国驻外商业机构和可靠的外国商社或外国朋友提供，也可由外商提供，不过要判断其是否可靠。

谈判对手，尤其是主谈人的个人情况，如年龄、学历、资历、个性、爱好、风俗习惯、价值观念等。

有关行业和市场信息，例如合作生产或经营的产品的销路、档次，等等。

谈判的成败，谈判者地位的强弱，往往取决于对信息资料的掌握程度。掌握信息资料越多，在谈判中越容易驾驭谈判的进程。

通过这些了解和分析，对双方在谈判中所处的地位、各自最大的需求和让步的范围、幅度以及谈判的时限等等有一个清醒的认识。这样，在谈判中就能做到审时度势，进退自如，获得主动。

2. 参与拟定谈判计划

秘书要协助上司拟定谈判计划，以保证谈判围绕中心有条不紊地进行。谈判计划包括如下内容：

（1）确定谈判班子

选择适当的成员，组成谈判班子是谈判能否成功的关键。谈判班子一般以三四人为宜，其中一人为主谈（或者首席代表），他必须了解全面情况，既具有很强的业务才能和高超的谈判技巧，又能协调全体成员，同心协力进行谈判。其他成员一般为专业人员，如工程师、会计师等，也须具有一定的谈判经验。此外，还得配备记录、翻译、打字员等人员。谈判班子要相对稳定，一般不中途换人。

（2）确定谈判时间

谈判于何时举行、何时结束，很有讲究，这就是把握谈判的时机。

双方对某一共同问题产生兴趣，并有相互合作的愿望和诚意时，谈判的时机便已成熟。

谈判应该是双方共同的要求和愿望，只有一方的兴趣，谈判无法开展。谈判既然是实现利益均沾的目标，双方必定存在着某种共同利益。只有这种共同利益的存在被双方所认识，才有可能产生谈判的愿望和要求。而且，谈判双方如果在矛盾冲突之中谋求合作，还必须具有平等的地位和相仿的条件。如果在冲突中一方已处于完全的劣势，谈判的时机也就丧失了。例如企业间进行合资经营，必须要经过谈判才能成功。如果一方有独资经营的实力，在竞争中处于绝对优势地位，就不可能产生合资的兴趣和愿望，也不会有谈判要求。只有双方觉得独资经营实力不强，在竞争中各有长短得失，互相有依存需要，才会对合资经营问题产生共同兴趣，有寻求合作的愿望。因此，谈判必须等待合适时机，否则难以达到预期目标。

除此以外，要避免在主谈或其他重要谈判成员身体不适、过度疲劳、精神心情不佳时安排谈判，比如，下列时间不宜举行谈判：

长途旅行刚结束，尚未得到休息、恢复时；

连续紧张工作后身心疲倦之时；

下午5时至7时，一天工作后精神不佳时；

每周一上午，使人不易集中精力之时；

身体有病、不适时；

受到重大精神创伤之时。

最后，要尊重对方，在征求对方意见的基础上，选择双方都认可的时间举行谈判。

(3) 确定谈判地点

一般来说，选择谈判地点，以自己越熟悉的生活环境越好，因为人们具有领域感，在自己所熟悉的生活环境里，能得心应手地发挥自己的口才、交际能力，容易说服对方。

谈判的环境不仅是指谈判的地点，而且还包括谈判时的气氛和情绪。

谈判环境的优劣会对谈判产生严重影响。一般说来，在舒适明亮、色彩悦目的房间里，双方友好亲切、情绪饱满，谈判容易成功。在这样的环境中，人们会心平气和、思维清晰，便于倾听和理解对方的意愿和要求，作出恰当的反应。如果光线阴暗，空气混浊，气氛紧张，情绪恶劣，人就会烦躁不安，思想分散，缺少明察秋毫、明辨是非的能力。因此，创造一个良好的谈判环境，促成谈判协议成功，双方都应作出努力。

谈判计划还包括谈判主题(即谈判的主要目的)、谈判班子的分工，工作人员的分工和拟订谈判日程表。谈判日程表是供双方参照执行的，所以，要征求对方的意见才能拟定。

3. 参与、设计谈判方案

参加任何一次谈判，都不能只靠灵机一动，必须精心设计好若干个谈判方案和策略，包括对我方最有利的、比较好的和可以接受的。

谈判方案越多、越缜密越好。

设计方案时，要对对方可能提出的方案作预测，并提出自己应对的方案。只有这样，对手提出方案时，才能应付自如。谈判方案应尽量切实可行，但它毕竟只是一种推测、一种或然、一种一方要求达到的目的，而不能把它当作一种事实，在谈判中要虚心听取对方意见，吸收其合理成分，作必要的调整。要本着互利互惠的原则，既不接受对方不合理的条件，也不向对方要求特权。最后达成的协议应符合双方利益。

所有成员都应谙熟谈判方案，争取达到最理想的效果。还要绝对保守谈判方案的秘密，否则将会造成谈判的失败。秘书作为参与设计谈判方案者，又是方案的起草、打印者，更要注意保密。

二、谈判会场的布置

谈判场所的布置要显示出平等的格调，双方进行谈判，常见的布局有两种，均使用长方形谈判桌。

平行式　指谈判桌与正门墙壁平行放置，应请客方坐在面对正门的一侧，主人一方则坐在背对正门一侧，双方的为首者坐于各自一侧的正中，其余人员按身份高低分坐于两旁，如图 44：

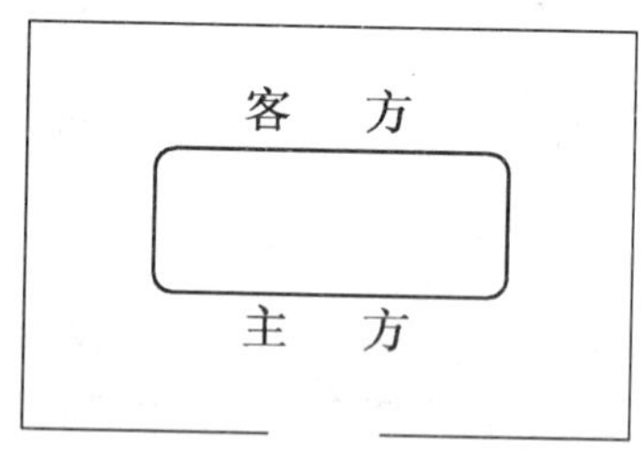

图 44

直行式　指谈判桌一端对着正门，则应以面对室内的方向为准，让客方坐在右侧，主方坐在左侧，其余和平行式同样，如图 45：

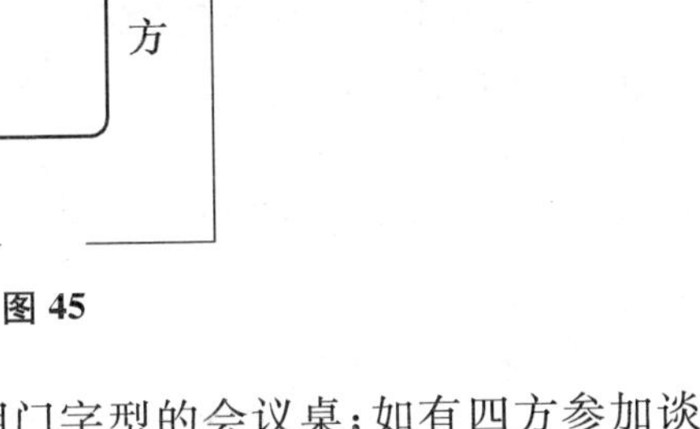

图 45

如有三方参与谈判，可使用门字型的会议桌；如有四方参加谈判，则可使用方桌，各方各坐一边。

三、谈判过程中的秘书工作

秘书在谈判过程中的工作主要包括记录、翻译、拟写协议文本等几项。

1. 做好谈判记录

谈判记录既可供会后研究，以便调整谋略，也可以整理上报，作为向上级请示的材料，既能保证谈判的连续性，又是草拟协议的原始材料。所以，秘书要全面、准确地做好记录，必要时应与谈判班子核对，有时还需对方过目、签字。记录中秘书有不明白之处，可请发言者重述一遍。

2. 翻译

谈判对方是外国人时，涉外秘书得兼任翻译，翻译工作要求秘书做到：

谈判前要向主谈人了解谈判的内容，翻阅有关资料，向专家请教有关技术问题，对不熟悉的名词术语应事先学会并记住；翻译要准确，不能擅自增减谈话内容或掺杂个人意见，如有困难，应向谈话人说明，不要不懂装懂，未经主谈人同意，其他成员的谈话不得进行翻译；笔译协议要忠于原文，不容许有歧义和疏忽；译文打印好后，要认真校对，避免差错。

3. 拟写协议

谈判成功，要形成协议。协议作为谈判的成果，日后双方合作的依据，颇为重要。协议的起草要注意如下几点：

第一，协议书涉及的条款不能与国家法规发生矛盾。与国际惯例相左的，应慎重处理；

第二，对重要条款必须认真斟酌，不要轻易让步。如非让步不可，也应尽量以次要条款的损失来替代。条款是否重要，取决于谈判的主要目标；

第三，协议的内容要具体，不能含糊；文字表达要严谨，措词要明确、肯定，不容许有歧义，否则，会给以后执行或出现纠纷留下隐患。

四、操办签字仪式

商务协议拟定后，须由双方代表签字，所以，秘书还得筹办签字仪式。签字仪式包括制定文本、商定参加签字仪式人员、签字仪式会场布置和签字仪式程序等环节。

1. 制定文本

即将定稿的协议翻译、印刷、装订，制成文本。协议文本最好经公证处公证，以保护双方的合法权益。有的协议按有关规定，还得经过我方主管部门的审批后才生效。

2. 商定参加签字仪式人员

在文本上签字者应是双方的首脑或代表，两者的职级、地位应大致相当；参加签字仪式的人员原则上是参与谈判的双方全体成员。如一方请求级别高的上司或未参加谈判者参加，另一方应予同意。

3. 签字仪式会场布置

按照惯例，签字仪式适宜在签字厅内举行，厅内设置一张长桌作为签字桌，桌面上覆盖深绿色的台布，桌后放两把椅子，客右主左，分别供双方签字人就座，桌上摆好签字人姓名牌。如果是政府与政府之间，或两国企业、单位之间的签字仪式，签字桌中央还得安放旗架，按客右主左的原则，分别悬挂各自的袖珍国旗，有时，双方的国旗也悬挂于签字方背后的墙上。座前桌上摆好各自保存的文本，上端放置签字用的文具，见图 46、47：

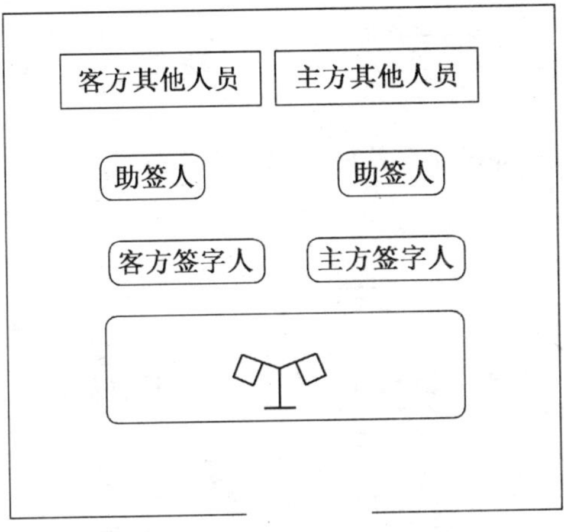

图 46

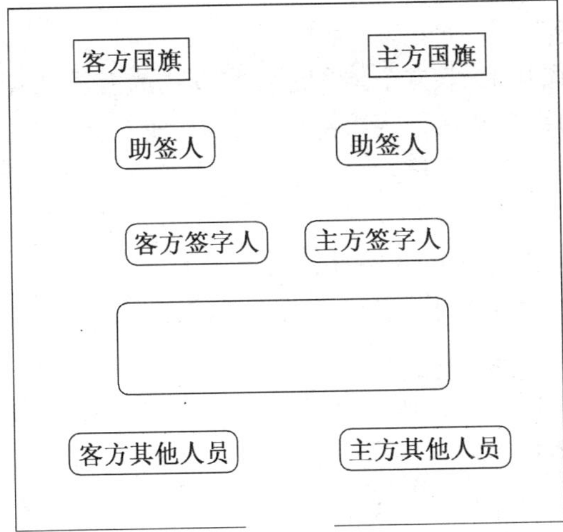

图 47

有时，签字仪式也可用两张签字桌，双方签字人各用一张。其会场布局见图 48：

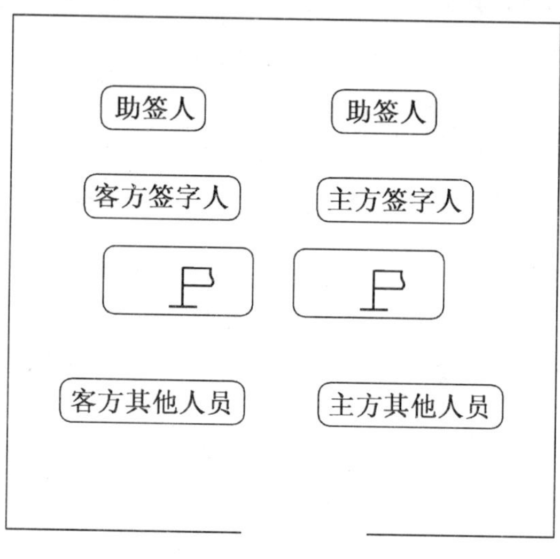

图 48

4. 签字仪式程序

签字仪式开始，双方全体参加签字仪式的人员进入签字大厅，签字人入座，助签人站在签字人身后外侧，其他人员按身份高低顺序排列，肃立于己方签字人背后。双方签字人先在自己保存的文本上签字，助签人在一旁翻揭文本，指明签字处，并将签毕的文本传递给对方，然后，签字人再在对方保存的文本上签字。签毕，双方签字人起立，互换文本，互相握手，招待员送上香槟酒，共同举杯庆贺。最后，全体人员合影留念，仪式完毕。

单位对单位的协议文本在签毕互换时，还同时互换《法定代表人证明书》或《法人授权委托证明书》。

谈判结束后，秘书要负责送别客方，整理材料上报，协助总结谈判经验等善后事宜。

第十三章 秘书与项目管理

项目管理是近年发展起来的管理学科的一个新领域。剑桥大学考试委员会(UCLES)将它作为秘书职业资格证书考试的核心模块。

作为中高层次的涉外秘书,项目管理不仅是其参与管理、对组织机构资源进行计划、引导和控制的过程,也是其谋求职业发展、实现自我价值的重要方法论,因此,它是涉外秘书应当了解的专业知识。

第一节 项目管理概述

一、项目的概念与特点

一般认为,项目是一个组织为实现自己既定的目标,在一定的时间、人员和资源约束条件下的一种具有一定独特性的一次性工作。它是为创造特定产品或服务的一项有时限的任务,"时限"是指每一项目都有明确的起点和终点;"特定"是指该项目所形成的产品或服务在关键特性上不同于其他相似的产品和服务。因此,项目具有目的性、独特性、一次性和制约性等特点。目的性是指任何一个项目都是为实现特定的组织目标服务的;独特性是指项目所生成的产品或服务与其他产品或服务都有一定的独特之处;一次性(也被称为"时限性")是指每一个项目都有自己明确的时间起点和终点,有始有终,而不是不断重复、周而复始的;而制约性则是指每个项目都在一定程度上受资源等客观条件的制约。此外,项目的不确定性、风险性、渐进性、不可挽回性、项目组织的临时性和开放性等也是项目的重要特性。

项目按照不同的标准可以分为业务项目和自我开发项目，企业项目、政府项目和非盈利机构的项目，盈利性项目和非盈利性项目，大项目(Program)、项目(Project)和子项目(Subproject)。在秘书活动中，协助上司所筹办的会议、起草的方案等都可以看作一个个项目。

日常管理中存在着大量的常规性、不断重复的工作，而“项目”中则存在较多创新性的一次性工作。日常管理工作的环境是相对封闭和确定的，而“项目”的环境是相对开放和不确定的。一般管理工作的组织是相对不变的和持久的，管理的组织形式基本上是分部门和成体系的，而项目的组织是相对变化的和临时性的，项目的组织形式多数是团队性的。

二、项目工作阶段划分

任何项目都是由两个过程构成：一是实现过程，二是管理过程。整个项目的全部工作是由一系列阶段构成的一个完整的项目生命周期，一般可分为四个主要阶段。

1. 四个工作阶段

第一，定义与决策阶段。在这一阶段中，人们提出一个项目的提案，并对其进行必要的机遇与需求分析和识别，然后提出具体的项目建议书，获得通过后，作进一步的可行性分析，最终做出决策。

第二，计划和设计阶段。在这一阶段中，首先要为已经决策的项目编制各种计划(针对整个项目的工期计划、成本计划、质量计划、资源计划和集成计划，等等)。同时，还需要进行项目全面设计和界定项目，以及计划项目各阶段的工作，提出项目产出物的全面要求和规定。

第三，项目的实施与控制阶段。这一阶段开始项目的实施，在实施的同时，要开展各种控制工作，以保证实施的结果与项目设计、计划的要求和目标相一致。

第四，完工与交付阶段。在这一阶段，要对照项目定义、目标、计划与提出的各种要求，首先由团队全面检验项目的整个工作和产出物，然后向业主或用户进行验收和移交，直至业主或用户最终接受了工作结果，项目才算最终结束。

2. 项目管理过程

一个项目的全过程或阶段都需要有一个相对应的项目管理过程。这种过程一般由五个不同的具体工作过程构成。

第一，起始过程。它包含有：定义一个项目阶段的工作与活动、决策一个项目或项目阶段的起始与否，以及决定是否将一个项目或项目阶段继续进行下去等工作。

第二，计划过程。它包含有：拟定、编制和修订一个项目或项目阶段的工作目标、工作计划方案、资源供应计划、成本预算、计划应急措施等方面的工作。

第三，实施过程。它包含有：组织和协调人力资源和其他资源，组织和协调各项任务与工作，激励项目团队完成既定的工作计划，生成项目产出物等方面的工作。

第四，控制过程。它包括制定标准、监督和测量项目工作的实际情况、分析差异和问题、采取纠偏措施等管理工作和活动。这些都是保障项目目标得以实现，防止偏差积累而造成项目失败的管理工作与活动。

第五，结束过程。它包括制定一个项目或项目阶段的移交与接受条件、项目或项目阶段成果的移交，从而使项目顺利结束的管理工作和活动。

三、项目的组织管理

一个项目会涉及到许多组织、群体或个人的利益，这些组织、群体或个人都是这一项目的相关利益主体。

1. 相关利益主体

在项目的管理当中，一个项目的主要相关利益主体通常包括：

第一，项目的业主。指项目的投资人和所有者，即最终决策者。

第二，项目的客户。使用项目成果的个人或组织。

第三，项目经理。指一个项目的领导者、组织者、管理者和决策的制定者，也是项目重大决策的执行者。

第四，项目实施组织。即完成一个项目的组织，一个项目可能会涉及到多个项目实施组织。

第五，项目团队。从事项目全部或部分工作的群体。是由一组个体或几组个体作为成员，为实现项目的一个或多个目标而协同工作的群体。

第六，项目的其他相关利益主体。指项目的供应商、贷款银行、政府主管部门，项目直接或间接涉及的市民、社区、公共社团等。

项目相关利益主体之间的利益关系中相互一致的一面使项目业主与项目的实施组织最终形成一种委托和受托，或者委托与代理的关系。但是双方的利益有一定的对立性和冲突，如果处理不好会给项目的成功带来许多不利的影响。这种利益冲突一般需要按照互利的原则，通过友好协商，最终以达成项目合同的方法解决。

其中，项目团队是项目组织管理的重要内容，是项目管理的实施者。项目团队是由一组个体成员为实现一个具体项目的目标而组建的协同工作队伍。项目团队是为完成特定的项目而设立的专门性临时组织，由项目工作人员、项目管理人员和项目经理构成。在一般情况下，项目团队的成员需要同时接受双重领导。

2. 团队发展过程

任何项目团队的建设和发展都需要经历如下阶段：

第一，形成阶段。是项目团队的初创和组建阶段。此阶段中，团队成员由个体而归属于团队，总体上有积极向上的愿望，团队成员的情绪特点包括：激动、希望、怀疑、焦急和犹豫，心理上处于不稳定。项目经理要为团队明确方向、目标和任务，为每人确定职责和角色，以创建一个良好的团队。

第二，震荡阶段。这一阶段，团队成员按照分工开始了初步合作，有些成员会发现项目的工作与个人当初的设想不一致，或发现团队成员之间的关系与期望的不同，有些团队成员与项目管理者发生矛盾，团队成员情绪的特点是紧张、挫折、不满、对立和抵制。项目经理应容忍不满的出现，解决冲突，协调关系，消除团队中的各种震荡因素。

第三，规范阶段。此阶段团队的矛盾低于震荡阶段。成员的情绪特点是信任、合作、忠诚、友谊和满意。项目经理应对团队成员的进步予以表扬，积极支持他们的各种建议和参与，努力规范整个团队和成员的行为。

第四，辉煌阶段。这是团队不断取得成就的阶段。团队成员积极工作，努力做贡献。成员的情绪特点是开放、坦诚、依赖、团队的集体感和荣誉感。项目经理应积极放权，使团队成员更多地自我管理和自我激励。同时，应及时公告项目的进程、表彰先进，帮助团队完成计划，实现目标。

在项目团队中，项目经理是领导者和决策人、利益的协调人。因此，他们应当具备沟通能力、激励能力、人际交往能力和勇于承担责任的精神。秘书人员在协助上司完成项目的时候，往往就是充当这种“经理”的角色。

第二节　项目的范围与时间管理

一、项目的范围管理

“范围”既可以指项目的“产品范围”，即对于项目最终产品或服务所要求达到的特色和功能，也可以指项目“工作范围”，即项目团队所需完成的所有工作。项目范围管理的主要工作包括项目的起始工作、编制项目范围计划、项目范围的界定、项目范围的确认和范围变更的控制。

1. 项目的起始和项目范围计划

正式识别一个新项目或确定一个已存在项目下一个阶段是否应

该继续进行下去的工作属于项目的起始过程。项目的起始通常是发生在项目业主/客户遇到了某种或某些“刺激”和必须针对这种刺激做出回应或对策的时候，这方面的刺激主要有：市场需求、竞争需求、消费需求、科技进步和法律要求等。

确定一个项目的依据主要包括项目产出物描述、组织的战略计划、项目方案的选择标准和相关的历史信息。确定项目主要采用决策树或决策表等定量分析的方法和层次分析法等定量与定性相结合的方法。在项目的起始阶段，要形成项目的章程、明确项目的约束条件和任命项目的经理。并将这些“成果”转化为文件——项目范围计划，使整个项目管理活动有章可循。

2. 项目范围的界定与确认

根据项目范围计划，项目团队需要将项目进一步分解和细化，以便得到项目利益关系人的最终确认。通常采用的项目范围分解和细化方法和技术有：

第一，工作分解结构模板。在很多专业应用领域中，均有标准或半标准的项目工作分解结构，这些可以作为新项目范围定义的模板使用。

第二，工作分解技术。是指将项目目标逐层细分为更小、更易管理的子项目或项目要素，直到分解出的要素非常详尽。项目工作分解技术要经过识别主要的项目要素、分解项目的构成要素和检验工作分解结果的正确性等主要步骤。

对项目分解和细化后，需要进行项目范围的确认，即项目相关利益者对项目范围的正式认可和接受。确认的依据包括项目定义、项目范围定义和项目施工的结果，以及有关项目所要提供产出物的文件等，它主要通过核实项目范围核检表和项目工作分解结构检核表进行。

3. 范围变动控制

项目条件和环境的变化会使项目范围发生变动，并造成项目工期、成本或质量等的改变，所以必须对项目范围变动进行严格的控制。这方面的工作主要包括分析和确定影响项目范围变动的因素和环境条件、管理和控制那些能够引起项目范围变动的因素和条件、分析和确认各方面提出的项目变动要求的合理性和可行性、分析和确认项目范围变动是否已实际发生，以及这些变动的风险和内容，当项目范围变动发生时，对其进行管理和控制，设法使这些变动向着有益的方向发展，努力消除项目范围变动的不利影响。

项目范围变动控制所依据的文件主要是项目工作分解结构、项目的实施情况报告、项目范围变更的要求和项目范围管理计划。项目范围变动控制可以通过项目范围变动控制系统并结合项目实施情况的考察来进行。在项目范围变动控制系统中，给出了项目范围变动控制的基本控制程序、控制方法和控制责任。包括文档化工作系统，变动跟踪监督系统，以及项目变更请求的审批授权系统。项目范围变动控制的结果通常是产生项目范围变动控制文件、项目变动控制中的行动和从项目变动中学到的经验与教训。

二、项目的时间管理

项目的时间管理是在项目范围管理的基础上，通过对项目活动的进一步界定、项目活动的排序、项目活动工期估算、制定进度计划和进度计划的控制等工作得以实现的。

1. 项目活动的分解与界定

这是指通过对于项目工作分解结构的进一步分解和细化，识别和界定为实现项目目标所必须开展的各种项目具体活动，并定义那些为生成项目产出物及其各组成部分而必须完成的具体任务或必须开展的具体活动这样一项关于项目时间管理的特定工作。项目活动界定所需的信息包括项目工作分解结构、项目范围的界定、历史信息、项目的约束条件和项目的假设前提。

项目活动界定的内容与方法主要为：

第一，项目活动分解的方法。依据 WBS，通过进一步分解和细化，将项目的工作分解成具体活动的一种结构化的、层次化的活动分解方法。

第二，项目活动界定平台法。也叫原型法，它是使用一个已完成的类似项目的全部或一部分活动清单，作为新项目活动界定的一个平台或原型，通过增减项目活动，定义出新项目的各项活动的一种方法。

2. 项目活动的排序

项目活动排序是指识别项目活动清单中各项活动的相互关联与依赖关系，并据此对项目各项活动的先后顺序的安排和确定工作。它是通过编排和描述项目活动顺序关系来实现的。编排和描述项目活动顺序关系的方法和工具主要有：

箭线图法

这也是一种描述项目活动顺序网络图方法。这一方法用箭线代表活动，而用节点代表活动之间的联系和相互依赖关系。

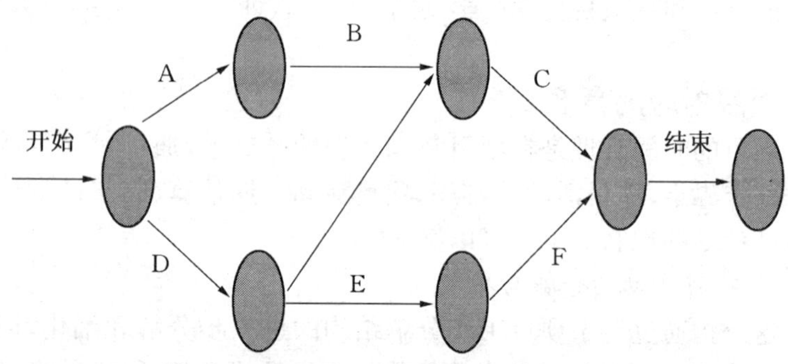

用箭线图法绘制的项目网络图

顺序图法(PDM)

也叫单节点网络图法，它用单个节点表示一项活动，用节点之间的箭线表示项目活动之间的相互关系。因此，项目活动排序的工作结果是形成项目网络图和更新后的项目活动清单。

3. 项目活动工期估算

项目活动工期估算是指对项目已确定的各种活动所做出的可能

工期长度估算工作。项目活动工期估算的依据包括项目活动清单、项目的约束和假设条件、项目资源的数量要求、项目资源的质量要求和历史信息。

项目活动工期估算主要通过专家评估法、类比法和模拟法等方法进行。其中，三角模拟法相对比较简单，一般这种方法需要首先做出项目单项活动的工期估算，然后再根据统计分布做出整个项目的工期估算。

单项活动的工期估算需要给出每项活动的三个估计时间：乐观时间 to、最可能时间 tm、悲观时间 tp。这种期望工期可以用下面的公式计算：

$$t = \frac{to + 4tm + tp}{6}$$

项目活动工期估算的结果是估算出的项目活动工期、形成项目工期估算的依据和更新后的活动清单。

4. 项目工期计划制定与控制

项目工期计划制定是指根据项目活动界定、项目活动顺序、各项活动工期和所需资源所进行的分析和项目计划的编制，制定项目工期计划要制定出项目的起止日期和具体实施方案与措施。项目工期计划编制的依据包括项目网络图、项目活动工期的估算、项目的资源要求和资源共享说明、项目作业制度安排、项目作业的各种约束条件，以及项目活动的提前和滞后要求。制定项目工期计划的方法与工具主要为：

第一，系统分析方法。系统分析方法是通过计算出所有项目活动的最早、最晚开始和结束日期，考虑多种因素的影响，编制项目工期计划的方法。

第二，模拟法。指根据一定的假设条件和这些条件发生的概率，运用蒙特卡罗模拟、三角模拟等方法确定出每个项目活动的可能工期和整个项目可能工期，然后使用这些数据编制出项目工期计划的一种方法。

第三，甘特图法。美国学者甘特发明的一种使用条形图编制项目工期计划的方法，一种比较简便的工期计划和进度安排工具。

第四，项目管理软件法。项目工期计划制定的结果则是形成项目工期计划、项目工期的支持细节、项目进度管理的安排和更新后的项目资源需求。

项目工期计划控制是对项目工期计划实施与项目工期计划变更所进行的管理控制工作。项目工期计划控制的依据包括项目工期计划、项目工期计划实施情况报告、项目变更的请求，以及项目进度管理措施和安排等。项目工期计划控制的结果则是形成更新后的项目工期计划、计划要采取的纠偏措施和应当吸取的经验教训。

第三节　项目的成本与质量管理

一、项目的成本管理

项目的成本管理主要包括：项目资源计划、项目成本估算、项目成本预算和项目成本控制与预测等内容。

1. 项目资源计划

项目资源计划是指通过分析和识别项目的资源需求，确定出项目需要投入的资源种类（包括人力、设备、材料、资金等等）、数量和时间，从而制定出项目成本的管理活动。项目资源计划编制通常采用专家判断法、统一定额法和资料统计法进行。

2. 项目成本估算

项目成本估算是指根据项目的资源需求和计划，以及各种项目资源的价格信息，估算和确定项目各种活动的成本和整个项目总成本的一项项目成本管理工作。项目成本构成包括项目成本的构成和具体的项目成本科目两项内容。其中，项目成本的构成由项目定义与决策成本、项目设计成本、项目采购成本和项目实施成本构成。具体的项目成本科目则由人工成本（各种劳力的成本）、物料成本（消耗和占用的物料资源费用)、顾问费用(各种咨询和专家服务费用)、设备费用(折旧、租赁费用等)、其他费用(如保险、分包商的法定利润等)和不可预见费(为预防项目变更的管理储备)构成。影响项目成本的主要因素有耗用资源的数量和价格、项目工期、项目质量、项目范围。

项目成本估算的方法主要有以下几种:

第一,类比估算法。这是在成本估算精确度要求不是很高的情况下使用的方法,也被叫做自上而下法,是通过比照已完成的类似项目的实际成本,估算出新项目成本的方法。

第二,参数估计法。是利用项目特性参数建立数学模型来估算项目成本的方法。

第三,标准定额法。这是依据国家或地方主管部门,或者项目成本管理咨询机构编制的标准定额估算项目成本的方法。

第四,工料清单法。也叫自下而上法,它首先要给出项目顺序耗用的人工物料清单,然后再对各项物料和工作的成本进行估算,最后向上滚动相加得出项目总成本的方法。

第五,软件工具法。指运用计算机软件估算项目成本的方法。

3. 项目成本预算

项目成本预算是一项制订项目成本控制标准的项目管理工作,它涉及根据项目的成本估算为项目各项具体工作分配和确定预算、成本定额,以及确定整个项目总预算的管理工作。项目成本预算主要依据项目成本估算文件、项目的工作结构分解和项目的工期进度计划进行。实际上,项目成本预算的编制主要是确定项目总的预算、各项活动的预算、各项活动预算的投入时间。

4. 项目成本控制

项目成本控制工作是在项目实施过程中,通过项目成本管理,尽量使项目实际发生的成本控制在预算范围之内的一项项目管理工作。项目成本控制涉及对于各种能够引起项目成本变化因素的控制(事前控制),项目实施过程的成本控制(事中控制)和项目实际成本变动的控制（事后控制）三个方面。项目成本控制的依据包括项目的成本管理绩效报告、项目的变动请求和项目成本管理计划。

二、项目的质量管理

国际标准化组织的质量定义："质量是反映实体（产品、过程或活动等）满足明确和隐含需要的能力特性总和。"其中，所谓"实体"是指承载质量属性的具体事物。包括产品、过程（服务）和活动（工作）三种。质量本身的含义是指"实体"能够满足用户需求的能力和特性的总和。对于不同"实体"，质量的实质内容不同，对项目（工作）而言，质量一般是由项目的结果来衡量的，项目的结果既可以是项目所形成的产品，也可以是通过项目而提供的服务，所以项目质量也可以用产品或服务质量来度量。

质量管理是确定质量方针、目标和职责，并在质量体系中通过诸如质量策划、质量控制和质量改进使质量得以实现的全部管理活动。现代项目管理中的质量管理是为了保障项目的产出物，能够满足项目业主/客户以及项目各方面相关利益者的需要所开展的对于项目产出物的质量和项目工作质量的全面管理工作。项目的质量管理主要包括项目质量计划制定、项目质量保障和项目质量控制三项内容。

1. 项目质量计划的制定

项目质量计划是指为确定项目应该达到的质量标准和如何达到这些项目质量标准而做的项目质量的计划与安排。项目质量计划的依据主要包括：项目质量方针、项目范围描述（即项目目标和任务范围、具体要求的说明）、项目产出物的描述、相关标准和规定、其他的信息。

制定项目质量计划的方法为：

（1）成本/收益分析法。也叫经济质量法，这种方法要求在制定项目质量计划时必须同时考虑项目质量的经济性。任何项目的质量管理都需要开展两个方面的工作，一是质量保障工作，二是质量检验与恢复工作。前者产生项目质量保障成本，后者产生项目质量检验和纠偏成本。成本/收益法就是合理安排这两种项目质量成本，以使项目质量总成本相对最低。

(2) 质量标杆法。指利用其他项目实际或计划的质量管理结果或计划，作为新项目的质量比照目标，通过对照比较制订出新项目质量计划的方法。

(3) 流程图法。是用于表达一个项目的工作过程和项目不同部分间相互联系，通常被用于分析和确定项目实施的过程。

(4) 实验设计法。是一种计划安排的分析技术，它有助于识别在多种变量中，何种变量对项目成果的影响最大，从而找出项目质量的关键以指导项目质量计划的编制。

项目质量计划工作的成果主要是形成项目质量计划、项目质量工作说明、质量核检清单和可用于其他管理的信息。

2. 项目质量保障

是在执行项目质量计划过程中，经常性就整个项目质量计划执行情况进行的评估、核查和改进等工作。项目质量保障工作主要依靠清晰的质量要求说明、科学可行的质量标准、组织建设项目质量体系、配备合格和必要的资源、持续开展有计划的质量改进活动和项目变更全面控制来实现，方法主要有：质量核查方法，一种结构化项目质量审核方法；质量改进与提高的方法，用于提高项目的效率和效果，给项目组织和项目业主/客户带来更多的收益。

3. 项目质量控制

项目质量控制是指对于项目质量实施过程的监督和管理工作，这包括项目质量的事前控制、事中控制和事后控制的项目质量管理控制工作。项目质量控制的依据是项目质量计划、项目质量工作说明、项目质量控制标准与要求和项目质量的实际结果(报告)。

项目质量控制的方法与工具为：

(1) 核检清单法。核检清单是项目质量控制中的一种独特的结构化质量控制方法。

(2) 质量检验法。质量检验是指那些测量、检验和测试等用于保证工作结果与质量要求相一致的质量控制方法。

(3) 控制图法。

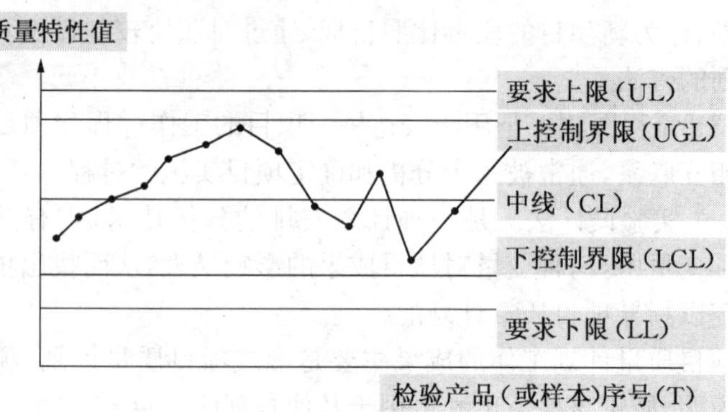

(4) 帕累托图法。帕累托图是根据帕累托定律，即 80% 的问题是由于 20%原因造成的原理，"根据优先次序表达信息的一种图形，能够突出关键因素，以引起必要的关注"。

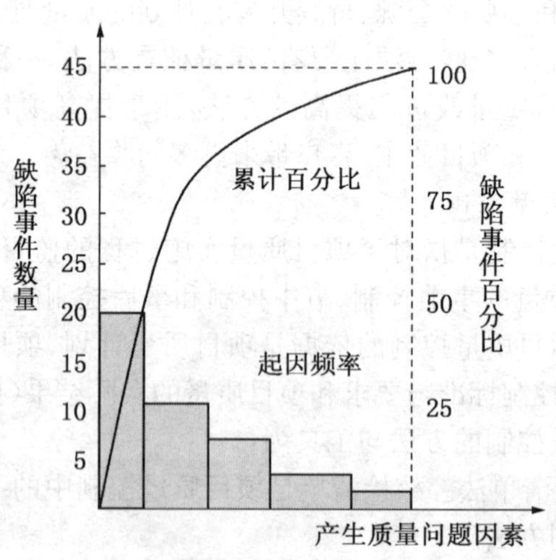

混凝土强度不够的原因

(5) 统计样本法。这是指选择一定数量的样本进行检验,从而推断总体的质量情况,以获得质量信息和开展质量控制的方法。

(6) 流程图法。这种方法主要用于在项目质量控制中,有关分析项目质量问题发生在项目流程的哪个环节和造成这些质量问题的原因以及这些质量问题发展和形成的过程。

(7) 趋势分析法。项目质量控制的结果包括项目质量的改进、接受项目质量的决定、项目各种返工、核检结束清单和项目目标调整。

第四节 项目的沟通与人力资源管理

一、项目的沟通管理

项目沟通管理是指对于项目过程中各种不同方式和不同内容的沟通活动的管理。这一管理的目标是保证有关项目的信息能够适时、以合理的方式产生、收集、处理、贮存和交流。项目沟通管理主要包括项目沟通计划、信息分发和管理收尾三项工作构成。

1. 项目沟通计划

项目沟通计划是对于项目全过程的沟通工作、沟通方法、沟通渠道等各个方面的计划与安排。项目沟通计划包括四个方面的具体工作:

(1) 编制项目沟通计划前的准备工作

一是收集信息。

① 项目沟通内容方面的信息。

② 项目沟通所需沟通手段的信息。

③ 项目沟通的时间和频率方面的信息。

④ 项目信息来源与最终用户方面的信息。

二是所获信息的加工处理。

对收集到的沟通计划方面的信息进行加工和处理也是编制项目沟通计划的重要一环,而且只有经过加工处理过的信息,才能作为编制项目沟通计划的有效信息使用。

（2）项目沟通需求的确定

项目沟通需求的确定是在信息收集的基础上，对项目组织的信息需求做出的全面决策，其内容包括：

① 项目组织管理方面的信息需求。

② 项目内部管理方面的信息需求。

③ 项目技术方面的信息需求。

④ 项目实施方面的信息需求。

⑤ 项目与公众关系的信息需求。

（3）沟通方式与方法的确定

在项目沟通中，不同信息的沟通需要采取不同的沟通方式和方法，因此在编制项目沟通计划过程中还必须明确各种信息需求的沟通方式和方法。影响项目选择沟通方式方法的因素主要有沟通需求的紧迫程度、沟通方式方法的有效性、项目相关人员的能力和习惯与项目本身的规模等方面。这也是秘书活动中最为常见的工作内容。

项目沟通的信息发布方法主要是：

一为口头沟通方法

口头沟通可以是面对面的，也可以是通过电话进行的，还可以通过会议的方式实现。

二为书面沟通方法

一般是指运用书面文件和信函的形式进行沟通，包括项目团队内部使用的报告、报表和在项目团队与业主/客户之间使用报告、备忘录、信函等方式的沟通。

三为非语言沟通方法

在项目沟通中有一些极有意义的沟通既非以口头形式，又非以书面形式进行，而是以非语言沟通（Nonverbal Communication）的方式进行。非言语沟通中最为人知的是身体语言和语调两个方面。其中，语调指的是信息发送者在传递信息过程中，对某些方面、某些词汇或短语的强调和弱化所传递的各种信息。

四为电子媒介沟通的方法

当今时代项目沟通越来越多地依赖于各种各样复杂的电子媒介传递信息。除了极为常见的电子邮件之外,我们还使用许多种通过电子媒介和信息网络进行沟通的方法。这些方法中有自己的语言和沟通规则。

(4) 项目沟通计划的编制

是根据收集的信息,先确定出项目沟通要实现的目标,然后根据沟通目标和确定沟通需求去分解沟通的任务,进一步根据项目沟通的时间要求去安排这些项目沟通任务,并确定出保障项目沟通计划实施的资源和预算。其内容除了目标、任务、时间要求、具体责任、预算与资源保障以外,还包括下列特殊内容:信息的收集和归档格式要求;信息发布格式与权限的要求;对所发布信息的描述;更新和修订项目沟通管理计划的方法;约束条件与假设前提。

2. 项目报告

项目沟通中传递项目信息使用最多的方式是报告,项目绩效报告是项目沟通中最为重要的信息传递和沟通方法。项目的绩效报告是在整个项目实现过程中,按照一定的报告期给出有关项目各方面工作的进展情况的报告。项目进展情况和结果的汇总报告。项目绩效报告中包含的细目主要有以下几点:自上次报告以来的绩效成果;项目实施的计划完成情况;前期问题解决的情况;本期发生的问题;计划采取的改进措施;下一报告期要达到的目标。

项目终结报告通常是一个项目或一个项目阶段的总结。它包括:

(1) 项目业主/客户对项目或项目阶段的最初需要。

(2) 项目或项目阶段最初确定的目标。

(3) 项目或项目阶段的简要描述。

(4) 项目或项目阶段结果和预期的对比。

(5) 项目或项目阶段目标的实现程度。

(6) 善后事宜的说明。

(7) 提供给业主/客户的所有交付物。

(8) 项目成果的最后测试数据。

(9) 项目或项目阶段的经验与教训。

3. 项目会议沟通的管理

项目沟通中最常用的会议有三种,即项目情况评审会议、项目问题解决会议和项目技术评审会议。项目会议管理的方法主要有:

(1) 会前的管理

会前的管理要注意以下细节:分析确定会议是否必要;确定会议目的;确定谁需要参加会议;事先分发会议议程表和其他材料;安排会议场所。

(2) 会议期间的管理

会议期间的管理包括按时开始会议;指定会议记录;先说明会议目的和议程;掌握和控制会议;结束时要总结会议成果;不要超过会议计划召开的时间。

二、项目人力资源管理

人力资源(Human Resource)是能够推动社会和经济发展的体力和脑力劳动者的能力。对于人力资源的理解在学术界存在不同的认识和看法。项目人力资源管理是指对于项目的人力资源所开展的有效规划、积极开发、合理配置、准确评估、适当激励等方面的管理工作。项目人力资源管理的内容包括项目组织的规划、项目人员的获得与配备和项目组织成员的开发与项目团队的建设。

1. 项目组织的规划与设计

项目人力资源管理中的组织规划与设计需要在研究项目目标、项目任务、项目组织结构、项目组织的职位、组织各职位间的责、权、利关系、组织协调和组织信息沟通等方面的各种要素之间关系的基础上,通过合理地安排和配置这些要素去完成项目组织的设计。

在三种不同的组织环境中,项目组织规划与设计分别具有下列的特殊性:

(1) 在直线职能型组织的环境下:项目组织规划与设计必须充

分考虑它所处的直线职能型组织环境的特性，主要考虑各种内部开发项目本身的特性，合理安排项目经理在项目工作协调方面的权限，特别是要安排好项目经理与团队成员，以及项目经理与上级的各种报告关系，以便使项目团队能够顺利地完成任务。

(2) 在项目型组织的环境下：在设计这种项目组织时必须充分考虑它所处的项目型组织环境和主要考虑要完成的外部业务项目的特性，要给项目经理以充分的授权，以便项目团队能够在协调项目工作和协调各种项目相关利益主体的关系方面有足够的权限。

(3) 在矩阵型组织的环境下：在设计这种项目组织时必须充分考虑具体项目(内部开发和业务项目)的需要、所处矩阵型组织环境，同时也要充分考虑项目的工作范围和内容，从而确定项目团队的管理人员配备和管理职能部门的设置。

项目组织的规划与设计必须通过严格的职务与岗位分析和工作设计来实现。

职务与岗位分析是通过分析和研究来确定项目组织中各个管理职务的角色、任务、职责等内容的一种专门的项目组织规划与设计工作。职务与岗位分析的主要工作是解决项目将需要完成些什么样的任务、项目需要在什么时候完成这些任务、项目需要些什么样的职务或岗位和这些职务或岗位需要什么样的人等问题。

项目人力资源管理过程中，项目组织职务与岗位分析工作通常要经过以下阶段：

第一，准备阶段。其任务是了解情况，收集信息，建立关系，组建项目职务与岗位分析工作小组。

第二，调查阶段。对各个职务或岗位的工作过程、工作环境、工作内容、工作职责和任职要求所做的全面调查。

第三，分析阶段。对职务与岗位分析调查阶段所获信息的全面整理和分析的阶段。这一阶段需要对各个职务和岗位的工作特征和人员要求等方面的调查结果进行全面的总结分析。

第四，完成阶段。根据职务与岗位分析工作的调查和分析所获得的信息,编制出项目组织各项"任职说明书"。

项目人力资源管理中的工作设计是指为了有效地实现项目目标和满足项目工作者的需要而开展的有关工作内容、工作职能和工作关系的设计。工作设计需要利用职务与岗位分析所得到的信息,它是在职务与岗位分析的基础上,所做的各个项目职务或岗位的工作任务的细化。工作设计的方法主要包括:

第一,专业化分工的工作设计方法。专业化分工的工作设计方法是项目组织规划与设计中经常采用的一种工作设计方法,这主要适用于那些专业性很强的工作职务和工作岗位的工作设计。

第二,职能化分工的工作设计方法。职能化分工的工作设计方法也是项目组织规划与设计中经常采用的一种工作设计方法,这种方法主要适用于那些项目管理工作职务或岗位的工作设计。

第三,辅助性的工作设计方法。这包括在管理职务或岗位的设计中采取工作轮换和工作扩大化的措施和方法,在专业性职务或岗位的工作设计中采用工作丰富化的措施和方法,等等。

2. 项目人员的获得与配备

项目人力资源管理中的人员招聘主要采取内部和外部招聘两种方式,招聘的主要工作内容有:招聘计划的制定与审批、招聘信息的发布、应聘者提出申请、选拔、录用。招聘的方式主要是:

第一,内部招聘。指从项目组织所在公司或团体的内部人员中,招聘项目组织所需的人力资源,它只要通过提升、工作调配和重新聘用来实现。

第二,外部招聘。指从项目组织所在公司或团体以外,招聘项目组织所需人力资源,主要方法有:广告招聘、就业中介和信息网络招聘。

人员选拔的过程包括资格审查与初选、测试、面试、全面评估和甄选。通过选拔的人员,则录用,包括签订试用合同、安排试用和正式录用。必要时,可以对招聘工作进行评估,以便发现和纠正存在的问题。

3. 团队成员发展与团队建设

项目组织开发的首要任务是团队成员的培训。就是给成员传授完成工作和任务必需的基本技能与素质，它是项目人力资源开发的基础性工作之一。其基本作用在于提高项目团队综合素质、工作技能和绩效、成员工作满意度。

绩效考评与激励则是项目人力资源管理的另一项重要工作，也是调动项目成员积极性和创造性最有效的手段之一。绩效考评通过对成员工作绩效的考察与评价，反映成员的实际能力和业绩以及对某种工作职位的适应度。项目的激励则是运用有关行为科学的方法和手段，对成员的需要予以满足或限制，从而激发成员的行为动机和潜能，为实现项目的目标服务。项目绩效考评要遵循公开、公正、客观和全方位的原则。其工作程序包括制定绩效考评工作计划、确定考评的标准和方法、收集数据资料、分析评价和考评结果运用等内容。

团队成员激励要运用物质与荣誉奖励、参与激励与制度激励、目标与环境激励和榜样激励与感情激励等方法进行。

第五节　项目的风险管理

一、项目风险及其管理

1. 项目的风险

项目风险是指由于项目所处的环境和条件本身的不确定性，和项目业主/客户/项目组织或项目的某个当事者主观上不能准确预见或控制的因素影响，使项目的最终结果与当事者的期望产生背离，并存在给当事者带来损失的可能性。项目风险产生主要是由于人们的认识能力所限、信息本身的滞后特性和项目的各种不确定性等原因造成的。因此，项目的风险管理主要包括项目风险的识别、项目风险的度量、制定风险应对措施和项目风险的控制等内容。

在项目的整个实现过程中，确定性、风险性和完全不确定性事件这三种情况都是存在的。一般随着项目复杂性的提高和人们对于项目风险认识的能力不同,三种事件的比例会不同。项目的风险性事件(或叫不确定性事件)所占比重是最大的,完全不确定性事件是极少的,而(完全)确定性的事件也不多。

项目风险可按照不同的标志进行分类,并通过分类进一步认识项目风险及特性(见下图)。

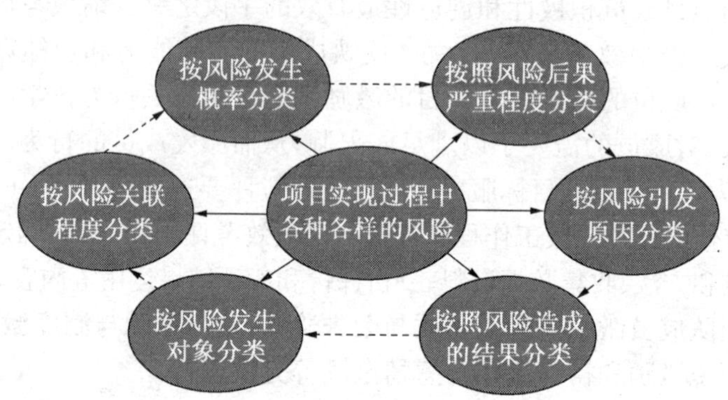

项目风险分类方法及其关系

其中最主要的分类是根据项目风险的预警性进行分类,一般可分为:第一,无预警信息的项目风险(风险Ⅰ),这类项目风险是没有任何预警信息而突然爆发的风险;第二,有预警信息的项目风险(风险Ⅱ),它通常有三个阶段:一是潜在风险阶段,二是风险发生阶段,三是造成后果阶段。

项目风险具有随机性、渐进性(Ⅱ)、相对可预测性和潜在损失特性等特点。因此,项目风险在不同的阶段需要采用不同的风险管理方法:

第一,潜在风险阶段的管理方法。人们可以通过预先采取措施对风险的进程和后果进行控制和管理。这类方法通常被称为风险规避的方法。

第二,风险发生阶段的管理方法。在这一阶段人们可以采用风险转化与化解的办法对风险及其后果进行控制和管理,这类方法通常被称为风险化解方法。

第三,风险造成后果阶段的管理方法。在这一阶段,人们可以采取消减风险后果的措施去降低由于风险的发生和发展所造成的损失。

2. 项目风险的识别

项目风险识别是一项贯穿于项目实施全过程的风险管理工作。它识别和确定出项目究竟有哪些风险,这些风险有哪些基本特性,可能会影响项目的哪些方面。项目风险识别所需的信息和依据为项目产出物的描述、项目的计划信息(目标、要求、方案等)、各种历史参考资料(类似项目的资料)和其他相关资料(规范、行情、经济信息等)。项目风险识别的最终结果体现为对于项目风险的描述,包括已识别项目风险发生的概率大小估计、项目风险可能影响的范围、项目风险发生的可能时间与范围、项目风险事件带来的损失、可能潜在的项目风险和项目风险的征兆表现等。项目风险识别的方法主要为:

第一,系统分解法。即将一个复杂的项目分解成比较简单的和容易认识的子系统或系统元素,从而识别出各个子系统或系统要素的风险的方法。

第二,流程图法。是项目风险识别中一种非常有用的结构化方法。它借助于流程图帮助人们去分析和了解项目风险所处的具体环节,各个环节之间存在的风险,以及风险的起因和影响。

第三,头脑风暴法。是一种运用创造性思维和专家经验,通过会议的形式去分析和识别项目风险的方法。

第四,情况分析法。是识别引起项目风险的关键因素,以及这些因素的影响程度等问题的一种项目风险识别的方法。

3. 项目风险的度量

项目风险度量的常用方法主要包括:

第一,项目风险概率估算法。这是确定项目风险事件概率分布的估算方法。一般说来,该方法主要是根据历史信息资料的统计规律进行估算的方法。

第二,项目风险后果的预计方法。项目风险事件可能造成的损失或后果大小的预测方法一般从三方面来度量项目风险:风险损失的性质(人、财、物),风险损失的大小(数量或金额),风险损失的时间分布。

第三,模拟仿真法。这是用数学模拟或系统法模型去分析和度量项目风险的方法。这种项目风险度量的方法大多使用蒙特卡罗(Monte Carlo)或三角模拟分析法。

第四,专家决策法。这是项目风险度量中最经常使用的方法,它一般可以代替或者辅助上面所讲的数学计算和仿真的方法。

项目风险识别与风险度量的具体步骤由下面图中的流程图给出。

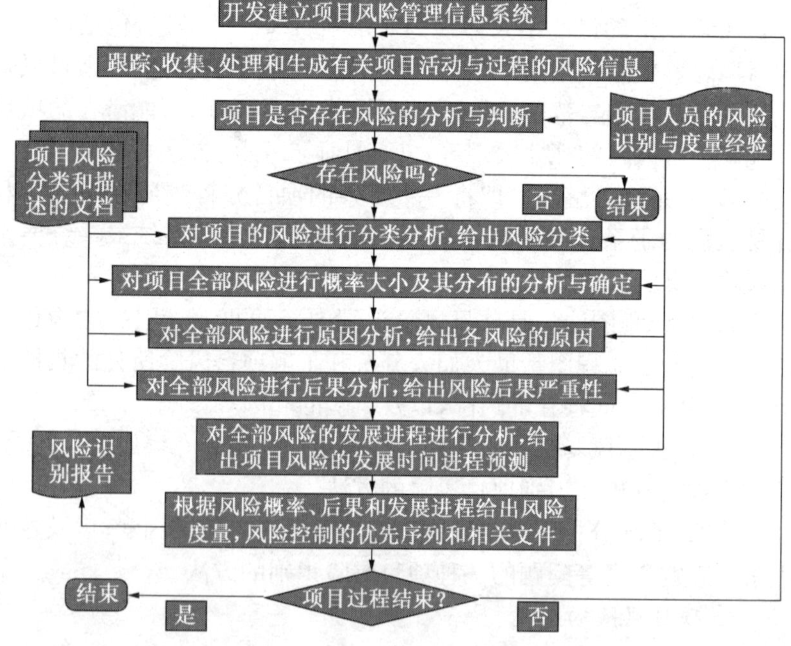

工程项目风险识别方法流程图

4. 项目风险应对与控制

经过项目风险识别和度量分析可以确定项目全部风险,一般会有两种情况:其一是项目全体风险超出了项目组织或项目业主/客户能够接受的水平；其二是项目整体风险在项目组织或项目业主/客户可接受的水平之内。制定项目风险应对措施的依据主要包括项目风险的特性、项目组织抗风险的能力、可供选择的风险应对措施等内容。项目风险应对措施主要有如下几种：容忍措施、规避措施、遏制措施、转移措施、分担措施、化解措施、消减措施。

项目风险应对措施制定的结果是形成管理计划、应急计划、项目预备金（不可预见费）和项目技术后备措施。

项目风险控制包括在整个项目过程中，根据项目风险管理计划和项目实际发生的风险与变化所开展的项目风险控制活动。项目风险控制的依据为项目风险管理计划、项目风险应对计划、实际项目风险发展变化情况和可用于项目风险控制的资源。

二、项目风险事件控制方法的步骤与内容

项目风险控制方法的步骤与内容如下图所示：

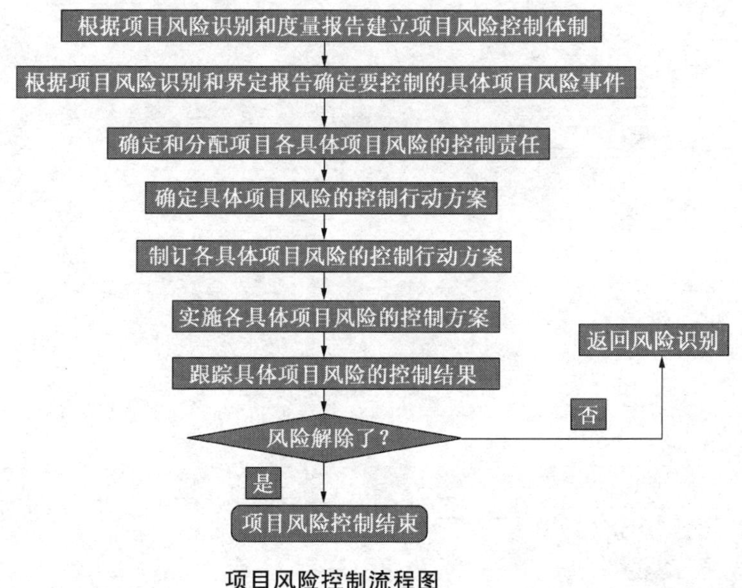

项目风险控制流程图

项目风险控制过程中,项目风险成本的控制十分重要。项目风险成本控制可以通过以下方法进行:

1. 项目风险事件的控制

事前控制:即消除风险因素;

事中控制:即风险事件发生而尚未形成风险后果的控制;

事后控制:即风险事件和后果都已经发生,消减风险后果的控制(包括Ⅰ型、Ⅱ型风险)。

2. 项目风险成本的控制

通过消除项目风险事件,降低项目风险成本(包括:规避、转移、分担等)。

通过项目风险成本控制,降低项目风险成本(包括:买保险转移风险,签合同分担风险等)。

通过项目不可预见费的管理,实现对于项目风险成本的控制。

后　记

涉外秘书是指在我国“三资”企业、外国驻华机构、我国涉外单位和部门、在国外的企业和办事处、涉外民营企业等处，辅助上司实施涉外经济活动或涉外事务管理的专门人才，是改革开放后产生的新型的外向型秘书。

改革开放大业的推进，需要大批合格的涉外秘书，不少青年也有志于应聘涉外秘书职位，全国至今有 800 多所高校开设有秘书专业。据此，为满足读者的需求，我们编写了本书，以供高校秘书专业师生、秘书学研究者作教学和研究之用，也可供涉外秘书和有志于从事涉外秘书工作者参考。书中除了日常的涉外秘书事务外，我们还增加了秘书和项目管理等新内容。由于编者水平有限，不足之处在所难免，敬请广大读者指正。

本书编写人员简介及承担章节如下：

杨剑宇　上海外国语大学教授、对外汉语系主任、1993 年起享受国务院政府特殊津贴专家、教育部全国考委文史专业委员会委员、秘书学专家组成员、国家职业技能鉴定秘书专家委员会委员。撰写了本书的第一、二、四、五、六、七、八、九、十一章。

胡鸿杰　中国人民大学教授、博士生导师、教育部全国考委文史专业委员会委员、秘书学专家组成员，撰写了本书的第十三章。

杨　戎　四川大学教授、教育部全国考委文史专业委员会委员、秘书学专家组成员，撰写了本书的第十章。

杨　忆　华硕电脑公司工程师，撰写了本书的第三、十二章。

最后由杨剑宇统稿完成。

图书在版编目（CIP）数据

涉外秘书实务/杨剑宇主编.—2版.—上海：上海人民出版社,2014
ISBN 978-7-208-12169-0

Ⅰ.①涉… Ⅱ.①杨… Ⅲ.①秘书学 Ⅳ.①C931.46

中国版本图书馆CIP数据核字(2014)第057564号

责任编辑 马瑞瑞
封面设计 储 平

涉外秘书实务
杨剑宇 主编
世纪出版集团
上海人民出版社出版
(200001 上海福建中路193号 www.ewen.cc)
世纪出版集团发行中心发行
常熟市新骅印刷有限公司印刷
开本890×1240 1/32 印张8.75 插页2 字数225,000
2014年4月第2版 2014年4月第1次印刷
ISBN 978-7-208-12169-0/G·1664
定价 28.00元